방언은 성령의 은사가 아니다

방언은 성령의 은사가 아니다

발행일   2024년 4월 29일

지은이   윤선희
펴낸이   손형국
펴낸곳   (주)북랩
편집인   선일영   편집   김은수, 배진용, 김다빈, 김부경
디자인   이현수, 김민하, 임진형, 안유경, 최성경   제작   박기성, 구성우, 이창영, 배상진
마케팅   김회란, 박진관
출판등록   2004. 12. 1.(제2012-000051호.)
주소   서울특별시 금천구 가산디지털 1로 168, 우림라이온스밸리 B동 B113~115호, C동 B101호
홈페이지   www.book.co.kr
전화번호   (02)2026-5777   팩스   (02)3159-9637

ISBN   979-11-7224-053-0 03230 (종이책)   979-11-7224-054-7 05230 (전자책)

(주)북랩 성공출판의 파트너

북랩 홈페이지와 패밀리 사이트에서 다양한 출판 솔루션을 만나 보세요!

홈페이지 book.co.kr   •   **블로그** blog.naver.com/essaybook   •   **출판문의** book@book.co.kr

---

작가 연락처 문의 ▶ ask.book.co.kr

작가 연락처는 개인정보이므로 북랩에서 알려드릴 수 없습니다.

방언은 성령의 은사가 아니다

방언기도에 대한 80가지 Q&A

윤선희 지음

북랩

머리말

저는 성령능력기도원 원장으로 거짓 영의 미혹이 창궐하는 기독교의 현실에 대해 안타까운 마음을 가지고 첫 번째 책『영적 현상학으로 해석하는 영분별 이야기』를 출간하였습니다. 이 책은 교회에서 일어나는 많은 미혹들을 사례별로 분석하였습니다. 그리고 이교의 신인합일 강신과 마법의 세력들이 한국 기독교에 잠입하여 기독교를 근본부터 무너뜨리는 현실을 밝히고자『사단이 내민 두 개의 선악과- 신인합일강신과 마법의 정체』를 저술한 바 있습니다. 이제는 많은 기독교신자들이 방언을 성령의 은사로 알고 기도하는 기가 막힌 현실 앞에 방관자가 될수 없어서 세 번째 책인『방언은 성령의 은사가 아니다』를 쓰게 되었습니다.

『방언은 성령의 은사가 아니다』. 이 책은 방언이 성령이 주신 은사가 아니라는 것을 방언의 국어사전적 정의와 성경에 나온 방언에 바른 해석을 통해 분별하였고, 어디에서도 밝히지 못했던 방언의 영적 정체를 드러내었으며, 방언을 옹호하는 목사들이 말하는

방언은 성령의 은사가 아니다

방언의 유익이 말도 안 되는 거짓임을 Q&A 형식으로 낱낱이 밝혔습니다. 또한 오늘날 기독교인의 방언은 성령의 은사가 아니라 방언의 영이 기독교를 무너뜨리기 위해 행한 거대한 궤계라는 것을 영적으로 분석하여 사단이 방언을 통해 기독교를 파괴하는 감추어진 전략을 폭로하였습니다.

다만 건강이 좋지 않아 더 깊이, 더 많이 분석하고자 하였으나 뜻대로 못 하고 급히 출간하게 되었으니 부족한 것을 너그럽게 양해해 주셨으면 합니다.

『방언은 성령의 은사가 아니다』를 출간하게 해 주신 하나님께 감사드립니다.

목차

1장

서론

하나님께서 사람에게 말을 주신 것은 사람들이 의사소통을 통해 하나님의 피조세계를 하나님 보시기에 가장 좋은 모습으로 다스리며 살아가도록 주신 것이다. 그러나 바벨탑 사건으로 범죄한 인간은 하나님의 심판을 받아 언어가 혼잡해지고 지면으로 흩어지게 되면서 지역이 다른 사람들은 통역이 되어야만 의사소통이 가능하게 되었다. 그러나 흩어진 사람들 사이에도 사람의 말은 하나님과 인간, 인간과 인간, 인간과 만물이 상호 유기적 관계에 있는 하나님의 피조세계를 유지하는 데 중요한 역할을 하고 있다.

그러나 하나님의 피조세계를 잘 다스릴 수 있도록 주신 "사람의 말"인 방언은 오늘날 기독교에 뜨거운 논쟁의 중심에 서게 되었다. 방언이란 사람의 말을 뜻하는 고어체 단어이며 학술적 용어이다. 그러므로 일상생활에서는 거의 사용하지 않는 단어이다. 그러나 성경이 사람의 말 혹은 지역의 언어라는 의미의 문맥마다 이를 고어체인 "방언"으로 번역하므로 극심한 혼란을 야기하게 되었다. 만약 방언이 등장하는 문맥마다 사람의 말 혹은 지역의 말, 나라의 말이라고 제대로 번역하였다면 이렇게 큰 혼란은 일어나지 않았을 것이다. 그리고 방언이 뜨거운 논쟁의 중심에 서게 된 또 다른 이유는 오늘날 기독교인들이 기도로 하고 있는 영의 말을 방언이라고 칭하는 데 있다. 방언은 사람의 말의 고어체인데, 기독교인들은 사람의 말을 하지 않고 영의 말로 기도하면서도 자신들은 방언을 하고 있다고 믿고 있는 것이다. 그것도 자신들이 하는 (영의) 방언

방언은 성령의 은사가 아니다

을 성령세례를 받은 증거이고 성령의 은사라고 굳게 믿고 있는 것이다.

예수님을 증거하고 복음을 예루살렘과 온 유대와 사마리아와 땅끝까지 전하기 위해 약속하신 성령이 오순절에 임하셨다. 성령께서 오순절 절기를 지키러 온 15개국 디아스포라 유대인들에게 복음을 전하기 위해 행하신 최초의 표적이 방언으로 15개국 디아스포라 유대인들의 모국어였다. 즉 성령이 주신 방언은 언어의 장벽 때문에 복음을 전할 수 없을 때 방언을 통해 언어의 장벽을 허물고 믿지 아니하는 자들의 모국어로 복음을 전하는 것이다. 이것이 오순절에 성령이 방언을 주신 목적이었다. 이 기준에서 벗어난 방언은 어떤 방언도 성령의 방언이 될 수 없으며, 이것이 방언을 분별하는 핵심이 된다.

그러나 성경이 사람의 말인 언어방언과 영의 소리인 (영의) 방언을 구별하지 않고 모두 방언으로 번역하므로 이를 온전히 분별하지 못한 기독교인들은 사람의 말인 언어방언이 성령이 주시는 참된 방언임을 알지 못하고 오히려 (영의) 방언을 성령이 주신 방언으로 오해하게 된 것이다.

따라서 구약성경에 나오는 방언과 신약성경의 마가복음과 사도행전, 고린도전서, 요한계시록에 언급된 두 개의 방언, 즉 언어방언과 (영의) 방언에 대해 바르게 분별할 수 있다면 오늘날 기독교인들이 하고 있는 방언의 성경적 실체와 영적 실체를 바르게 분별할 수 있을 것이며, 기독교인들이 방언을 하는 것이 단순히 성경에 대한 오해에서 비롯된 행위가 아니라 방언의 영이라는 거대한 영적 존재가 행하는 최대의 영적 미혹임을 알게 될 것이다.

이 책은 성경적 방언에 대해 바른 이해를 제공하고 방언옹호론자들이 성경적 근거로 내세우는 고린도전서 12장, 13장, 14장의 해석이 얼마나 잘못된 것인지를 분별하여 오늘날 방언이 과연 성령의 은사인지 아니면 정체불명의 방언의 영이 시작한 거대한 미혹인지 분명한 영적 해답을 제시하고자 한다. 또한 기독교를 비롯하여 방언을 하는 전세계의 종교집단 가운데 누구도 밝히지 못했던 방언의 영적 정체를 최초로 밝히고, 성령으로 가장했던 방언의 실체와 방언의 영의 전략이 어떤 것인지 폭로하고자 한다. 그리고 방언옹호론자들이 말하는 방언의 유익이 얼마나 거짓된지를 사례별로 분석함을 통해 거짓 방언에 묶여 버린 한국 기독교 성도들을 자유케 하는 데 도움이 되고자 한다.

책의 이해를 돕기 위해 성령이 주신 방언을 언어방언 혹은 외국어방언이라고 칭하였고, 한국 기독교를 미혹하는 거짓 방언을 (영의) 방언 혹은 방언, 방언기도로 구분하였다. 방언에 대한 분별의 기준은 성령이 주신 방언은 믿지 아니하는 자들에게 그들의 나라 말로 복음을 전하는 것이다. 이를 언어방언으로 칭한다. 그러나 (영의) 방언은 복음을 전하기는커녕 아무도 알아듣지 못하는 정체불명의 영의 말이다. 사람의 말로 복음을 전하는 방언만이 성령방언이며 복음을 전하지 못하는 영들의 소리인 (영의) 방언은 성령의 방언이 아니다. 이것이 오늘날 기독교인들이 하고 있는 방언에 대해 바른 분별의 기준이 될 것이다.

2장

방언의 사전적 의미와
신구약 성경에 나온 방언 구절들

방언의 국어사전적 의미는 "공통어나 표준어 외의 다른 지역의 언어체계 혹은 사투리"라고 한다. 즉 방언의 국어사전적 의미를 한마디로 말하면 사람의 말이며 사람의 말이라는 뜻은 사람 간에 의사소통이 되는 것이 전제가 되는 것을 말한다. 그러므로 방언이란 사람 간에 의사소통이 되는 사람의 말이라고 할 수 있다. 따라서 오늘날 기독교신자들이 사람의 말이 아닌 영의 소리로 기도하는 방언기도는 국어사전적 의미에서의 방언이 아니다. 이는 사전적 출처를 밝힐 수 없는 정체불명의 영들의 소리라고 정의할 수 있다. 방언의 국어사전적 정의와 더불어 성경에도 방언이라는 단어는 의외로 많이 등장한다. 방언은 구약성경에서 12번, 신약성경에서는 34번 등장한다.

1.
구약성경에 나온 방언 구절

구약성경에서 "방언"은 최소 12번 등장한다.

(1) <이사야 19:18>

"그날에 애굽 땅에 가나안 방언을 말하며 만군의 여호와를 가리켜 맹세하는 다섯 성읍이 있을 것이며 그 중 하나를 멸망의 성읍이라 칭하리라"

(2) <이사야 28:11>

"그러므로 더듬는 입술과 다른 방언으로 그가 이 백성에게 말씀하시리라"

(3) <이사야 33:19>

"네가 강포한 백성을 보지 아니하리라 그 백성은 방언이 어려워 네가 알아듣지 못하며 말이 이상하여 네가 깨닫지 못하는 자니라"

(4) <이사야 36:11>

"이에 엘리아김과 셉나와 요아가 랍사게에게 이르되 우리가 아람 방언을 아오니 청하건대 그 방언으로 당신의 종들에게 말하고 성 위에 있는 백성이 듣는 데에서 우리에게 유다 방언으로 말하지 마소서 하니"

(5) <이사야 36:13>

"이에 랍사게가 일어서서 유다 방언으로 크게 외쳐 이르되 너희는 대왕 앗수르 왕의 말씀을 들으라"

방언은 성령의 은사가 아니다

(6) <역대하 32:18>

"산헤립의 신하가 유다 방언으로 크게 소리 질러 예루살렘 성 위에 있는 백성을 놀라게 하고 괴롭게 하여 그 성을 점령하려 하였는데"

(7) <에스라 4:7>

"아닥사스다 때에 비슬람과 미드르닷과 다브엘과 그의 동료들이 바사 왕 아닥사스다에게 글을 올렸으니 그 글은 아람 문자와 아람 방언으로 써서 진술하였더라"

(8) <느헤미야 13:24>

"그들의 자녀가 아스돗 방언을 절반쯤은 하여도 유다 방언은 못하니 그 하는 말이 각 족속의 방언이므로"

이와 같이 구약성경에 언급된 12번의 방언은 모두 지역의 언어로서 사람의 말을 뜻한다. 이는 방언의 국어사전적 의미와 일치하는 것이다. 따라서 방언이란 "사람의 말"또는 "인간의 언어"를 방언으로 표현한 것이며 구약성경 어디에도 기독교인들이 하고 있는 (영의) 방언은 단 한 줄도 나오지 않는다. 심지어 구약성경에 세상과 인간에게 현현하신 하나님과 천사들도 사람의 말로 계시하셨지 (영의) 방언으로 계시하신 적이 없었으며 더욱이 인간에게 영의 방언기도를 하게 하고 통역하게 하는 경우는 상상도 할 수 없는 일이었다.

2.
신약성경에 나온 방언 구절

신약성경에 방언은 34번 등장하는데 마가복음에서 1번, 사도행전에서 5번, 고린도전서에서 21번, 요한계시록에서 7번 나온다.

(1) 마가복음의 방언

- **<마가복음 16:17>**

  "믿는 자들에게는 이런 표적이 따르리니 곧 그들이 내 이름으로 귀신을 쫓아내며 새 방언을 말하며"

(2) 사도행전의 방언

- **<사도행전 2:6>**

"이 소리가 나매 큰 무리가 모여 각각 자기의 방언으로 제자들이 말하는 것을 듣고 소동하여"

- <사도행전 2:8>

"우리가 우리 각 사람이 난 곳 방언으로 듣게 되는 것이 어찌 됨이냐"

- <사도행전 10:46>

"이는 방언을 말하며 하나님 높임을 들음이러라"

- <사도행전 14:11>

"무리가 바울이 한 일을 보고 루가오니아 방언으로 소리 질러 이르되 신들이 사람의 형상으로 우리 가운데 내려오셨다 하여"

- <사도행전 19:6>

"바울이 그들에게 안수하매 성령이 그들에게 임하시므로 방언도 하고 예언도 하니"

방언은 성령의 은사가 아니다

(3) 고린도전서의 방언

• <고린도전서 12:10>

"어떤 사람에게는 능력 행함을, 어떤 사람에게는 예언함을, 어떤 사람에게는 영들 분별함을, 다른 사람에게는 각종 방언 말함을, 어떤 사람에게는 방언들 통역함을 주시나니"

• <고린도전서 12:28>

"하나님이 교회 중에 몇을 세우셨으니 첫째는 사도요 둘째는 선지자요 셋째는 교사요 그 다음은 능력을 행하는 자요 그 다음은 병 고치는 은사와 서로 돕는 것과 다스리는 것과 각종 방언을 말하는 것이라"

• <고린도전서 12:30>

"다 병 고치는 은사를 가진 자이겠느냐 다 방언을 말하는 자이겠느냐 다 통역하는 자이겠느냐"

• <고린도전서 13:1>

"내가 사람의 방언과 천사의 말을 할지라도 사랑이 없으면 소리 나는 구리와 울리는 꽹과리가 되고"

• <고린도전서 13:8>

"사랑은 언제까지나 떨어지지 아니하되 예언도 폐하고 방언도 그치고 지식도 폐하리라"

• <고린도전서 14:2>

"방언을 말하는 자는 사람에게 하지 아니하고 하나님께 하나니 이는 알아 듣는 자가 없고 영으로 비밀을 말함이라"

• <고린도전서 14:4>

"방언을 말하는 자는 자기의 덕을 세우고 예언하는 자는 교회의 덕을 세우나니"

• <고린도전서 14:5>

"나는 너희가 다 방언 말하기를 원하나 특별히 예언하기를 원하노라 만일 방언을 말하는 자가 통역하여 교회의 덕을 세우지 아니하면 예언하는 자만 못하니라"

• <고린도전서 14:6>

"그런즉 형제들아 내가 너희에게 나아가서 방언으로 말하고 계시나 지식이나 예언이나 가르치는 것으로 말하지 아니하면 너희에게 무엇이 유익하리요"

- <고린도전서 14:13>

"그러므로 방언을 말하는 자는 통역하기를 기도할지니"

- <고린도전서 14:14>

"내가 만일 방언으로 기도하면 나의 영이 기도하거니와 나의 마음은 열매를 맺지 못하리라"

- <고린도전서 14:18>

"내가 너희 모든 사람보다 방언을 더 말하므로 하나님께 감사하노라"

- <고린도전서 14:19>

"그러나 교회에서 네가 남을 가르치기 위하여 깨달은 마음으로 다섯 마디 말을 하는 것이 일만 마디 방언으로 말하는 것보다 나으니라"

- <고린도전서 14:21>

"율법에 기록된 바 주께서 이르시되 내가 다른 방언을 말하는 자와 다른 입술로 이 백성에게 말할지라도 그들이 여전히 듣지 아니하리라 하였으니"

• <고린도전서 14:22>

"그러므로 방언은 믿는 자들을 위하지 아니하고 믿지 아니하는 자들을 위하는 표적이나 예언은 믿지 아니하는 자들을 위하지 않고 믿는 자들을 위함이니라"

• <고린도전서 14:23>

"그러므로 온 교회가 함께 모여 다 방언으로 말하면 알지 못하는 자들이나 믿지 아니하는 자들이 들어와서 너희를 미쳤다 하지 아니하겠느냐"

• <고린도전서 14:26>

"그런즉 형제들아 어찌할까 너희가 모일 때에 각각 찬송시도 있으며 가르치는 말씀도 있으며 계시도 있으며 방언도 있으며 통역함도 있나니 모든 것을 덕을 세우기 위하여 하라"

• <고린도전서 14:27>

"만일 누가 방언으로 말하거든 두 사람이나 많아야 세 사람이 차례를 따라 하고 한 사람이 통역할 것이요"

• <고린도전서 14:39>

"그런즉 내 형제들아 예언하기를 사모하며 방언 말하기를 금하지 말라"

방언은 성령의 은사가 아니다

(4) 요한계시록의 방언

• <요한계시록 5:9>

"그들이 새 노래를 불러 이르되 두루마리를 가지시고 그 인봉을 떼기에 합당하시도다 일찍이 죽임을 당하사 각 족속과 방언과 백성과 나라 가운데에서 사람들을 피로 사서 하나님께 드리시고"

• <요한계시록 7:9>

"이 일 후에 내가 보니 각 나라와 족속과 백성과 방언에서 아무도 능히 셀 수 없는 큰 무리가 나와 흰옷을 입고 손에 종려 가지를 들고 보좌 앞과 어린 양 앞에 서서"

• <요한계시록 10:11>

"그가 내게 말하기를 네가 많은 백성과 나라와 방언과 임금에게 다시 예언하여야 하리라 하더라"

• <요한계시록 11:9>

"백성들과 족속과 방언과 나라 중에서 사람들이 그 시체를 사흘 반 동안을 보며 무덤에 장사하지 못하게 하리로다"

- **<요한계시록 13:7>**

"또 권세를 받아 성도들과 싸워 이기게 되고 각 족속과 백성과 방언과 나라를 다스리는 권세를 받으니"

- **<요한계시록 14:6>**

"또 보니 다른 천사가 공중에 날아가는데 땅에 거주하는 자들 곧 모든 민족과 종족과 방언과 백성에게 전할 영원한 복음을 가졌더라"

- **<요한계시록 17:15>**

"또 천사가 내게 말하되 네가 본 바 음녀가 앉아 있는 물은 백성과 무리와 열국과 방언들이니라"

신약성경의 마가복음, 사도행전, 고린도전서 그리고 요한계시록에 나오는 방언은 구약성경 12번에 언급된 방언과 마찬가지로 사람의 말을 뜻한다. 심지어 방언을 성령의 은사로 정의한 고린도전서 12장과 사랑장인 13장에 나오는 방언도 모두 사람의 말을 의미한다. 다만 고린도전서 14장의 경우 2절, 4절, 14절, 19절, 27절에 언급된 방언만이 사람 사이에 의사소통이 되지 않는 (영의) 방언을 의미하였고 고린도전서 14장 14절만이 유일하게 방언을 기도라고

방언은 성령의 은사가 아니다

하고 있을 뿐 성경 어디에도 방언이 기도라고 표현된 곳은 없다.[1] 그리고 요한계시록에 7번 등장하는 방언은 언어라기보다는 민족, 나라의 개념으로 사용되었다.

다시 한번 강조하면 신·구약성경을 통해 성경이 말하는 방언은 사람 간의 의사소통이 가능한 사람의 언어였다. 한마디로 요약하면 사람이 사람에게 하는 "사람의 말"인 것이다. 다만 고린도전서 14장에 등장하는 방언의 일부만이 (영의) 방언을 의미하였고, (영의) 방언기도라는 말은 고린도전서 14장 14절에만 언급되었으며 그것도 (영의) 방언기도의 무익함을 지적하고 책망하기 위해 쓴 것이다. 그리고 요한계시록의 방언은 말 혹은 언어의 의미보다는 나라, 백성, 민족의 개념으로 사용되었다.

방언에 대한 신·구약의 성경 구절들을 확실하게 분별을 한다면 오늘날 논쟁거리인 방언에 대해 성경적 바른 분별의 기초가 될 것이다. 특히 방언옹호론자들이 방언을 옹호하기 위해 성경을 얼마나 왜곡하고 있는지 판단할 수 있는 기반이 될 것이다.

---

[1] 김승진, 『성경이 말하는 성령뱁티즘과 방언』, CLC

성경에 나오는 두 개의 방언에 대한 분별
(언어방언과 영의 방언)

성경에는 두 종류의 방언이 나와 있다. 하나는 사람의 말로서 자국어 혹은 외국어로 이를 통합하여 언어방언이라고 칭한다. 그리고 또 하나는 인간은 알아듣지 못하는 (영의) 방언이 있다. 언어방언은 뜻과 메시지가 있는 언어 혹은 외국어이며 의사소통이 되기 때문에 알아들을 수 있고 통역도 가능하다. 구약에 12번 언급된 방언도 모두 언어방언이었으며, 마가복음 16장에 예수님이 말씀하신 새방언과 사도행전 2장, 오순절에 성령이 주신 방언 그리고 사도행전 10장과 19장의 방언도 언어방언이었다. 심지어 고린도전서 12장의 은사로서의 방언도 언어방언이었으며, 방언 통역도 언어방언을 통역하는 것을 말한다. 또한 13장에 언급된 방언도 언어방언이었다. 반면 (영의) 방언이란 오늘날 기독교인들이 하는 방언으로 방언을 하는 사람도 자신이 무슨 말을 하는지 모르고 듣는 사람도 방언을 전혀 알아들을 수 없다는 것이 특징이다. (영의) 방언에는 사람끼리 소통할 수 있는 뜻과 메시지가 들어있지 않기 때문에 언어로서 기능이 하나도 없으므로 통역이 기본적으로 불가능하다. 이처럼 신 구약성경에 방언은 총 46번 등장하는데 고린도전서 14장의 몇몇 (영의) 방언을 제외하고는 성경에 쓰인 모든 방언은 언어 혹은 외국어로서 사람의 말을 뜻하는 언어방언이었다. 다시 정리하면 성경에 나오는 대부분의 방언은 모두 자국어 혹은 외국어로서 언어방언이었고, 고린도전서 14장 2, 4, 14, 19, 27절에 언급된 방언만이 (영의) 방언이며 방언이 기도라는 말은 오직 고린도전서 14장 14절에만 언급되어 있을 뿐이다. 그리고 요한계시록에 7번 등장하는 방언은 언어라기보다는 나라, 민족, 열방이라는 개념으로 사용되었다. 이것이 성경에 46번 등장하는 방언에 대한 완전한 분별인 것이다.

그러나 성경에 언급된 46번의 방언을 언어방언과 (영의) 방언으로 바르게 구분하지 않고 모두 방언으로 번역하므로 기독교인들은 성령이 주시는 언어방언과 정체불명의 영이 하는 (영의) 방언을 구분하지 못하고 자신들이 하고 있는 (영의) 방언을 성령의 은사로 오해하게 되어 큰 혼란과 문제를 야기하게 되었다.

그러므로 기독교교회와 성도들은 성경에 쓰인 방언은 언어방언과 (영의) 방언 두 종류가 있음을 분별하고 성령이 주신 진짜 방언은 언어방언이며, (영의) 방언은 영적 출처를 알 수 없는 거짓 방언임을 바르게 알고 자신들이 하고 있는 방언이 성령이 주신 언어방언인지, 영적 출처를 알 수 없는 영의 방언인지 바른 판단을 하여야 한다.

4장

마가복음과 사도행전의
방언 해설

1.
마가복음의 방언

(1) 막 16장 17-20절

"믿는 자들에게는 이런 표적이 따르리니 곧 그들이 내 이름으로 귀신을 쫓아내며 새 방언을 말하며 18뱀을 집어올리며 무슨 독을 마실지라도 해를 받지 아니하며 병든 사람에게 손을 얹은즉 나으리라 하시더라 19주 예수께서 말씀을 마치신 후에 하늘로 올려지사 하나님 우편에 앉으시니라 20제자들이 나가 두루 전파할새 주께서 함께 역사하사 그 따르는 표적으로 말씀을 확실히 증언하시니라"

[해석]

예수님의 공생애를 기록한 4복음서 가운데 마가복음 16장 17절에만 유일하게 방언이 등장한다. 마가복음 16장 17-20절 말씀은 부활하신 예수님이 제자들에게 유언처럼 주신 말씀으로 믿는 자들에게 따르는 5가지 표적을 열거하셨다. 믿는 자들은 예수의 이

방언은 성령의 은사가 아니다

름으로 귀신을 쫓아내며 새 방언을 말하며 뱀을 집어 올리고 무슨 독을 마실지라도 해를 받지 아니하며 병든 자에게 손을 얹은 즉 나으리라는 말씀이다.

마가복음 16장 17절에 예수님이 언급하신 새 방언은 (영의) 방언을 말씀하신 것이 아니라 사람의 말인 언어방언을 말씀하신 것이다. 그러므로 예수님은 새 방언으로 말한다고 하셨지 새 방언으로 기도하리라 하신 것이 아니다.

방언을 옹호하는 목사들은 예수님이 말씀하신 새 방언이 사람들이 세상에서 사용하는 말이 아니라 하늘의 언어라고 하면서 (영의) 방언을 하늘언어로 가르치며 권장하고 있다. 그러나 예수님은 공생애 기간 동안 (영의) 방언으로 기도 하신 적이 없으셨고 제자들에게 그러한 기도를 가르치신 적도 없으셨다. 마가복음 16장 17절에 예수님이 말씀하신 새 방언은 예수님이 승천하신 후 열흘이 지난 오순절 절기에 성령이 강림하셔서 갈릴리 출신 제자들이 배운 적도, 말해본 적도 없는 다른 나라의 말을 하게 될 것을 예언하신 말씀으로 이 말씀은 사도행전 2장, 오순절에 성령이 강림하실 때 방언의 나타남을 통해 예루살렘에서 성취되었고 사도행전 10장, 이방인 고넬료의 집에서 그리고 사도행전 19장, 에베소서의 12명의 어떤 제자들을 통해 성취되었다.

따라서 예수님이 마가복음에서 예언적으로 말씀하신 새 방언은 오순절에 성령이 말하게 하심에 따라 제자들이 배워 본 적도 없었고 해 본 적도 없었던 다른 나라 사람의 말인 언어방언을 하게 될 것을 말씀하신 것이지 알아들을 수 없는 (영의) 방언으로 기도하는 것을 말씀하신 것이 아니다.

방언은 성령의 은사가 아니다

2.
사도행전의 방언

사도행전은 신약성경의 유일한 역사서로 갈릴리에서 시작된 예수님의 메시야 사역이 어떻게 예루살렘을 중심으로 지중해 연안과 로마에까지 전파되었는지를 기록한 말씀이다. 성령께서 예수님의 제자들에게 권능을 주시고 그들과 함께 복음을 전파하시고 교회를 세우시는 역사가 생생하게 기록되어 있다. 그래서 사도행전을 성령행전이라고 부르기도 한다.[2]

사도행전에서 방언이 기록된 곳은 2장, 10장, 19장이다. 사도행전에 기록된 방언의 특징은 사람의 말인 언어 방언으로 성령이 말하게 하심에 따라 언어가 다른 나라 사람들의 모국어로 복음을 말하는 것이고 다른 나라 사람들은 자신들의 모국어로 복음을 듣게 되어 복음이 전파되고 교회가 세워지는 것이 성령이 주신 방언의 특징이다.

---

2) 네이버 지식백과, 사도행전, 라이프성경사전, 2006. 8. 15., 가스펠서브

(1) 사도행전 2장 1-4절, 6절, 8절, 11절

* 1-4절 "오순절 날이 이미 이르매 그들이 다같이 한 곳에 모였더니 2홀연히 하늘로부터 급하고 강한 바람 같은 소리가 있어 그들이 앉은 온 집에 가득하며 3마치 불의 혀처럼 갈라지는 것들이 그들에게 보여 각 사람 위에 하나씩 임하여 있더니 4그들이 다 성령의 충만함을 받고 성령이 말하게 하심을 따라 다른 언어들로 말하기를 시작하니라"

* 6절 "이 소리가 나매 큰 무리가 모여 각각 자기의 방언으로 제자들이 말하는 것을 듣고 소동하여"

* 8절 "우리가 우리 각 사람이 난 곳 방언으로 듣게 되는 것이 어찌 됨이냐"

* 11절 "그레데인과 아라비아인들이라 우리가 다 우리의 각 언어로 하나님의 큰 일을 말함을 듣는도다 하고"

해석

성령이 오순절에 강림하셔서 복음을 전하는 사역을 시작하셨을 때 사용하신 표적은 제자들이 배운 적이 없는 다른 나라 사람의

방언은 성령의 은사가 아니다

언어로 다른 나라 사람에게 복음을 전하는 방언이었다. 이는 예수님의 약속이 선행되었고 약속대로 성령이 오셔서 성령이 말하게 하심에 따라 제자들이 다른 나라 사람의 언어로 복음을 말하게 된 것이다.

따라서 오순절에 성령이 주신 방언은 사람의 말이며, 다른 나라 사람에게 그들의 언어로 말을 하여 복음을 전하는 것이었지 기도하는 자신도 알아듣지 못하는 영의 소리로 하나님께 기도하는 것이 아니었다. 그런데 오늘날 (영의) 방언을 하는 자들은 자신들이 하는 방언을 성령이 주신 오순절 방언 혹은 성령이 은사로 주신 방언으로 착각하고 있고 그것을 진리로 수용하는 일반화의 오류를 범하고 있다.

사도행전 2장의 오순절 방언은 언어방언으로 예수님이 마가복음 16장 17절에서 말씀하신 "새 방언을 말하며"의 성취이며 이후에 등장하는 사도행전 10장과 19장의 방언과 같은 것이다. 따라서 사도행전에 2, 10, 19장의 방언은 모두 언어방언이지 (영의) 방언과 (영의) 방언기도가 아니다.

(2) 사도행전 2장 4, 6, 8절 오순절에
성령이 강림하신 후 제자들에게 임한 방언

"그들이 다 성령의 충만함을 받고 성령이 말하게 하심을 따라 다른 언어들로 말하기를 시작하니라 5그때에 경건한 유대인들이 천하 각국으로부터 와서 예루살렘에 머물러 있더니 6이 소리가 나매 큰 무리가 모여 각각 자기의 방언으로 제자들이 말하는 것을 듣고 소동하여 7다 놀라 신기하게 여겨 이르되 보라 이 말하는 사람들이 다 갈릴리 사람이 아니냐 8우리가 우리 각 사람이 난 곳 방언으로 듣게 되는 것이 어찌 됨이냐"

해석

오순절은 유월절, 장막절과 함께 유대인들의 3대 절기 중에 하나이다. 오순절 절기에는 유대인과 지중해 주변에 흩어져 있던 디아스포라 유대인들이 절기를 지키기 위해 예루살렘으로 모여든다. 오순절이 이르매 예수님이 약속하신 성령이 강림하시고 성령의 충만함을 받은 제자들이 예루살렘으로 모여든 15개국 디아스포라 유대인들의 출신지역의 언어로 말을 하게 된 것이 성령의 첫 사역인 방언의 시작이었다. 자기가 난 지역의 말을 알아들은 사람들은 "바대인, 메대인, 엘람인, 그레데인, 아라비아인들과 메소보다미아, 유대, 갑바도기아, 본도, 아시아, 브루기아, 밤빌리아, 애굽, 구레네,

리비야 여러 지방과 로마에서 온 외국인들"이었다.

성령이 말하게 하심에 따라 갈릴리 출신 제자들이 하게 된 언어 방언(사람의 말)으로 인해 15개국에서 온 디아스포라 유대인들은 50일 전 십자가에서 죽임당하신 예수님과 그분이 부활하신 사건을 듣게 되었고 오순절 절기가 지난 후에 자기들이 살던 곳으로 돌아가 복음을 증거하게 되므로 로마제국을 중심으로 지중해 연안에 기독교의 복음이 놀랍게 확산되었다.

이것은 바울이 고린도전서 14장 22절에 방언은 믿지 아니하는 자들을 위한 표적이라고 했던 이유이기도 한 것이다.

즉, 사도행전 2장, 오순절에 성령이 임하여 제자들에게 주신 방언은 외국어를 모국어로 사용하는 불신자들이 알아들을 수 있는 사람의 말이었고, 이는 사람과 사람 사이에 의사소통을 가능하게 하는 방언으로, 이를 통해 복음이 세계로 뻗어나가는 시작이 된 것에 큰 의미가 있다.

(3) 사도행전 10장 44-48절 고넬료와 그 집안에 임한 방언

"베드로가 이 말을 할 때에 성령이 말씀 듣는 모든 사람에게 내려오시니 45베드로와 함께 온 할례 받은 신자들이 이방인들에게도 성령 부어 주심으로 말미암아 놀라니 46이는 방언을 말하며 하나님 높임을 들음이러라 47이에 베드로가 이르되 이 사람들이 우리와 같이 성령을 받았으니 누가 능히 물로 세례 베풂을 금하리요 하고 48명하여 예수 그리스도의 이름으로 세례를 베풀라 하니라 그들이 베드로에게 며칠 더 머물기를 청하니라"

해석

사도행전 10장, 가이샤라에 사는 로마 백부장 고넬료와 그 집안 사람들에게 임한 방언사건은 다음과 같다. 로마 백부장 고넬료는 로마 사람이었고, 베드로는 유대인이었으며, 고넬료의 시종들은 각국에서 종으로 잡혀 온 사람들이었다. 유대인 베드로와 로마 사람 고넬료 그리고 각 지역에서 온 사람들이 함께한 것이다. 베드로가 고넬료를 만났을 때 성령이 고넬료와 그 집안 사람들에게 임하셔서 방언을 표적으로 주셨다. 성령이 말하게 하심에 따라 고넬료와 그 집안사람들은 하나님을 높이는 말을 하였고 베드로와 그와 함께 한 사람들은 고넬료와 그 집안사람들이 하나님을 높이는 말

방언은 성령의 은사가 아니다

을 듣게 된다.

사도행전 2장, 오순절에 성령이 제자들에게 주신 방언은 제자들이 디아스포라 유대인들에게 복음을 전하는 방언이었다면 사도행전 10장, 고넬료와 그 집안사람들에게 임한 방언은 성령이 고넬료와 그 집안사람들에게 임하여 그들이 하나님을 높이는 말을 베드로 일행이 알아들을 수 있게 된 방언이었다. 사도행전 10장 45-46절 "베드로가 이 말을 할 때에 성령이 말씀 듣는 모든 사람에게 내려오시니 45베드로와 함께 온 할례 받은 신자들이 이방인들에게도 성령 부어 주심으로 말미암아 놀라니 46이는 방언을 말하며 하나님 높임을 들음이러라"를 통해 베드로와 유대인들이 그들의 언어로 고넬료와 그 집안사람들이 하나님을 높이는 말을 듣고 이방인에게도 성령을 부어주심을 보고 놀랐다고 기록하고 있다. 이처럼 사도행전 10장, 고넬료 가정에 임한 방언은 오순절에 성령이 제자들에게 역사하신 오순절 방언과 같은 것으로 사람의 말인 언어 방언이었다.

베드로는 사도행전 11장 15절에 "내가 말을 시작할 때에 성령이 그들에게 임하시기를 처음 우리에게 하신 것과 같이 하는지라"라며 고넬료와 그 집안 사람들이 받은 방언이 예수님의 제자들이 오순절에 받았던 방언과 동일한 방언임을 분명히 밝히고 있다. 사도행전 10장, 고넬료집안에 방언이 임한 사건은 이방인도 차별 없이 구원하시는 하나님의 구원 섭리를 보여 주는 역사적인 사건이자 표적으로서 그 중요성이 있다.

사도행전 2장의 오순절 방언과 사도행전 10장의 고넬료 집안의 방언이 불신자와 이방인을 구원하시는 하나님의 구속 경륜을 밝혀 주는 동일한 사건이었음을 다시 한번 확증하므로 고넬료 집안에 임했던 방언을 "가이사랴의 오순절"이라고 칭하기도 한다. 오순절에 성령이 임하시고 방언의 표적과 베드로의 설교를 통해 예루살렘 교회가 세워진 것처럼, 고넬료 집안에 성령이 임하시고 방언의 표적을 통해 가이사랴에 고넬료를 중심으로 하는 최초의 이방인교회가 세워지게 된 것이다. 그리고 이후에 등장하는 사도행전 19장의 방언도 사도행전 2장과 10장의 방언과 마찬가지로 성령에 의해 복음이 전해지고 확장되어지는 사람의 말로서 언어방언임을 성경은 분명히 말씀하고 있다. 이로써 마가복음과 사도행전에 나온 방언은 복음이 전해질 수 있도록 의사소통이 가능케 되는 사람의 말 혹은 외국어로서 언어방언이었다는 것을 알아야 한다. 이는 말하는 자도, 듣는 자도 알아듣지 못하는 (영의) 방언과는 완전히 다른 것이다. 오늘날 기독교인들이 하는 (영의) 방언은 구약성경과 마가복음 그리고 사도행전에 전혀 언급되지 않는다. 오히려 이방종교의 신전에서 이교의 사제들이 무아지경에 빠져 신과 접신한 후에 했던 기이한 영의 소리와 같은 것이며, 고린도교회 교인들이 했던 방언과 맥을 같이하는 기도일 뿐이다. 이는 매우 위험한 영적

방언은 성령의 은사가 아니다

행위지만 더 심각한 것은 기독교인들은 이러한 (영의) 방언을 성령의 은사로 알고 열심히 기도하고 있다는 것이다.[3]

<hr />

3) 들꽃 블로그 글

(4) 사도행전 19장 1-7절
에베소의 12제자들에게 임한 방언

"아볼로가 고린도에 있을 때에 바울이 윗지방으로 다녀 에베소에 와서 어떤 제자들을 만나 2이르되 너희가 믿을 때에 성령을 받았느냐 이르되 아니라 우리는 성령이 계심도 듣지 못하였노라 3바울이 이르되 그러면 너희가 무슨 세례를 받았느냐 대답하되 요한의 세례니라 4바울이 이르되 요한이 회개의 세례를 베풀며 백성에게 말하되 내 뒤에 오시는 이를 믿으라 하였으니 이는 곧 예수라 하거늘 5그들이 듣고 주 예수의 이름으로 세례를 받으니 6바울이 그들에게 안수하매 성령이 그들에게 임하시므로 방언도 하고 예언도 하니 7모두 열두 사람쯤 되니라"

해석

사도행전 19장 1-7절은 에베소지역에 12명의 어떤 제자들이 성령을 받은 표적으로 방언을 말하게 된 사건을 기록하고 있다. 이는 바울이 고린도교회를 개척한 지 5년이 지난 3차 전도여행 때 일어난 일이었다. 아볼로가 고린도에 있을 때 바울은 윗지방으로 다녀 에베소에 도착하게 된다. 그때 12명의 어떤 제자들을 만나게 되는데, 그들은 요한의 세례만 받았을 뿐 성령의 계심도 알지 못했고 예수의 이름으로 세례도 받지 못한 사람들이었다. 바울은 그들에

방언은 성령의 은사가 아니다

게 요한이 전파한 것은 예수 그리스도였음을 가르쳐 주고 예수님의 이름으로 세례를 베풀고 안수를 하였다. 그러자 그들에게 성령이 임하시므로 방언을 하고 예언도 하게 되었다. 에베소에 12명의 어떤 제자들에게 성령이 임하여 방언과 예언을 말하게 된 표적은 복음이 소아시아에 머물지 않고 유럽에 전해지는 계기가 되는 중요한 사건이었다.

오순절 계통의 은사주의자들은 사도행전 19장, 에베소의 12명의 어떤 제자들은 예수님의 제자들이었고 그들에게 바울이 안수를 하니까 성령이 그들에게 임하여 방언도 하고 예언도 하였다고 주장한다. 그러나 사도행전 19장의 12명의 제자들은 예수님의 제자들이 아니었다. 그들은 세례요한의 세례를 받은 자들이었고 성령의 계심도 알지 못하던 자들이었다. 이들은 바울에게 주 예수의 이름으로 세례를 받았고 바울이 안수하자 성령이 임하여 방언도 하고 예언도 하게 된 것이다. 더욱이 그리스 성경에는 에베소의 제자들이 했던 방언에 대해 방언을 말하였다고 나와 있다고 한다.[4]

사도행전 19장의 방언은 에베소에 사는 어떤 제자로 명명되는 12명의 이방인을 구원하시는 성령의 표적적 역사로서의 방언이다. 그래서 이를 "에베소의 오순절"이라 부른다. 이들이 받은 방언도

4) 김승진, 『성령이 말하는 성령뱁티즘과 방언』, CLC

성령이 말하게 하심에 따라 하는 언어방언(사람의 말)으로 이는 디아스포라 유대인과 이방인을 구원하기 위한 하나님의 표적으로서의 언어방언이었다.

마가복음 16장의 예수님이 말씀하신 새 방언과 사도행전 2장의 오순절 방언, 10장의 고넬료와 그 집안사람에게 임한 방언, 19장의 에베소의 12명의 제자들에게 임한 방언은 예수님을 믿지 않는 디아스포라 유대인과 이방인들을 구원하기 위한 성령의 표적으로서 사람의 말인 언어방언이었다. 즉, 성령의 특별한 역사로 한 번도 배워 본 적이 없는 다른 나라 사람의 난 곳 말을 하고 다른 나라 사람은 자신들 나라의 말로 복음을 듣게 되는 것이 성령이 주신 진짜 방언이다. 따라서 마가복음 16장, 사도행전 2장, 10장, 19장에서 보듯 성령이 주시는 성령방언은 이상한 언어를 반복하는 (영의) 방언이 아니며 한국 기독교신자들이 하는 (영의) 방언기도는 더더욱 아니라는 것이다. 이처럼 마가복음 16장과 사도행전 2장, 10장, 19장의 방언에 대한 올바른 분별과 해석을 통해 한국 교회의 목사님들과 성도들이 하고 있는 (영의) 방언이 얼마나 성경적 방언에서 벗어나 있는지 분명하게 분별해야 한다.[5]

---

5) 양해민, 「고린도전서 14장을 중심으로 한 방언 고찰」

5장

고린도 지역과
고린도교회

1.
고린도전서의 배경이 되는 고린도 지역의 특성

신약성경의 서신서들은 방언과 방언통역에 대해 전혀 언급하고 있지 않다. 다만 고린도전서만이 유일하게 방언과 방언통역에 대해 말하고 있다. 이것은 방언과 방언통역이 초대교회 당시 고린도 교회에서만 일어난 특이한 현상이었음을 짐작해 볼 수 있다.

고린도는 뿔이라는 뜻을 가진 아가야주의 수도이며 대표적 항구 도시로 지중해 연안 국가들의 해상교통과 무역의 중심지였으며 무역이 활발한 만큼 많은 통행세를 받는 부유한 도시였다. 다양한 국가의 사람들이 왕래하는 곳으로 안전한 항해를 기원하는 각 나라와 민족의 우상들이 집결한 우상의 도시이자 각 종교의 전시장과 같은 곳이었으며 올림픽과 이스미안게임의 발상지로 유명하여 이곳에서 고대 운동 경기가 치러지기도 했다. 한창 번성할 때는 2만 명을 동시에 수용할 수 있는 야외극장이 있었다고 한다.

고린도 서쪽으로는 델파이신전이 있었고 고린도시의 시지프스산 꼭대기에 있는 아크로 고린도 성채에는 미와 사랑, 다산의 여신 아

방언은 성령의 은사가 아니다

프로디테를 숭배하는 신전이 있었다고 한다. 아프로디테 여신은 로마에서는 비너스로 불리었다. 이 신전에는 천여 명의 여사제들이 성전 매춘부로 고용되어 남자들과 성적 의식을 통해 종교적 음행을 행하였고 황홀과 환각상태에 놓이게 되었으며 여사제들 가운데 일부는 영과 신접한 상태에서 아무도 알아듣지 못하는 이상한 소리를 하기도 하였다고 한다. 또한 성병을 비너스병이라고 부를 정도로 아프로디테 신전에서 여사제와 남자들의 종교적 음행은 매우 문란했다고 한다.

또한 고린도광장에는 남성미를 상징하는 아폴로신전이 있었는데 아폴로신전에는 동성애의 욕망을 일으키는 아폴로의 나체상과 그림이 있었고 신전에 있는 남자창기와 아폴로숭배자들 간에 동성애가 이루어졌다고 한다. 그러므로 고린도시에는 머리를 기른 동성애자들인 남성 매춘부를 쉽게 볼 수 있었다고 한다. 이에 대해 바울은 고린도전서 11장 14절 "만일 남자에게 긴 머리가 있으면 자기에게 부끄러움이 되는 것을 본성이 너희에게 가르치지 아니하느냐"라고 비판하였다. 이러한 배경으로 인해 고린도란 단어는 성적인 부도덕과 성적으로 타락한 사람을 의미하였으며, 고린도조마이는 음란한 행위를 하는 것을 의미하였고, 고린도인처럼 산다는 말은 성적으로 부도덕한 사람을 의미하는 은어였으며, 고린도 소녀는 매춘부를 의미하였다.

이처럼 고린도는 성적으로 부패하였고 온갖 철학과 신비종교와 우상이 가득한 철학과 종교의 전시장과 같은 곳이었다. 이런 사회적 배경으로 고린도교회 교인들은 예수를 믿고 거듭났다고 하지만 그들의 옛 생활은 거듭나지 못하였으며 많은 영적 혼란으로 고린도교회는 초대교회 가운데 가장 문제가 많았던 교회였다.[6]

---

6) 정하영, 「고린도전서에 나타난 바울의 방언 이해 - 오순절적 관점에서」 어메이징 바이블 블로그

2.
고린도교회의 구성원

고린도에 기독교가 처음 전파된 것은 바울의 제2차 전도여행 중인 A. D 50년경이다. 아덴을 떠나 고린도에 도착한 바울은 로마에서 추방된 아굴라와 브리스길라 부부를 만나 장막 만드는 일에 동업하면서 복음을 증거하게 되었다. 이렇게 시작된 것이 고린도교회였다.[7] 그렇다면 고린도교회의 성도는 어떤 사람들로 구성되어 있을까? 고린도전서 1장 11절에는 글로에의 집 사람들이 등장하고 14절에는 그리스보와 가이오라는 이름이 등장한다. 그리스보는 고린도에 있는 유대교 회당의 회당장으로 그는 바울로부터 직접 세례를 받은 자였고 가이오는 바울이 세례를 주었던 고린도사람으로 가이오의 집은 교회로 사용된 듯하며 바울은 고린도에 있는 가이오의 집에서 로마서를 기록한 것으로 보인다. 롬 16장 23절 "나와 온 교회를 돌보아 주는 가이오도 너희에게 문안하고 이 성의 재무관 에라스도와 형제 구아도도 너희에게 문안하느니라"라며 가이오가 바울과 고린도교회를 돌보아 준다고 소개하고 있다. 또한 고린

---

7) 정하영, 「고린도전서에 나타난 바울의 방언 이해 - 오순절적 관점에서」

도전서 16장 15-19절에는 스데바나와 그 집 사람, 브드나도, 아가이고, 브리스길라와 아굴라 등이 언급되는데 스데바나와 그의 가족들은 바울의 전도를 받아 아가야에서 처음으로 회개한 사람들이었으며, 브드나도와 아가이고와 함께 고린도교회가 바울에게 쓴 편지를 전하기 위해 에베소에 거하는 바울을 방문하였고 바울의 답장인 고린도전서를 가지고 고린도로 돌아간 듯하다.

또한 아굴라는 유대사람이었고, 브리스길라는 아굴라의 아내로, 로마사람으로 추정된다. 이들은 로마황제 글라우디오 때 로마에서 추방되어 고린도로 이주하였다가 바울을 만나서 함께 천막 만드는 일을 하였고 후에 에베소로 건너가 바울의 전도 활동을 도왔으며, 알렉산드리아 출신 아볼로에게 복음을 전했으며, 글라우디오황제가 죽자 다시 로마로 가서 로마교회를 섬겼다고 한다.[8] 이와 같이 고린도교회는 유대인들과 이방인 그리고 로마인과 헬라인들이 섞여 있는 교회임을 알 수 있다. 고린도교회가 어떤 사람들로 구성되어 있는지 아는 것은 중요한 일이다. 이는 그들이 기독교를 믿기 이전에 종교 행습과 문화 그리고 사상이 고린도교회로 유입되었을 가능성이 높기 때문이다.[9]

---

8) 네이버 지식백과, 브리스길라와 아굴라(Priscilla and Aquila), 라이프성경사전, 2006. 8. 15., 가스펠서브
9) 양해민, 「고린도전서 14장을 중심으로 한 방언 고찰」

3.
바울이 고린도전서를 쓰게 된 이유

바울이 제2차 전도여행을 할 때 고린도교회가 세워졌다. 바울은 유대인의 핍박 속에도 고린도에서 18개월 동안 복음을 전하므로 많은 이방인들이 하나님께로 돌아왔다. 그러나 바울이 고린도를 떠난 후 고린도교회에는 많은 문제들이 생겨나게 되었고, 바울이 그 문제들을 바로 잡기 위해 서신을 써 보내게 된 것이 고린도전서이다.

바울은 고린도교회에서 일어나고 있는 당파의 분쟁과 근친상간의 성적 타락, 신자들 간에 소송사건, 매춘의 문제, 혼인에 관한 문제, 우상의 제물에 관한 문제, 성만찬의 문제, 은사의 오용과 예수님의 육체 부활에 대한 의심 등의 문제를 바르게 지도하고자 서신서를 쓰게 되었다. 사실 고린도교회는 사도들이 세운 초대교회 가운데 최악의 교회였으며 성령의 은사를 받기에 가장 부적합한 교회였다. 그리고 현대 기독교 교회가 본받아서는 안 되는 최악의 교회였다. 특히 고린도교회 교인들은 은사를 남용하였고, 그중에서도 방언의 은사를 최고의 은사로 여기며 방언의 은사를 자랑하고 공예배에서도 방언의 은사를 과도하게 사용한 것으로 보인다. 바울은 고린도교회 교인들의 방언에 대한 잘못된 오해와 남용을 바로 잡기 위해 고린도전서 12-14장을 기록한 것으로 보인다.

6장

고린도전서에
나타난 방언들

1.
은사에 대해 기록한 서신서들

신약성경에는 고린도전서, 로마서, 에베소서, 베드로전서에 은사에 대해 기록되어 있다. 특히 고린도전서 12장에는 아홉 가지 성령의 은사가 열거되어 있는데 방언도 은사로 언급되었다.

로마서는 12장 6-8절에 "우리에게 주신 은혜대로 받은 은사가 각각 다르니 혹 예언이면 믿음의 분수대로, 7혹 섬기는 일이면 섬기는 일로, 혹 가르치는 자면 가르치는 일로, 8혹 위로하는 자면 위로하는 일로, 구제하는 자는 성실함으로, 다스리는 자는 부지런함으로, 긍휼을 베푸는 자는 즐거움으로 할 것이니라"며 은사에 대해 말하고 있다. 그러나 로마서에 열거된 은사 목록에는 방언과 방언 통역이 나와 있지 않다. 바울은 제3차 전도여행 당시 에베소에서 고린도전서를 썼다. 그리고 얼마 되지 않아 고린도에 왔다. 그때 고린도에 머물면서 로마에 있는 성도들을 위해서 로마서를 쓰게 된다. 정리하면 바울이 방언에 대해 언급한 고린도전서를 쓴 지 얼마 되지 않아 로마서를 쓴 것이다. 만약 오늘날 방언옹호자들의 말처럼 방언이 그토록 유익한 것이라면 바울은 로마서에서도 방언에 대해 언급하였을 것이다. 그러나 바울은 로마서에 방언과 방언통역에 대해 전혀 말하고 있지 않다. 오직 고린도전서에서만 방언과 방언통역을 언급하였는데 그것은 방언이 고린도교회에만 나타났고 많은 문제를 야기하는 것에 대해 책망을 한 것이지 권장하고 장려한 것이 아니었기 때문이다. 그러므로 바울이 이후에 쓴 로마서나 에베소서에서는 방언과 방언통역이 전혀 언급되고 있지 않은 것이다.

에베소서 4장 11-12절 "그가 어떤 사람은 사도로, 어떤 사람은 선지자로, 어떤 사람은 복음 전하는 자로, 어떤 사람은 목사와 교사로 삼으셨으니 12이는 성도를 온전하게 하여 봉사의 일을 하게 하며 그리스도의 몸을 세우려 하심이라"

베드로전서 4장 10-11절 "각각 은사를 받은 대로 하나님의 여러 가지 은혜를 맡은 선한 청지기 같이 서로 봉사하라 11만일 누가 말하려면 하나님의 말씀을 하는 것 같이 하고 누가 봉사하려면 하나님이 공급하시는 힘으로 하는 것 같이 하라 이는 범사에 예수 그리스도로 말미암아 하나님이 영광을 받으시게 하려 함이니 그에게 영광과 권능이 세세에 무궁하도록 있느니라 아멘"

바울은 생애 말년 1차 로마감옥에 연금되었을 때 에베소서, 빌립보서, 골로새서, 빌레몬서를 썼다. 그리고 바울의 옥중서신이 쓰인 후에 베드로의 베드로전서가 쓰이게 된다.

고린도전서-로마서-에베소서-베드로전서 순으로 쓰인 것이다. 고린도전서가 가장 먼저 쓰였고 방언과 방언통역의 문제가 제기된다. 그러나 후에 쓰인 로마서나 에베소서에서는 은사목록이 열거되지만 방언이나 방언통역에 대해서는 말하고 있지 않으며 베드로전서에서도 방언과 방언통역에 대해 전혀 말하고 있지 않다. 그리고 신약성경의 나머지 서신서들에는 은사의 목록도 나와 있지 않고, 더욱이 방언과 방언통역은 단 한마디도 언급되지 않는다. 고린도전서에서만 고린도교회라는 특정 지역의 교회를 지목하여 방언과 방언통역의 문제가 제기되었던 것이다.

오늘날 방언옹호자들이 말하는 방언이 성도들의 삶에 매우 중요하고 유익하며 교회에 덕을 세우고 복음을 전하는 은사라고 한다면 바울이 고린도교회 성도들뿐 아니라 바울이 쓴 모든 서신서에도 방언에 대해 장려하고 권장하였을 것이다. 그러나 바울은 고린도전서 외에는 어디에도 방언과 방언통역에 대해 언급하고 있지 않다. 특히 고린도전서에는 언어방언과 영의 방언 두 개의 방언이 언급되고 있다. 그러나 (영의) 방언은 은사장인 고린도전서 12장에도, 13장에도 언급되어 있지 않고 오직 고린도전서 14장에서만 일부 언급되고 있으며, 고린도전서 14장에 언급된 (영의) 방언은 바울이 방언의 폐해와 무익함을 책망한 것이지 은사로 인정한 것도 아

방언은 성령의 은사가 아니다

니고 성도들에게 권장한 것도 아니다.

사도바울이 고린도전서 12, 13, 14장에서 성령이 주시는 방언으로 인정한 것은 사람이 사람에게 말을 하는 언어방언(사람의 말)이었다. 그리고 사람의 말인 언어방언도 통역하는 은사를 가진 자들에 의해 제대로 통역이 될 때 유익한 것이라고 역설하였다. 그러나 (영의) 방언에 대해서는 교회에서 해서는 안 될 것으로 우회적으로 비판하였다. 오늘날 기독교인들이 하는 (영의) 방언은 성경적으로 지지받는 성령의 방언이 아니라 바울에게 책망을 받은 고린도 교회의 (영의) 방언과 같다는 점에서 심각성이 매우 크다.

2.
성령의 은사로서 고린도전서
12장 7-11절의 방언은 어떤 것인가?

"각 사람에게 성령을 나타내심은 유익하게 하려 하심이라 8어
떤 사람에게는 성령으로 말미암아 지혜의 말씀을, 어떤 사람에
게는 같은 성령을 따라 지식의 말씀을, 9다른 사람에게는 같은
성령으로 믿음을, 어떤 사람에게는 한 성령으로 병 고치는 은사
를, 10어떤 사람에게는 능력 행함을, 어떤 사람에게는 예언함을,
어떤 사람에게는 영들 분별함을, 다른 사람에게는 각종 방언 말
함을, 어떤 사람에게는 방언들 통역함을 주시나니 11이 모든 일
은 같은 한 성령이 행하사 그의 뜻대로 각 사람에게 나누어 주시
는 것이니라"

해석

바울은 고린도전서 12장에 하나님이 은사를 주시는 목적과 은
사의 종류를 열거하고 있다. 바울은 은사는 각 사람에게 성령을
나타내심이라고 정의하며 하나님이 성도에게 은사를 주시는 목적

방언은 성령의 은사가 아니다

은 교회공동체를 온전히 세우기 위하심이라 하였다. 이는 에베소서 4장 12절 "이는 성도를 온전하게 하여 봉사의 일을 하게 하며 그리스도의 몸을 세우려하심이라"와 베드로전서 4장 7절 "이는 범사에 예수 그리스도로 말미암아 하나님이 영광을 받으시게 하려 함이니 그에게 영광과 권능이 세세에 무궁하도록 있으니라 아멘"에서도 잘 나타나 있다. 바울은 성령은 성령의 뜻대로 각 사람에게 다양하게 은사를 나누어 주시며 그 목적은 교회공동체를 세우기 위함이라고 강조하고 있다. 그러면서 고린도전서 12장 8-10절에 "지혜의 말씀, 지식의 말씀, 믿음, 병 고치는 은사, 능력 행함, 예언함, 영들 분별함, 각종 방언 말함, 방언들 통역함"등 9가지 은사를 열거하고 있다.

고린도전서 12장 10절에서 성령의 은사로 기록된 방언은 각종 방언 말함이다. 이는 방언이 말을 하는 은사이지 기도하는 은사가 아니라는 것을 말해 주고 있다. 즉, 성령의 은사로서 방언은 각종 방언 말함으로 사람 간에 의사소통이 가능케 되어 복음이 전해지는 언어방언을 말한다. 이는 마가복음 16장에서 예수님이 말씀하신 새 방언과 오순절에 120명의 제자에게 임한 오순절 방언, 고넬료 가정에 임한 방언, 에베소의 12명의 제자들에게 임했던 언어방언(사람의 말)과 같은 것이다.

이것이 성령이 주시는 참된 방언이지만 오늘날 방언 옹호론자들은 고린도전서 12장 7-11절의 말씀을 왜곡하여 영적 근원도 불분명한 (영의) 방언을 성령의 은사로 가르치고 있다. 또한 방언통역이란 언어가 다른 사람 사이에 의사소통을 가능하게 하는 수단이다. 통역은 반드시 언어의 기능을 가진 말을 전제로 하는 것이며 사람의 말만이 통역이 되는 것이다. 그러므로 고린도전서 12장 10절에 기록된 방언통역은 사람의 말인 언어방언이 통역되는 것을 뜻하는 것이지 말도 아니고 소리도 아니고 누구도 알아들을 수 없는 (영의) 방언을 통역하는 것이 아니다. 그럼에도 불구하고 방언옹호론자들은 자신들이 하는 (영의) 방언과 (영의) 방언 통역을 성령의 은사라고 주장하고 있다. 이는 고린도전서 12장 10절의 말씀을 자신들이 하고 있는 (영의) 방언에 맞게 자의적으로 해석하는 오류를 범하고 있는 것이다.

고린도전서 12장 10절에 성령의 은사로 기록된 각종 방언 말함과 방언들 통역함의 은사는 사람의 말인 언어방언을 말하는 것이고 언어방언을 통역하는 것이지 (영의) 방언을 말하는 것이 아니며, (영의) 방언으로 기도하는 것은 더욱 아니다. 그리고 (영의) 방언기도를 통역하는 것도 아니다.

3.
고린도전서 12장 28-30절 사역으로서의 방언

"하나님이 교회 중에 몇을 세우셨으니 첫째는 사도요 둘째는 선지자요 셋째는 교사요 그 다음은 능력을 행하는 자요 그 다음은 병 고치는 은사와 서로 돕는 것과 다스리는 것과 각종 방언을 말하는 것이라 29다 사도이겠느냐 다 선지자이겠느냐 다 교사이겠느냐 다 능력을 행하는 자이겠느냐 30다 병 고치는 은사를 가진 자이겠느냐 다 방언을 말하는 자이겠느냐 다 통역하는 자이겠느냐"

해석

이 말씀 역시 하나님이 하나님의 주권대로 직임을 주시고 은사를 주시는 것을 말하고 있다. 한 사람이 모든 직임과 모든 은사를 다 받을 수 없으며 하나님이 직임과 은사를 주시는 목적은 각자가 자신이 받은 은사를 교회공동체의 덕을 위해 사용하라는 의미인 것이다. 바울이 30절에 "다 방언을 말하는 자이겠느냐?"라며 언급한 성령의 은사로서 방언은 사람의 말인 언어방언을 말한다. 그러므로 "다 방언을 말하는 자이겠느냐?"라고 반문하고 있는 것이다. 또한 "다 통역하는 자이겠느냐"라고 반문하므로 통역 역시 언어방언을 통역하는 것을 말하고 있다. 그러므로 바울이 고린도전서 12장에서 말한 성령의 은사로서 방언은 사람의 말인 언어방언이고 방언통역도 언어방언을 통역하는 것이다. 이는 (영의) 방언과 (영의) 방언통역을 성령의 은사로 말한 것이 아니라는 것이다. 또한 "다 방언을 말하는 자이겠느냐?"와 "다 통역하는 자이겠느냐"라는 반문을 통해 교회 구성원이 모두 방언을 말할 수 없고 모두 방언을 통역할 수 없으며, 오직 하나님이 주신대로 교회를 위해 사용하라고 권하고 있는 것이다.

고린도전서 12장 28-30절, 성령의 은사로서 방언이 사람의 말인 언어방언을 말하며 언어방언의 통역을 말한다면 오늘날 기독교인들이 하고 있는 (영의) 방언은 성령의 은사가 아니라는 결론에 이르게 된다. 그러나 방언옹호론자들은 자신들이 하고 있는 (영의) 방언을 옹호하기 위해 고린도전서 12장을 호도하여 (영의) 방언을 성령이 주신 은사로 가르치고 있고 영의 방언통역도 성령의 은사로 가르치고 있는 실정이다. (영의) 방언을 성령의 은사로 호도하는 것이 방언의 영이 기독교인을 속이기 위해 행한 가장 큰 미혹의 덫이다.[10]

10) 에스라 하우스(ezrahouse.net) 김승진, 『성경이 말하는 성령뱁티즘과 방언』, CLC

방언은 성령의 은사가 아니다

4.
고린도전서 13장 1절의 방언

바울은 12장에서 성령의 은사를 다룬 후에 13장에서는 성령의 은사들을 사용할 때 제일 되는 은사는 사랑임을 강조한다. 당시 고린도교회 교인들은 교회공동체의 유익과 덕을 세우는 은사의 참된 의미를 제대로 알지 못하고 은사를 받은 것을 영적인 우월함으로 여기는 교만에 빠져 있었다. 바울은 은사에 대한 고린도교회 교인들의 잘못된 생각을 교정하기 위해 13장에서 사랑의 중요성을 강조하고 있는 것이다.

바울은 12장 31절에서 "더욱 큰 은사를 사모하라 내가 또한 제일 좋은 길을 너희에게 보이리라"고 말한 후 이어지는 고전 13장 1절에 사람의 방언과 천사의 말을 할지라도 사랑을 바탕으로 하지 않으면 소리 나는 구리와 울리는 꽹과리가 될 뿐이라고 강조하고 있다.

고린도전서 13장에는 방언이라는 말이 1절과 8절에 언급되었다. 13장에 두 번 언급된 방언도 모두 사람의 말인 언어방언이었지 (영의) 방언이나 (영의) 방언기도가 아니었다.

(1) 고린도전서 13장 1절

"내가 사람의 방언과 천사의 말을 할지라도 사랑이 없으면 소
리 나는 구리와 울리는 꽹과리가 되고"

해석

13장 1절의 "사람의 방언"은 그저 단순하게 "사람의 말과 천사의
말을 할지라도"라는 의미로 쓰여진 것이다. 바울은 1절에서 "내가
사람의 방언과 천사의 말을 할지라도"라고 가정법을 쓰고 있다. 이
는 바울 자신이 만약 사람의 말과 천사의 말을 한다 해도 사랑이
없다면 소리 나는 구리와 울리는 꽹과리밖에 되지 않는다는 것을
경계한 것이다, 이는 사랑이 없는 은사 사용을 경계한 것으로 고린
도전서 13장 1절에서 쓰인 "사람의 방언"역시 오늘날 (영의) 방언이
아니라 사람의 말로서 언어방언을 말하며 단순하게 사람의 말이라
는 의미일 뿐이다.

(2) 고린도전서 13장 8절

"사랑은 언제까지나 떨어지지 아니하되 예언도 폐하고 방언도
그치고 지식도 폐하리라"

해석

8절은 사랑의 영원성과 중요성을 강조하면서 사랑과 비교하여
예언과 방언, 지식으로 대표되는 은사의 제한성을 비교하고 있다.
이는 사랑과 예언, 방언, 지식의 은사를 비교하며 은사보다 더 중
요한 것은 사랑임을 강조한 것이다. 8절에 언급된 방언 역시 사람
의 언어로서 방언을 의미한다.

결론적으로 바울이 고린도전서 12장과 13장에서 언급한 방언은
모두 사람의 말인 언어방언이었지 누구도 알아듣지 못하는 (영의)
방언이나 기도가 아니었다.

따라서 바울이 말한 성령의 은사로서 방언은 언어방언, 즉 사람
의 말을 뜻하는 것이지 (영의) 방언을 의미하는 것이 아니다. 그렇
다면 오늘날 기독교인이 하는 (영의) 방언은 성령의 은사가 아니라
는 결론에 이르게 된다.

7장

고린도전서 14장
방언강해

사도바울은 은사의 종류를 열거한 12장과 사랑의 중요성을 강조한 13장에서 방언을 언급하였다. 바울이 12장과 13장에서 언급한 성령의 은사로서 방언은 사람의 말인 언어방언이었다. 바울은 고린도교회 교인들이 했던 (영의) 방언을 성령의 은사라고 한 적이 없으며 (영의) 방언 통역 역시 성령이 주신 은사라고 한 적이 없다. 오히려 바울은 이어지는 14장에서 (영의) 방언과 기도에 대해 본격적으로 책망하며 교회에서는 하지 말아야 할 것으로 완곡하게 비판하고 있다.

고린도전서 14장은 방언옹호론자들에 의해 방언장으로 알려져 있지만 역설적으로 14장은 예언과 방언을 비교하여 예언의 우월성을 강조하고 있는 예언장이다. 바울은 예언과 방언을 비교하며 교회공동체를 위해 방언보다 예언할 것을 권하고 있다. 그러나 방언옹호론자들은 고린도전서 14장을 자신들이 하는 (영의) 방언을 위한 방언장으로 해석하고, 심지어는 (영의) 방언의 경전으로 삼고 있는 실정이다. 그러나 고린도전서 14장은 방언과 예언을 비교하여 방언보다 예언을 사모하라고 권하고 있는 예언장이라고 할 수 있다. 그리고 (영의) 방언의 무익함을 예언과 비교하여 비판하고 있다.

그러나 고린도전서 14장에는 방언이란 단어가 많이 나오고 바울이 고린도교회에 방언을 하던 자들이 했던 말을 인용한 부분이 마치 바울이 말한 것처럼 단순하게 번역되므로 바울이 방언에 대해

방언은 성령의 은사가 아니다

말하고자 했던 것이 많은 오해를 가져오게 되었다. 그러므로 고린 도전서 14장은 바울의 의도와는 다르게 방언옹호자들이 (영의) 방언을 옹호하는 근거가 되었고 이로 인해 많은 혼란이 야기되었다.

그러나 바울은 고린도교회 교인들이 했던 (영의) 방언을 교회를 혼란케 하는 원인으로 보았고 이를 교정하기 위해 고린도전서 14장을 기록한 것을 분명히 알아야 한다. 또한 바울은 (영의) 방언과 통역을 성령의 은사로 간주하지 않았고 오히려 비판적으로 판단하고 있다는 것도 바르게 분별하여야 한다.

(1) 고전 14:1

> "사랑을 추구하며 신령한 것들을 사모하되 특별히 예언을 하려고 하라"

해석

고린도전서 13장의 믿음, 소망, 사랑 이 세 가지는 항상 있을 것인데 그중에 제일은 사랑이라는 말씀을 이어 14장 1절에 사랑을 추구하며 신령한 것을 사모하되 그중에 특별히 예언을 사모하라고 하고 있다. 고린도전서 14장 1절의 말씀은 이후 14장에서 계속되는 방언과 예언의 비교를 통해 방언보다 예언이 가치가 있음을 강조하는 14장 전체의 주제를 말하고 있다. 그리고 더욱 주목할 것은 예언과 방언은 모두 말로서 사람이 사람에게 말을 하는 것인데 방언이 말로서 기능을 제대로 못한다면 교회공동체에는 무익한 것임을 우회적으로 비판하면서 교회공동체를 세우는 예언이 방언보다 유익하고 가치가 있음을 강조하는 14장의 전체의 주제를 밝히고 있다.[11]

(2) 고전 14:2

"방언을 말하는 자는 사람에게 하지 아니하고 하나님께 하나
니 이는 알아듣는 자가 없고 영으로 비밀을 말함이라"

해석

고린도전서 14장 2절의 말씀은 오늘날 방언옹호론자들이 가장 핵심적으로 방언을 옹호하는 구절이다. 그들은 알아들을 수 없는

---

11) 김승진, 『성경이 말하는 성령뱁티즘과 방언』, CLC

(영의) 방언은 사람에게 하는 것이 아니라 하나님께 하는 것이며 비록 알아들을 수 없어도 영으로 하나님께 비밀을 말하는 놀라운 것이라고 주장한다.

그러나 역설적으로 고린도전서 14장 2절이야말로 오늘날 방언옹호론자들이 하는 (영의) 방언이 얼마나 성경적 방언에서 벗어난 방언이며 하지 말아야 할 방언인지를 말해 주는 대표적 말씀이다. 즉, 고린도전서 14장 2절이야말로 바울이 당시 고린도교회에서 행해졌던 (영의) 방언에 대해 강력하게 비판하는 대표적 말씀인 것이다.

고전 14장 2절 말씀은 바울이 당시 고린도교회에 방언을 하던 자들의 말을 인용한 것으로 고린도교회 교인들중 방언을 하던 자들은 자신들이 하는 방언은 사람에게 하지 아니하고 하나님께 한다고 하면서 자신들의 방언은 알아듣는 자가 없으나 하나님께 영으로 비밀을 말하고 있다고 주장하였던 것 같다.

그러나 고린도교회 교인들이 했던 방언은 사람에게 해야 할 방언을 하나님께 하였고, 사람이 알아들어야 하는 방언을 알아듣는 이가 없다고 하였고, 복음을 전해야 하는 방언을 복음을 전하지 않고 하나님께 영으로 비밀을 말한다고 함으로 성령이 주시는 방언에서 완전히 벗어난 방언임을 스스로 증거한 것이다.

성령이 주시는 방언은 사람에게 말을 하는 것이지 하나님께 기도하는 것이 아니다. 그리고 사람에게 말을 하여 복음을 전하고 믿지 아니하는 자들을 구원하며 복음을 전파하는 것이지 자신도 모르는 영의 비밀을 날마다 전능하신 하나님께 알 수 없는 소리로 기도하는 것이 아니라는 것이다.

그러므로 오늘날 방언옹호자들이 방언의 경전으로 내세우는 고린도전서 14장 2절은 역설적으로 (영의) 방언이 성경적 방언에서 완전히 벗어난 잘못된 방언임을 반증하는 대표적 구절이라 할 수 있다. 따라서 고린도전서 14장 2절의 올바른 해석을 통해 고린도교회의 영의 방언과 맥을 같이하는 오늘날 기독교인들의 (영의) 방언 역시 성령의 방언에서 완전히 벗어나 있음을 온전히 분별해야 한다.

고린도전서 14장 2절에 이어 3절의 내용은 다음과 같다.

방언은 성령의 은사가 아니다

(3) 고전 14:3

"그러나 예언하는 자는 사람에게 말하여 덕을 세우며 권면하며 위로하는 것이요"

해석

원래 방언과 예언이란 모두 사람이 사람에게 말을 하는 것이다. 방언은 사람이 사람에게 알아들을 수 있는 말로 복음을 전하는 것이며 예언 역시 사람에게 말을 하여 덕을 세우고 위로하는 것이다. 그러나 고린도교회에 방언을 말하는 자들은 예언하는 자들처럼 사람에게 말을 해야 하는데도 불구하고 사람에게 말을 하지 아니하고 하나님께 영으로 비밀을 말한다고 주장하였다. 그들의 주장을 바울이 인용하여 고린도전서 14장 2-3절에 방언을 하는 자들을 책망하고 있는 것이다.

바울은 방언과 예언 모두 사람이 사람에게 말을 하는 것인데 당시 방언을 하는 자들이 자신들이 하는 방언은 아무도 알아듣지 못하지만 하나님께 영으로 비밀을 말한다고 자랑하는 것에 대해 사람에게 말을 하여 덕을 세우고 교회공동체를 세우는 예언과 비교하여 예언의 우월함과 (영의) 방언의 무익함을 대조하여 설명하

고 있는 것이다.[12]

(4) 고전 14:4

> "방언을 말하는 자는 자기의 덕을 세우고 예언하는 자는 교회
> 의 덕을 세우나니"

해석

고린도전서 14장 4절 역시 방언옹호론자들이 인용하는 대표적
성경 구절이다. 그들은 방언은 마치 집을 건축하듯 믿음, 신앙, 영
성 등 자신의 신앙의 집을 세우므로 방언기도를 많이 해야 한다고
주장한다.

그러나 "방언을 말하는 자"라는 표현에서 보듯 4절에 나오는 방
언은 방언을 말하는 것이지 방언으로 기도하는 것이 아니다. 또한
고린도전서 14장 4절 "방언을 말하는 자는 자기의 덕을 세우고"라
는 이 말씀도 당시 (영의) 방언을 하던 고린도교회 교인들이 한 말

---

12) 에스라 하우스(ezrahouse.net) 김승진, 『성경이 말하는 성령뱁티즘과 방언』, CLC

을 인용한 것이다. 성령이 은사를 주신 목적은 하나님께 영광을 돌리고 그리스도의 몸인 교회를 든든하게 세우고 타인에게 봉사하며 교회공동체를 섬기기 위해 주신 것이다. 그러나 (영의) 방언을 하는 자들은 교회의 덕을 세우지 않고 자기의 덕을 세운다고 하였다. 그러므로 바울은 4절에서 방언을 말하는 자는 자기의 덕을 세운다고 자랑하지만 예언은 교회의 덕을 세운다고 대조하면서 성령이 교회의 덕을 세우기 위해 은사를 주신 목적에서 벗어난 (영의) 방언의 무익함을 예언과 비교하여 책망하고 있는 것이다.

(5) 고전 14:5

"나는 너희가 다 방언 말하기를 원하나 특별히 예언하기를 원하노라 만일 방언을 말하는 자가 통역하여 교회의 덕을 세우지 아니하면 예언하는 자만 못하니라"

해석

5절 역시 방언옹호론자들이 내세우는 대표적인 구절이다. 그들은 바울도 고린도교회 성도들이 방언 말하기를 원했으니 오늘날 성도들도 방언 받기를 사모해야 한다고 주장한다. 그러나 5절의 방언도 "방언을 말하는 것"이지 "방언기도"가 아니다. 더욱이 5절에서 바울이 "다 방언 말하기를 원한다고"했을 때 방언이란 사람의 말인 언어방언을 의미한다. 그렇기 때문에 방언을 말하는 자가 통역하여 교회의 덕을 세우지 못한다면 예언하는 자만 못하다고 한 것이다. 통역이란 의사소통이 안 되는 사람들의 언어를 소통이 가능하도록 하는 것이다. 그러므로 5절의 방언은 외국어이며 이러한 외국어를 통역하여 서로 의사소통이 되어야만 교회의 덕을 세우는 것을 의미하며 통역되지 않는 외국어는 교회의 덕을 세우지 못하므로 의사소통이 되는 예언하는 자만 못하다고 말하고 있는 것이다. 즉 언어로서의 방언도 통역이 되지 않으면 교회의 덕을 세우는 예언의 은사만 못하다는 것을 바울이 말하고 있는 것이다.

그렇다면 사람 간에 소통이 될 수 없는 정체불명의 소리에 불과한 (영의) 방언은 통역이 아예 불가능한 소리이기 때문에 교회의 덕을 세우지도 못할 뿐 아니라 예언적 역할도 전혀 할 수 없는 무가치한 것임을 역설적으로 말하고 있는 것이다.[13]

---

13) 김승진, 『성경이 말하는 성령뱁티즘과 방언』, CLC

(6) 고전 14:6

"그런즉 형제들아 내가 너희에게 나아가서 방언으로 말하고 계시나 지식이나 예언이나 가르치는 것으로 말하지 아니하면 너희에게 무엇이 유익하리요"

해석

사도바울은 6절에서도 "방언으로 말한다"고 하였지 "방언기도"를 한다고 말하지 않았다. 6절의 방언은 외국어로서의 언어 방언이다. 이를 다시 말하면 내가 의사소통이 되지 않는 외국어로 말하고 계시나 지식이나 예언이나 가르치는 것을 하지 않는다면 너희들에게 무엇이 유익하겠는가 하는 말이다.

통역이 없이 행해지는 외국어도 교회를 위해 아무 유익이 되지 않는데 하나님께 영으로 비밀을 말한다는 (영의) 방언이 교회공동체나 성도에게 어떤 유익이 있겠느냐는 것이다. 그러면서 의사소통이 되지 않는 방언의 현실을 7-9절에서 악기 소리에 비유하여 설명하고 있다.

(7) 고전 14:7-12

"7혹 피리나 거문고와 같이 생명 없는 것이 소리를 낼 때에 그음의 분별을 나타내지 아니하면 피리 부는 것인지 거문고 타는 것인지 어찌 알게 되리요 8만일 나팔이 분명하지 못한 소리를 내면 누가 전투를 준비하리요 9이와 같이 너희도 혀로써 알아 듣기 쉬운 말을 하지 아니하면 그 말하는 것을 어찌 알리요 이는 허공에다 말하는 것이라 10이같이 세상에 소리의 종류가 많으나 뜻 없는 소리는 없나니 11그러므로 내가 그 소리의 뜻을 알지 못하면 내가 말하는 자에게 외국인이 되고 말하는 자도 내게 외국인이 되리니 12그러므로 너희도 영적인 것을 사모하는 자인즉 교회의 덕을 세우기 위하여 그것이 풍성하기를 구하라"

해석

바울은 고린도전서 14장 7-12절에 통역이 되지 않는 외국어방언(사람의 말)과 알아들을 수 없는 영의 방언(영의 말)의 무익함을 말하고 있다. 즉, 피리나 거문고와 같이 생명이 없는 것이 소리를 낼 때도 음의 분별이 없으면 피리를 부는 것인지 거문고를 타는 것인지 알 수 없고 나팔이 분명치 못하면 전투를 준비하지 못하듯이 성도들이 알아듣지 못하는 말을 한다면 그 의미를 알 수 없기 때문에 마치 허공에 말하는 것과 같이 무익한 것임을 말하고 있는 것이다.

방언은 성령의 은사가 아니다

더욱이 세상에 존재하는 사람이나 만물의 소리는 뜻이 없는 것이 없다. 그런데 사람이 자신이 하는 말, 즉 방언을 알아듣지 못한다면 그것은 말하는 자신이나 듣는 상대방에게 모두 야만인과 같은 행위가 되므로 바울은 통역이 되지 않는 언어방언(사람의 말)이나 하나님께 영으로 비밀을 말한다는 (영의) 방언은 복음을 전하고 교회의 유익과 덕을 세우는 데 무익한 것임을 우회적으로 비판하고 있다. 그러므로 12절에 이르러 영적인 것을 사모하는 자들은 교회의 덕을 세우는 은사를 풍성하게 구하라는 것이다. 통역이 되지 않아서 교회공동체 유익이 되지 못하는 언어방언이나 통역 자체가 불가능한 (영의) 방언을 될 수 있으면 교회에서는 삼가라는 것을 우회적으로 말하고 있는 것이다. 고린도전서 14장 7-12절을 보더라도 바울이 고린도전서 14장을 쓴 목적이 무익한 (영의) 방언을 경계하고 예언의 유익을 강조하며 성령이 은사를 주신 목적에 맞게 교회공동체를 위해 은사를 사용할 것을 권면하기 위함이다.

(8) 고전 14:13

"그러므로 방언을 말하는 자는 통역하기를 기도할지니"

해석

　고린도전서 14장 13절의 방언도 방언을 말하는 것이다. 즉, 방언은 사람의 말을 뜻한다. 그러므로 통역하기를 기도해야 하는 것이다. 고린도지역은 항구도시로 무역을 위해 많은 외국인들이 모였던 곳이고 안전 항해와 풍요를 위해 많은 우상을 섬긴 종교의 만신전과 같은 곳이었다. 고린도교회 역시 유대인들을 비롯하여 헬라인 등 이방인들로 구성된 교회였다.

　따라서 고린도교회에 성도가 된 외국인들이 교회에서 각자 자국어로 말을 한다면 서로 알아들을 수 없는 외국어였기 때문에 의사소통이 되지 못하였다. 그래서 바울은 통역하기를 기도하라고 한 것이다. 그리고 고린도교회 교인들이 했던 (영의) 방언은 통역 자체가 불가한 소리인데도 고린도교회 안에 (영의) 방언을 하던 자들 가운데 (영의) 방언을 통역하던 자들이 있었던 것 같다. 왜냐하면 이방종교의 사제들이 황홀경 상태에서 신과 접신하였을 때 그들은 자신들의 영적 능력을 과시하기 위해 이해할 수 없는 이상한 소리를 내었고, 그 소리를 신의 예언으로 해석하여 사람들에게 예언처

방언은 성령의 은사가 아니다

럼 통역하였는데, 고린도교회에 방언을 했던 사람들도 이방종교의 방언 행습을 답습한 것으로 보인다.

통역이란 언어가 소통이 되지 않을 때 소통이 가능하도록 하는 것이다. 사람의 말이 아닌 이 세상에 어떤 소리나 동물의 소리도 통역할 수 없다. 오직 사람의 언어만 통역이 가능한 것이다. 따라서 (영의) 방언을 통역한다는 전제 자체가 성립될 수가 없는데, (영의) 방언통역이라는 말이 당시 고린도교회에서나 오늘날 한국교회 안에서 신앙 행위의 하나로 행해지고 있다.

(9) 고전 14:14

"내가 만일 방언으로 기도하면 나의 영이 기도하거니와 나의 마음은 열매를 맺지 못하리라"

해석

고린도전서 14장 14절은 성경 전체를 통틀어 "방언이 기도"라고 표현된 유일한 곳이다. 그러므로 방언옹호론자들이 방언기도가 영으로 드리는 기도이며 혼적인 한국말기도보다 우월하다는 것을 설명하기 위해 내세우는 대표적 성경 구절 중 하나이다. 그러나 14절은 당시 고린도교회 교인들이 (영의) 방언을 하면서 자기의 영이 기도한다고 하는 말을 바울이 인용한 것이다. 만일이라는 단어는 바울이 (영의) 방언으로 기도하지 않았다는 것을 보여 준다. 바울은 만일이라는 가정법을 사용하여 바울 자신이 만일 (영의) 방언을 하는 자들처럼 방언을 한다면 그들의 말처럼 영으로 기도한다고 하겠지만 마음의 열매는 맺지 못할 것이라고 말하고 있는 것이다. 그리고 이어지는 15절에서 14절의 문제에 대해 답을 제시한다.

(10) 고전 14:15

"그러면 어떻게 할까 내가 영으로 기도하고 또 마음으로 기도하며 내가 영으로 찬송하고 또 마음으로 찬송하리라"

해석

14절에서 방언기도가 영으로 드리는 기도라고 한 것은 바울의 주장이 아니라 고린도교회 (영의) 방언을 하던 자들의 주장이었다. 그래서 바울은 14절에 그들의 말을 인용하며 내가 만일 너희들 말처럼 (영의) 방언으로 기도를 한다면 나의 영이 기도할지는 모르겠

방언은 성령의 은사가 아니다

지만 나의 마음은 열매를 맺지 못한다고 한 것이다. 그리고 이어지는 15절에 "영으로 기도하면 마음에 열매를 맺지 못하는데 그럼 어떻게 할까?"라고 자문하면서 바울은 영으로 기도하고 또 마음으로 기도하며 영으로 찬송하고 마음으로 찬송하겠다고 결론을 내린다.

바울은 (영의) 방언처럼 아무도 알아듣지 못하고 오직 하나님께 영으로 비밀을 말한다는 그런 기도를 하지 않고 영과 마음이 합일된 상태에서, 즉, 사람의 말로 전인격적으로 하나님께 기도하고 하나님께 찬송하겠다는 다짐을 하고 있는 것이다. 이는 당시 (영의) 방언으로 기도하던 고린도교회 교인들의 기도행태를 우회적으로 비판하고 있는 것이다. 그런데 오늘날 방언옹호론자들은 한국말 기도는 혼적인 기도로 풍성한 영적 열매를 맺기에는 한계가 있으니 비록 알아듣지 못해도 영적으로 풍성한 열매를 맺을 수 있는 (영의) 방언기도를 더욱 많이 해야 한다고 권장한다. 이는 바울이 고린도교회의 (영의) 방언기도를 비판하고 사람의 말로 전인격적 기도를 드려야 한다는 15절 말씀을 외면하는 것이다.

(11) 고전 14:16

"그렇지 아니하면 네가 영으로 축복할 때에 알지 못하는 처지에 있는 자가 네가 무슨 말을 하는지 알지 못하고 네 감사에 어찌 아멘 하리요"

해석

16절은 "마음에는 열매를 맺지 못하는 방언을 하면서 영으로만 축복한다면 사람들이 너의 말을 알아듣지 못할 뿐 아니라 네가 영으로 하는 감사에 어떻게 아멘을 하겠느냐"라는 바울의 질책으로 이는 알아듣지 못하는 (영의) 방언의 무익함을 책망한 말이다.

(12) 고전 14:17

"너는 감사를 잘하였으나 그러나 다른 사람은 덕 세움을 받지 못하리라

방언은 성령의 은사가 아니다

너는 감사를 잘했을지 몰라도 다른 사람은 알아들을 수 없기 때문에 덕 세움을 받지 못할 것이다. 즉, 교회와 다른 성도들에게 덕을 세우지 못하는 (영의) 방언의 무익함을 다시 한번 지적하고 있다.

고린도전서 14장 13-17절의 말씀은 영과 마음이 분리되어 기도할 수 있다는 고린도교회의 영의 방언자들을 우회적으로 책망하는 말씀으로 마음에 열매를 맺지 못하고 아무도 알아듣지 못하여 감사에 아멘조차 할 수 없는 (영) 방언의 무익함을 비판하고 있는 구절이다. 특히 고린도전서 14장 14절 "내가 만일 방언으로 기도하면 나의 영이 기도하거니와 나의 마음은 열매를 맺지 못하리라" 이 말씀을 오늘날 방언옹호론자들이 방언의 유익을 위해 자주 인용하고 있지만 바울이 말하는 이 말씀의 핵심은 영혼이 분리된 채 영으로만 기도한다는 고린도교회의 교인들을 향해 그러한 (영의) 방언은 아무런 마음의 열매를 맺지 못하고 유익도 없는 기도임을 완곡하게 비판하고 있는 구절인 것이다. 그런데 오늘날 방언옹호론자들은 바울의 태도와는 반대로 방언은 영의 기도, 한국말 기도는 혼의 기도라고 명명하며 한국말 기도보다 (영의) 방언의 우월성을 강조하며 성도들에게 방언을 장려하고 있다.[14]

---

14) 김승진, 『성경이 말하는 성령뱁티즘과 방언』, CLC

(13) 고전 14:18

"내가 너희 모든 사람보다 방언을 더 말하므로 하나님께 감사
하노라"

해석

고전 14장 18절의 말씀 역시 방언옹호론자들이 방언의 유익을
설명하는 대표적 구절이다. 그들은 바울이 다른 사람들보다 방언
기도를 더 많이 했을 만큼 방언기도는 성도의 신앙에 유익한 것이
라고 설명하고 있다. 그러나 본문의 말씀은 바울이 다른 사람보다
방언을 더 말한다고 하였지 기도한다고 한 것이 아니다. 더욱이 본
문에서 바울이 더 많이 말했다고 하는 방언은 중얼거리며 알아듣
지 못하는 (영의) 방언을 말하는 것이 아니라 사람의 언어로서의
방언을 말하고 있다.

바울은 아람어, 헬라어, 라틴어, 그리고 다수의 지역 언어 등 다
양한 외국어를 구사할 수 있었다. 그렇기 때문에 바울이 소아시아
지역, 마케도니아 지역, 남부 그리스 지역, 로마와 스페인 등을 다
니며 복음을 증거하고 교회를 세울 수 있었던 것이다. 하나님이 바
울을 이방인의 사도로 부르신 것도 유대인으로서 율법에 정통한
바리새인이며 동시에 로마 시민권자로서 각국의 언어를 사용할 수

방언은 성령의 은사가 아니다

있는 바울의 배경으로 인해 세우셨다고 생각해 볼 수 있다. 그러므로 바울은 자신에게 많은 외국어를 할 수 있는 은혜를 베푸신 하나님께 감사하다고 고백하고 있는 것이다.

(14) 고전 14:19

"그러나 교회에서 네가 남을 가르치기 위하여 깨달은 마음으로 다섯 마디 말을 하는 것이 일만 마디 방언으로 말하는 것보다 나으니라"

해석

19절 말씀은 교회에서 사람을 가르치기 위해 깨달은 마음으로 하는 다섯 마디의 말을 하는 것이 아무도 알아듣지 못하는 (영의) 방언으로 수없이 말하는 것보다 낫다는 것을 말한다. 즉, 교회공동체를 위해 깨달은 다섯 마디 말이 알아듣지 못하는 일만 마디 방언을 하는 것보다 낫다는 것이다. 이는 (영의) 방언이 아무리 많은 소리를 발설해도 교회에는 무용지물이고 다른 성도에게 덕이 안 되는 행위이며 오히려 (영의) 방언을 하는 것이 교회에 혼란과 무질서를 가져오는 것에 대해 사도바울이 완곡하게 비판하고 있는 것이다.

(15) 고전 14:20

"형제들아 지혜에는 아이가 되지 말고 악에는 어린아이가 되
라 지혜에는 장성한 사람이 되라"

해석

바울이 고린도전서를 쓸 무렵 고린도교회는 당파의 분쟁과 패륜
적 부도덕, 신자들 간의 세상법정에서의 소송사건이 일어났고, 혼
인에 관한 문제와 우상제물에 관한 문제, 성만찬의 문제, 은사의
남용과 오용, 부활에 대한 의심 등으로 매우 무질서한 상태였다.
특히 고린도교회는 성령의 은사를 받기에 가장 부적합한 교회였지
만 은사가 남용되었고 그중에 대표적으로 남용되었던 은사가 방언
이었던 것 같다.

그러므로 사도바울은 고전 14장 20절에서 문제가 많은 고린도
교회 교인들에게 "지혜에 장성한 사람이 되고 악에는 어린아이가
되라고"권면하고 있는 것이다.

방언은 성령의 은사가 아니다

(16) 고전 14:21

"율법에 기록된 바 주께서 이르시되 내가 다른 방언을 말하는
자와 다른 입술로 이 백성에게 말할지라도 그들이 여전히 듣지
아니하리라 하였으니"

해석

고린도전서 14장 21절의 말씀은 이사야 28장 11-13절을 인용한
구절로, 이사야는 남 유다 왕국 백성들에게 하나님의 심판의 말씀
을 전했으나 유다 백성들이 듣지 않았기 때문에 하나님은 이방 나
라 앗수르군대를 이용하여 남 왕국 유다 백성을 심판할 것을 경고
하는 예언의 말씀이었다. 즉, 동족 선지자들의 예언을 통해 이스라
엘의 죄악을 경고하였지만 계속 불순종을 할 때는 다른 방언, 즉
외국어를 사용하는 이방 군대를 동원하여 심판하겠다는 말씀이
다. 21절에 쓰인 다른 방언이란 외국어방언으로 사람의 말이며, 다
른 입술도 실제로 앗수르군대가 사용한 사람의 말이었지 (영의) 방
언이 아닌 것이다.

(17) 고전 14:22

"그러므로 방언은 믿는 자들을 위하지 아니하고 믿지 아니하는 자들을 위하는 표적이나 예언은 믿지 아니하는 자들을 위하지 않고 믿는 자들을 위함이니라"

해석

고린도전서 14장 22절은 성경적 방언의 본질을 분명히 말하고 있다. 즉, 성경적 방언의 본질은 믿지 아니하는 자들을 위한 표적인 것이다. 그것을 바울은 믿는 자를 위한 표적인 예언과 비교하여 설명하고 있다.

방언이 믿지 아니하는 자들을 위한 표적이라는 것이 무슨 뜻일까?

하나님이 성령을 통해 방언을 주신 목적은 단 하나이다. 믿지 아니하는 자들에게 복음을 전해야 하는데 언어의 장벽으로 인해 복음을 전할 수 없을 때 성령이 주신 방언으로 인해 믿지 아니하는 자들과 의사소통이 가능해져서 복음이 전해지는 것이다. 그래서 믿지 아니하는 자들이 복음을 듣고 예수님을 영접하여 그리스도인이 되는 것이다. 따라서 성령방언이 믿지 아니하는 자들을 위하

방언은 성령의 은사가 아니다

는 표적이 될 수 있는 것은 그들이 자신들의 모국어로 복음을 듣고 예수님을 영접하여 그리스도인이 될 수 있기 때문이다.

그러나 고린도교회 교인들이 했던 (영의) 방언은 복음을 전하기는커녕 믿지 아니하는 자들에게 미쳤다는 소리를 들었고 복음을 전해야 할 때 방해물로 작용하였다. 또한 이미 기독교를 믿고 있는 고린도교회 교인들이 언어의 장벽을 만들어 교회를 혼란스럽게 하였다. 고린도전서 14장 22절에 방언은 믿는 자를 위한 것이 아니라 믿지 아니하는 자들을 위한 표적이라는 말씀은 성령방언의 본질을 말씀하신 것이며, 동시에 기독교를 믿고 있는 고린도교회와 한국교회가 하고 있는 영의 방언이 거짓 방언임을 말해 주는 대표적 말씀이다.

(18) 고전 14:23

"그러므로 온 교회가 함께 모여 다 방언으로 말하면 알지 못하는 자들이나 믿지 아니하는 자들이 들어와서 너희를 미쳤다 하지 아니하겠느냐"

23절에 나오는 방언은 언어방언(사람의 말)을 말한다. 즉, 23절의 방언은 외국어로서 언어방언으로 고린도교회 구성원들은 유대인만이 아니라 헬라인을 비롯하여 고린도에 온 각국 사람들이었다. 그들이 교회에 모여 자신들의 나라의 말로 각자 말한다면 그 말을 알아듣지 못하는 사람들이나 믿지 않는 사람들이 보고 미쳤다고 하지 않겠느냐 하는 말이다. 그렇기 때문에 사도바울은 적극적으로 통역의 은사를 구하라고 한 것이다.

또한 외국어로서의 언어방언을 말해도 알아듣지 못하거나 불신자들이 볼 때 미쳤다고 할 수 있다면, 하물며 함께 모여 이상하고 괴이한 (영의) 방언으로 기도를 하고 있다면 불신자들이 보고 미쳤다고 하는 것을 넘어 아예 기독교의 복음을 받아들이려고 하지 않을 것이다. 바울은 알아들을 수 없는 외국어로서 언어방언도 가능하면 통역을 할 것을 요구하였다. 그러나 알아듣지 못하는 괴이한 (영의) 방언은 교회에서 해서는 안 될 것으로 취급하고 있다.

(19) 고전 14:24-25절

"그러나 다 예언을 하면 믿지 아니하는 자들이나 알지 못하는

방언은 성령의 은사가 아니다

자들이 들어와서 모든 사람에게 책망을 들으며 모든 사람에게 판단을 받고"

"그 마음의 숨은 일들이 드러나게 되므로 엎드리어 하나님께 경배하며 하나님이 참으로 너희 가운데 계신다 전파하리라"

해석

23-25절은 방언과 예언을 비교하여 교회의 덕을 세우기 위해 예언의 은사를 더 사모할 것을 권하는 말씀이다. 특히 24-25절은 예언의 목적과 유익을 말하고 있다.

(20) 고전 14:26

"그런즉 형제들아 어찌할까 너희가 모일 때에 각각 찬송시도 있으며 가르치는 말씀도 있으며 계시도 있으며 방언도 있으며 통역함도 있나니 모든 것을 덕을 세우기 위하여 하라"

　교회에 성도들이 모일 때는 찬송시도 있으며, 가르치는 말씀도 있고, 계시도 있으며, 언어방언과 언어방언을 통역하는 것도 있으니 이 모든 것을 교회의 덕을 세우기 위해서 해야 한다는 권면이다. 하나님이 은사를 주신 목적은 교회공동체의 유익과 덕을 주시기 위함이라는 은사의 목적에 맞게 행동해야 한다는 것이다. 26절의 방언과 통역함은 언어방언과 통역을 말하는 것이지 (영의) 방언과 방언통역을 말하는 것이 아니다. 영의 방언은 교회공동체의 덕을 세우지 못하므로 성령이 은사를 주시는 목적에 부합한 것이 없는 무익한 것임을 우회적으로 말하고 있는 것이다.

(21) 고전 14:27

　"만일 누가 방언으로 말하거든 두 사람이나 많아야 세 사람이 차례를 따라 하고 한 사람이 통역할 것이요"

해석

　고전 14장 27절의 말씀은 난해한 말씀이다. 이를 상세히 해석하면 (영의) 방언은 통역이 되지 않지만 방언을 말하는 자들은 방언이 통역이 가능하다고 하니까 만약 통역을 하려면 두 사람이나 세 사람이 차례를 따라 방언을 하고 방언을 한 사람 가운데 하나가 통역을 하라는 말이다. 그렇다면 (영의) 방언이 통역이 되지 않기 때문에 두 세 사람이 통역이 틀렸다는 것의 증인이 될 것이라며 완곡하게 (영의) 방언을 비판한 말씀이다.

(22) 고전 14:28

> "만일 통역하는 자가 없으면 교회에서는 잠잠하고 자기와 하나님께 말할 것이요"

해석

28절 역시 방언옹호론자들이 많이 인용하는 성경 구절이다. 그들은 통역하는 자가 없으면 교회에서 잠잠하라는 사도 바울의 말은 완전히 배제하고 방언기도가 자신과 하나님만이 아는 기도이므로 방언으로 개인기도를 열심히 하라고 권장하는 구절이다. 그러나 이 말씀은 27절 말씀에 이어지는 말씀으로 (영의) 방언은 통역이 될 수 없지만 영의 방언자들은 통역이 가능하다고 하니까 통역을 하려 한다면 두 사람이나 세 사람이 차례를 따라 (영의) 방언를 하고 그중 한 사람이 통역을 하면 각각의 통역자에 따라 통역의 내용이 달라질 것이니 무슨 뜻인지도 모르고 하는 무익한 (영의) 방언을 교회에서는 하지 말고 방언을 하고 싶으면 너희 집에서 너희가 원하는 대로 하나님께만 하라고 비꼬는 말이다.[15]

(23) 고전 14:29-33

"29예언하는 자는 둘이나 셋이나 말하고 다른 이들은 분별할 것이요 30만일 곁에 앉아 있는 다른 이에게 계시가 있으면 먼저 하던 자는 잠잠할지니라 31너희는 다 모든 사람으로 배우게 하고 모든 사람으로 권면을 받게 하기 위하여 하나씩 하나씩 예언할 수 있느니라 32예언하는 자들의 영은 예언하는 자들에게 제재를 받나니 33하나님은 무질서의 하나님이 아니시요 오직 화평의 하나님이시니라 모든 성도가 교회에서 함과 같이"

해석

바울은 27-28절에서 (영의) 방언은 교회에서 하지 말고 하고 싶으

---

15) 김승진, 『성경이 말하는 성령뱁티즘과 방언』, CLC

방언은 성령의 은사가 아니다

면 집에서 너희가 원하는 대로 하나님께 하라고 우회적으로 비판하였다. 그러나 예언에 대해서는 모든 사람으로 배우게 하고 권면을 받을 수 있기 때문에 교회에서 하되 질서 있게 하라고 한다. 그 이유는 하나님은 무질서의 하나님이 아니며 화평의 하나님이시기 때문이라고 하였다. 방언은 하는 사람도, 듣는 사람도 도무지 알 수 없는 소리이기 때문에 교회에 혼란과 무질서를 가져온다. 하나님은 질서와 화평의 하나님이시기 때문에 이러한 무질서하고 혼란스러운 방언이 하나님께로부터 유래한 것이 아님을 예언과 비교하고 있는 것이다.

(24) 고린도전서 14:34-38

"34여자는 교회에서 잠잠하라 그들에게는 말하는 것을 허락함이 없나니 율법에 이른 것같이 오직 복종할 것이요 35만일 무엇을 배우려거든 집에서 자기 남편에게 물을지니 여자가 교회에서 말하는 것은 부끄러운 것이라 36하나님의 말씀이 너희로부터 난 것이냐 또는 너희에게만 임한 것이냐 37만일 누구든지 자기를 선지자나 혹은 신령한 자로 생각하거든 내가 너희에게 편지하는 이 글이 주의 명령인 줄 알 38만일 누구든지 알지 못하면 그는 알지 못한 자니라"

바울은 고린도교회에 여자 성도들이 은사를 남용하는 것과 (영의) 방언을 하는 것을 보면서 고린도지역에 아프로디테 신전의 여사제들이 황홀 상태에서 했던 이상한 방언과 유사하다는 생각을 하였을 것이며, 고린도교회 여자 성도들이 하는 방언이 영적 존재와 접신 상태에서 기이한 소리로 기도하는 것처럼 보였을 것이다. 그러므로 일부 여자 성도들이 교회를 어지럽게 하는 것을 경계하며 잠잠하기를 권고하고 있다.

(25) 고전 14:39-40절

"그런즉 내 형제들아 예언하기를 사모하며 방언 말하기를 금하지 말라 40모든 것을 품위 있게 하고 질서 있게 하라"

고린도전서 14장 39절에 "방언 말하기를 금하지 말라"는 구절 역시 오늘날 방언옹호론자들이 대표적으로 거론하는 성경 구절이다. 그들은 바울이 방언 말하기를 금하지 말라고 했으니 더욱 열심히 방언기도를 해야 한다고 주장한다. 그러나 본문의 방언 역시 "방

방언은 성령의 은사가 아니다

언 말하기"이지 "방언기도를 하라는"말씀이 아니다. 더욱이 본문에서의 방언 말하기는 기이한 영의 방언을 말하는 것이 아니라 언어방언 말하기를 금하지 말라는 뜻이다. 그리고 그 모든 것을 품위있고 질서 있게 하라고 한 것이다. 기이한 영의 방언에는 품위도 질서도 찾을 수 없는 것이다.

사도바울은 제3차 전도여행 중 에베소에 있을 때 자신이 1년 6개월 동안 고생하여 세웠던 고린도교회가 온갖 문제로 가득하고 은사의 남용과 혼란이 창궐한다는 소식을 듣고 고린도전서를 쓰면서 자신과 고린도교회 교인들이 믿고 있는 하나님은 무질서와 혼란의 하나님이 아니라 화평의 하나님이심을 선언하며 교회 내에 무질서와 화평을 깨뜨리는 행위를 경계하고 있다.

특히 바울은 고린도교회를 혼란과 무질서에 빠뜨린 (영의) 방언에 대해 (영의) 방언은 성령이 주신 방언이 아니고 성령의 은사도 아니며 교회에서 해서는 안 될 것으로 경계하면서 (영의) 방언의 무익함을 예언과 비교하여 고린도전서 14장에 반복해서 말하고 있는 것이다.

성령이 주신 방언은 믿지 아니하는 자들을 위한 표적으로, 예루살렘과 온 유대와 사마리아와 땅끝까지 복음을 전하라는 예수님의 지상명령이 실현되는 방안이다. 그러므로 사람에게 하지 않고 알아듣는 자도 없으며 복음도 전하지 못하고 오직 하나님께 영으로 비밀을 말한다며 교회를 혼란과 무질서에 빠뜨린 고린도교회의 (영의) 방언은 성령의 은사가 아니며 오히려 교회에서는 하지 말아야 할 것임을 바울은 고린도전서 14장에서 확실하게 말해 주고 있다.

그러나 오늘날 방언옹호론자들은 바울이 말한 것을 자의적으로 해석하고 심지어 바울이 (영의) 방언을 장려하고 권장한 것처럼 가르치며 방언을 성도들이 마땅히 해야 할 신앙 행위로 이끌고 있다. 그러므로 한국 기독교는 (영의) 방언으로 인해 온갖 혼란과 극심한 영적 폐해를 입고 있지만 오히려 (영의) 방언으로 많은 영적 열매를 맺고 있다는 거짓 신앙이 대세를 이루고 있는 실정이다. 기독교인들은 고린도전서 12장과 13장, 14장에서 바울이 비판하고 책망하였던 (영의) 방언의 실체를 바르게 분별함을 통해 바른 기도의 정의를 세우고 바른 영적 삶을 실천해야 할 것이다.

8장

세계 종교 역사에 나타난
방언 현상

1900년대 전통 오순절운동에서 시작된 현대 기독교 방언은 기독교에서만 일어나는 독특한 현상이 아니라 고대로부터 현대에 이르기까지 모든 이방종교에서도 유사하게 나타난 영적 현상이다. 오늘날 기독교 교회에서 하고 있는 영의 방언은 그 뿌리를 성경에 두고 있는 것이 아니라 이방종교인들이 무아경 상태에서 신과 접신하였을 때 했던 종교 행위에 두고 있다. 즉, 방언이란 신과의 접신 상태에서 나타나는 영적 현상 가운데 인간이 알아들을 수 없는 기이한 소리로 말이나 기도를 하는 것이라고 정의할 수 있다.

웨나몬의 보고라는 고대 문서는 방언에 대해 가장 오래된 기록으로 그 기록에 의하면 "젊은 아몬 숭배자는 신에게 사로잡히게 되었고 황홀한 언어로 말을 하였다"고 한다.[16]

고린도에는 아폴로의 신전이 있었는데 가장 유명한 신전은 델피신전이었다고 한다. 델피신전에 여사제인 피티아가 입신 상태에서 알아들을 수 없는 방언을 하면 피티아 옆에 있던 사제가 사람의 언어로 번역하였다고 한다. 그러나 여사제가 방언으로 말한 예언이 맞는지 맞지 않았는지 아는 사람은 없었다고 한다.

또한 아이네이드라는 책에는 델로스섬 시빌의 여자 제사장에 대

---

16) R.그로마키, 「현대방언 운동의 연구」

방언은 성령의 은사가 아니다

해 기록하였는데 그 여자는 바람 소리로 가득한 음침한 동굴에서 무아경에 이르고 방언을 했다고 기록되었고 아폴로신과 영적으로 하나가 되었을 때 즉 어떤 신과 접신하였을 때 때로는 이해가 되는, 때로는 앞뒤가 맞지 않는 방언을 말하기 시작하였다고 한다.[17]

또한 크리소스톰이 델피의 피도니스라는 여자에 대해 기록하길 델피의 피도니스라는 여자는 아폴로 제단에 걸터앉았고, 아래로부터 올라온 악령이 그 여자의 육체의 하부에 들어갔을 때 그 여자는 광기로 가득하였고, 여자는 입에 거품을 뿜으며 광란 속에서 미친 말을 지껄이기 시작하였다고 기록되어 있다.[18]

디오니소스는 술의 신으로 디오니소스를 숭배하는 집회는 디오니소스에게 헌주한 후에 포도주 연회가 벌어지고 축제가 절정에 이르면 산에서 미친 듯이 춤을 추고 뛰놀았고 짐승이나 어린아이를 산 채로 먹거나 피를 마셨다고 한다. 이는 신의 살과 피를 먹으므로 신과의 합일을 하는 행위였다. 이때 디오니소스 제사를 주관하는 제사장은 황홀경에 빠져 이상한 말을 반복하였고 다른 제사장은 통역하였다고 한다. 그러나 그 통역이 맞는지, 틀리는지 아는 사람은 하나도 없었다고 한다.[19]

---

17) R.그로마키, 「현대방언 운동의 연구」
18) R.그로마키, 「현대방언 운동의 연구」
19) 세계종교탐구 〈19〉 접신과 방언의 현상을 찾아서

철학자 플라톤도 그리스의 여자 무당들이 무아경에서 영적인 소리인 말을 하였다고 평가하였고 필로는 무아지경에서 떠드는 소리는 신의 현존을 드러내는 최고의 증거로 소수의 사람에게 신이 임한 증거로 높게 평가받았으며 초기 기독교에서도 황홀경 상태에서 하는 이상한 소리인 방언은 그가 영적으로 고양된 사람이라는 증표가 되었다고 한다.[20]

또한 이슬람에서도 방언 현상은 등장한다. 파사의 모하멧교의 탁발승들은 알라의 이름을 부르며 몸이 격렬하게 진동하고 입에 거품을 내뿜는 황홀경에 들어가고 무의식상태에서 이상한 말을 했다고 한다. 에스키모인도 주술사나 제사장 등에 의해 종교의식이 인도될 때 북을 치고 노래하고 춤추고 남녀가 모두 벌거벗는다고 한다. 그들은 까마귀같이 외치고 울부짖으며 펄쩍펄쩍 뛰었으며 정신을 잃기도 하였고 이발루라는 소녀는 이해할 수 없는 방언으로 소리치기 시작하였는데, 그것은 정상적인 에스키모인의 말이 아니었다고 한다. 또한 티벳의 수수달이 예배의식에서 춤을 추면서 술 취한 뱃사공처럼 영어나 독일어 불어 혹은 알 수 없는 언어로 말하는 것을 들었으며 중국에서도 선교사가 동일한 경험을 했다고 전하고 있다.[21]

---

20) 세계종교탐구 〈19〉 접신과 방언의 현상을 찾아서
21) R.그로마키, 「현대방언 운동의 연구」

방언은 성령의 은사가 아니다

인디언들도 환각제를 마시며 몇 시간 동안 자극적인 악기를 사용하여 노래를 부르다가 일정한 시간이 지나면 인디언들 중 몇몇이 발작적으로 이상한 말을 중얼거렸다고 하며 아프리카 부족들은 신으로부터 축복을 받기 위해 닭이나 염소를 제물로 드리고 불을 중심으로 돌며 춤을 추기도 하고 반복되는 리듬의 드럼 소리에 맞추어 노래를 부른다고 한다. 그리고 그들 중 몇 사람들이 접신 상태에 이르게 되면 이상한 영의 말을 중얼거렸고 마을의 추장이나 마법사가 그들의 말을 통역하였다고 한다. 이런 현상은 소위 기독교 기름부음 집회와 미국 신사도운동류의 집회에서도 볼 수 있는 현상들이다.

아프리카에서 미국으로 끌려온 노예들이 기독교를 믿고 교회에 나갔을 때 그들은 신령한 춤과 신접한 이상한 소리를 내었다고 한다. 아프리카에서 미국으로 온 노예들의 집회 모습이 미국 지방교회들에게 받아들여졌으며 아프리카적 요소의 집회에 많은 영적 현상이 일어났는데, 당시 기독교인들은 이러한 집회에 참석한 사람들을 홀리 롤러라고 비난하였다.[22]

또한 진언과 주문을 외우며 무아지경으로 몰입하는 이방종교에서도 음악은 중요한 역할을 한다. 반복되는 강한 리듬의 연주는

---

22) '보배로운 믿음' 블로그 글

사람들을 최면적 무아지경으로 이끌어 갔으며, 이러한 몽환적 상태가 극에 달하면 반복하여 말하는 방언이 자연스럽게 나타나게 되었다.

소아시아의 신비종교에서도 방언은 나타났고 헬라의 신비종교인 디오니시어스파에서도 나타났다고 한다. 이러한 방언은 불교신자에게도, 힌두교, 한국 무속에서도 나타나며 기독교 이단종파에서도 나타나며[23] 심지어는 일반 사람들이 모여 영적 행위를 하는 곳에서도 방언 현상은 어디에서나 누구에게나 일어나고 있음을 볼 수 있다.

그러나 이방종교의 예배와 집회 그리고 방언등은 기독교에 스며들어 매우 성공적으로 자리를 잡게 되었다. 더욱이 방언을 옹호하는 일단의 목사들과 성도들이 성경을 왜곡하면서까지 방언기도를 권장하고 수용하므로 사단의 거대한 전략인 방언이 현대 기독교 안에 뿌리를 내리게 되었다. 기독교인들은 이방종교에 뿌리를 둔 방언을 신봉하는 집단적 어리석음에 빠져들게 된 것이다.[24]

---

23) 조일신, 「방언기도 유익성에 관한 소고」
24) 들꽃 블로그 글

9장

초대교회에서 20세기까지
기독교 방언의 역사

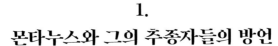

1.
몬타누스와 그의 추종자들의 방언

초대교회사에 방언을 하였던 대표적 인물이 몬타누스와 그의 추종자들이다.

몬타누스는 큐렐이라는 여신의 사제 출신으로 황홀경에 빠지고 신접하는 습성을 가진 자로 기독교로 개종한 후에도 황홀경 등 영적 체험을 추구하였다. 그는 영매인 브리스길라와 맥시밀라라는 여성과 함께 사역을 하며 AD 160년경 성령시대의 도래를 선포하면서 성령을 받아야 함을 강조하였다. 유세비우스는 몬타누스에 대해 다음과 같이 말하였다고 한다. "몬타누스라는 한 개종자는 지도자가 되려는 끊임없는 욕망을 가진 자로 정신을 잃고 광란과 황홀경에 빠져 소리를 지르고 이상한 것들을 중얼거리고 말하기 시작하였으며 그는 두 명의 여자들을 충동질하였고 거짓 영으로 충만케 하였다. 그래서 그 여자들은 그 사람과 같이 거칠고 분별 없고 이상하게 말하였으며 몬타누스는 이단적이고 귀신에 사로잡혔다고 간주되었고 그의 예언과 방언은 올바른 것이 아니었으며 자신이 성령의 유일한 대변자라고 주장하였지만 그의 주장과 육체

방언은 성령의 은사가 아니다

적 행위는 성경적 표준에 거의 부합하지 않았다"고 기록하고 있다 유세비우스가 거론한 그 여자들은 아마 영매인 브리스길라와 맥시밀라인 듯하고 몬타누스와 이 두명의 여자들은 모두 방언을 하였다고 언급되었다.[25]

이처럼 몬타누스는 자신을 성령의 계시를 받는 성령의 도구이며 대변자로 생각하였고 성령에 사로잡혀 예언도 하고 방언도 하였으며 성령이 자신들에게 임한 것을 세상 종말이 임박한 징표로 받아들이고 주님의 재림을 대비할 것을 강조하였다. 그는 자신의 고향인 프리기야에 예수님이 재림할 것이며, 그곳에서 천년왕국이 시작될 것이라고 예언하였다.

그러나 몬타누스가 주장한 대로 종말은 오지 않았고 예수님이 재림하신다는 프리기야에서 천년왕국이 시작되지도 않았다. 그는 자신이 예언과 방언을 하는 것을 성령운동이라고 생각하였지만 영적 실상은 악한 영의 속임수에 빠져 거짓 예언과 방언을 한 것이다. 그 후 몬타누스와 그의 추종자였던 거짓 여선지자 맥시밀라는 목을 매어 죽었다고 한다. 그러나 그들의 죽음 이후에도 몬타누스의 주장과 맥을 같이 하는 이단들이 생겨나게 되었고 그것은 오늘날까지 이어지고 있는 실정이다.[26]

---

25) R.그로마키, 「현대방언 운동의 연구」
26) 종교학대사전, 1998. 8. 20.

몬타누스는 기독교 역사상 최초로 방언을 성령운동과 접목시킨 사람이었다. 거짓 사역자의 거짓 방언이 성령의 은사와 성령운동으로 포장되어 역사에 등장한 최초의 사례가 될 것이다. 몬타누스가 주장한 성령운동은 실상은 악령운동이었으며 몬타누스는 성령운동가가 아니라 기독교를 파괴하는 악령운동가라고 평가받아야 한다. 그러나 몬타누스의 거짓 성령운동의 교리와 현상들은 이후 기독교 역사에서 자칭 성령운동을 한다는 대부분의 집단에서 계속되고 있는 것이 특징이다. 그렇다면 오늘날 성령운동이라고 불리는 것들도 어쩌면 진정한 성령운동이 아니라 몬타누스운동이라 해야 할지도 모른다. 아니면 방언을 중심으로 하는 악령운동이라 불리어야 마땅할 것이다.[27] 몬타누스로부터 시작된 방언은 기독교 역사에서 거의 사라졌으나 17-18세기에 이르러 기독교 이단 사이비 혹은 황홀경집단에서 다시 등장한다.

---

27) 단순함 그대로 블로그 몬타누스

방언은 성령의 은사가 아니다

2.
시빈의 선지자들

　프랑스 동남부의 유그노파에 큰 핍박이 닥쳐오자 이러한 환란 중에 어떤 이들은 예언과 방언을 포함한 영적 경험을 하게 되었다고 한다. 10살 된 빈센트라는 아이가 방언을 하였고 3살밖에 안 된 아기들이 종교적 이야기를 하며 사람들을 도왔다고 하며, 어른들도 방언을 했다고 한다. 그들은 뒤로 엎드리고 땅에 몸을 쭉 뻗었으며 가슴을 들어올리고 배를 불룩이며 심하게 몸을 흔들었다고 한다.[28]

---

28)　R.그로마키, 「현대방언 운동의 연구」

3.
쟌센주의자들

18세기 무렵에 카톨릭을 지지하며 이신칭의 교리를 반대하는 기독교 이단 쟌센파가 등장하였는데, 이들은 천주교 내의 개혁주의자들이었다고 한다. 1731년 자신들의 지도자의 무덤에서 밤 집회를 가졌을 때 그곳에서 방언이 나타났다고 한다. 천주교 개혁주의자를 자처한 이들은 오늘날 오순절주의자들이 말하는 오순절적 행동을 한 최초의 집단으로 평가된다.[29]

---

[29] 현대방언의 역사

4.
퀘이커파의 방언

영국의 조직 폭스에 의해 만들어진 퀘이커파들 역시 방언을 했다고 한다. 그들은 성경보다 내면의 빛이라는 직통 계시를 더 믿고 따랐다고 하며 예배시간에 하나님께서 자신들에게 계시할때까지 조용히 앉아 있었고 성경은 내적인 빛에 종속하는 이차적인 것으로 간주하였다고 한다. 또한 그들은 성령이 경험을 판단하지 않고 경험이 성령을 판단한다고 믿었다. 이들에게도 방언이 나타났다.[30]

---

30) R.그로마키, 「현대방언 운동의 연구」

5.
에드워드 어빙 목사의 방언

19세기에 들어서서 스코틀랜드의 장로교 목사였던 에드워드 어빙이 그의 추종자들과 함께 방언과 예언을 했다고 한다. 그러나 이들은 서로 반대되는 예언을 하였으며, 그 예언들마저 성취되지 않았다고 한다. 또한 어빙과 추종자들은 카톨릭을 받아들이고 열두 사도 직분을 만들어 내는 등 많은 거짓 교리를 만들고 가르쳤다고 한다. 심지어 이들은 예수 그리스도의 몸은 죄 있는 실체라는 믿음을 가졌다고 한다. 이러한 기독교 이단과 사이비들의 광란의 집회에도 반드시 방언이 나타났다. 이들은 방언을 한 후에 예언도 했지만 이들의 예언은 거의 성취되지 않았다. 이들의 방언과 예언은 모두 거짓 영이 준 영적 현상이었던 것이다. 어빙파는 후에 카톨릭 사도교회가 되었고 화체설, 종부성사, 향, 성수 등 카톨릭 의식을 포용하였다.[31]

---

31) 현대방언의 역사

방언은 성령의 은사가 아니다

6.
마더 앤 리의 쉐이커교의 방언

18세기 중엽 미국에서 마더 앤 리라는 여자가 쉐이커교를 창시하였다. 그녀는 자신을 여성 정, 예수는 남성 정이라며 그리스도의 재림은 여인인 자신 안에서 이루어졌다고 주장하였다. 이는 한국 이단 새주파 김성도의 주장과 비슷한 것이었다. 이 여자는 1776년 뉴욕주 트로이 근처에 쉐이커 공동체를 만들고 지상에 그리스도의 왕국은 쉐이커교회와 함께 시작되었다고 선포하였다.[32]

마더 앤 리는 자신이 여자 예수라 하였으며 72가지 언어로 말할 수 있다고 주장하였고 마더 앤 리를 따르는 쉐이커교도들은 무아지경에서 춤추고 노래하며 방언을 하였다고 한다. 자칭 여자 예수 그리스도로 참칭한 마더 앤 리가 주관한 집회에서 일어난 무아지경의 춤과 예언, 노래와 방언을 성령의 역사라고 할 수 없을 것이다. 쉐이커교의 집회에서 나타난 집회현상은 20세기에 이르러 오순절계통과 은사주의계통, 신사도운동의 집회에서 기본적으로 나

---

32) 현대방언의 역사

타나는 집회 현상이 된다. 이것은 이단적 신비주의 계보가 이어지는 것을 볼 수 있으며 그 중심에 방언이 있음을 알 수 있다.

방언은 성령의 은사가 아니다

7.
몰몬교의 방언

    몰몬교는 19세기 조셉 스미스에 의해 만들어지며 말일 성도 예수 그리스도의 교회라고도 불리운다. 스미스는 1820년 15세의 나이에 천사로부터 기독교의 모든 교리들은 하나님 보시기에 악한 것이며 기독교신자들은 부패한 자들이라는 계시를 받았다고 한다. 그리고 그의 나이 18세에 천사로부터 온전한 복음이 적혀 있는 금판의 존재를 듣게 되었고 다시 나타난 천사로부터 우림과 둠밈과 함께 금판을 파내어 번역하라는 지시를 받았고 1829년에는 세례요한으로부터 아론의 제사장직을 수여받았으며 베드로, 야고보, 요한으로부터 멜기세덱의 제사장직을 수여 받았다고 주장하였다. 몰몬교는 삼위일체, 성경의 권위, 지옥의 실재성과 이신득구 등의 기독교 정통교리를 부인하는 이단 집단이다. 그러나 미국의 유타주 솔트레이크시에 있는 몰몬교 사원 헌당식에는 수백 명의 장로들이 방언을 하였다고 한다.[33]

---

33) 현대방언의 역사

8.
기타 방언

19세기에 이르러 스웨덴에 성경을 읽는 자들이라는 집단과 초기 감리교인들 가운데 방언이 있었다고 한다.

이와 같이 방언은 정통 기독교 교회에서 나타났다는 기록은 발견되지 않았고 신비주의를 추구하며 신과의 만남을 원하여 황홀경에 빠지고 거짓 예언을 하는 기독교이단 혹은 사이비 집단에서 발생하였다. 그리고 방언이 있는 곳에는 항상 황홀경적 접신 행위와 예언, 무아지경의 광란의 종교 집회와 현상이 함께하였다. 그리고 이러한 집단이 일으킨 방언과 집회 현상은 후에 오순절운동과 은사주의운동 그리고 빈야드와 신사도운동 그리고 현재 한국교회 영성집회 등에서 계속된다.

방언은 성령의 은사가 아니다

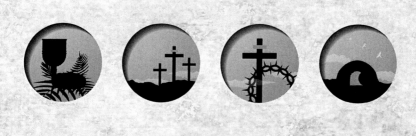

10장

현대교회의
방언의 역사

1.
찰스 펄햄

오늘날 전 세계 기독교와 한국 기독교를 휩쓸고 있는 방언 현상은 현대판 오순절운동의 아버지라고 불리는 찰스 펄햄에 의해 시작되었다.

그는 1900년에 자신이 설립한 벧엘 성경학교를 운영할 때 사도행전을 연구하다가 성령세례와 관련하여 나타나는 일관된 현상이 방언이라고 확신하게 되었고, 이후 성령세례와 방언 받기를 구하였다. 1901년 1월 1일 찰스 펄햄은 제자들과 성령세례와 방언 받기를 기도하였는데, 그때 아그네스 오즈만이라는 여학생이 방언을 체험하면서 기독교 역사상 최초로 방언이 정통 기독교 역사의 전면에 등장하게 되었다.

오순절운동가들은 1901년 1월 1일 아그네스 오즈만이 방언을 말한 것을 오순절운동의 시작이라고 정의하며 찰스 펄햄 목사를 현대 오순절운동의 아버지로 평가한다. 더불어 성령세례와 방언에 관한 이론이 기독교 교회사에 수립되었다.

방언은 성령의 은사가 아니다

그러나 아그네스 오즈만이 받은 방언은 성령의 역사라고 하기에는 문제가 있었다. 그녀가 받았던 방언은 사람에게 말을 하여 복음을 전하는 사도행전 2장의 오순절 방언이나 10장의 고넬료 가정에 임한 방언, 사도행전 19장, 에베소의 12제자에게 임한 방언과 같은 성경적 언어방언(사람의 말)이 아니었다.

그녀의 방언은 알아들을 수 없는 소리에 불과한 (영의) 방언이었다. 이는 바울이 고린도전서 12장과 14장에서 은사로 간주하지 않았고, 해서는 안 될 것으로 책망한 방언이었다. 그러므로 아그네스 오즈만이 했던 방언은 실상 오순절방언이 아니라 고린도방언이라고 불리어야 마땅한 것이었다. 그리고 찰스 펄햄목사는 현대 오순절운동의 아버지가 아니라 현대 고린도 방언운동의 아버지라고 평가되어야 한다.

찰스 펄햄목사는 의학적 가치를 부정하는 극단적 신유론을 가지고 있었으며 지옥의 실체를 부정하였고, 악인은 지옥에 가지 않고 그 영혼이 소멸된다고 하였다. 그는 하나님이 에덴동산 밖의 사람과 에덴동산 안에 아담과 하와를 각각 창조하였으며, 아담과 하와가 다른 인종이라고까지 주장하였다. 그리고 종말의 때에는 성령세례와 방언을 받은 사람들만이 예수 그리스도의 신부가 되어 휴거 된다고 주장하는 비정상적인 성경관과 신앙관을 가진 사람이었다.

오순절에 성령이 임하여 사람의 말인 언어방언을 표적으로 주신 것은 의사소통이 안 되는 디아스포라 유대인들에게 복음을 전하기 위한 성령의 특별한 역사였다. 이는 사도행전 1장 8절 "예루살렘과 온 유대와 사마리아와 땅끝까지 복음을 전하리라"라는 예수님의 지상 명령을 이루기 위해 약속하신 성령이 오셔서 첫 사역을 시작하신 것이다. 그러나 20세기 오순절운동의 태동은 예수님의 약속도 없었고, 오순절이라는 절기의 상징성도 없었고 더욱이 복음이 전해지는 것이 없었다. 비성경적 신학에 물든 찰스 펄햄 목사가 사도행전을 연구하다가 성령세례와 관련되어 나타난 일관된 현상이 방언이라는 확신을 가지게 되었고 방언 받기를 간구할 때 펄햄 목사의 안수를 통해 아그네스 오즈만이라는 여학생에게 방언이 임하여 시작된 것뿐이다. 즉, 하나님의 뜻과 목적이 없이 인간들끼리 방언을 간구하다가 방언이 임한 것이다. 따라서 1900년대 찰스 펄햄과 그의 안수를 통해 아그네스 오즈만에게 임했던 방언은 엄밀히 말하면 오순절방언이 아니라 고린도방언이고, 더 확대하면 고대 이방종교에서 시작하여 모든 종교집단과 영적 행위를 하는 인간 군상들에게서 나타났던 (영의) 방언이라고 정의해야 한다. 그렇다면 1900년 찰스 펄햄에 의해 시작된 현대판 오순절운동은 실질적으로는 고린도운동이며 이방종교에서 신접할 때 하였던 기이한 영의 방언이 기독교화되는 출발점이라고 할 수 있으며, 영적으로 깊이 들어가면 영의 방언을 성령방언으로 둔갑시킨 방언의 영의 거대한 미혹이 시작되었음을 알리는 전주곡인 것이다. 그러므로 찰스 펄햄의 방언운동은 오순절운동이 아니라 이방종교의 거짓 방언을 받아들인 반 오순절운동이라고 해야 하며 이후 영의 방언을 중심으로 펼쳐지는 대부분의 성령운동은 거짓 방언운동 혹은 악령운동이라고 평가받아야 할 것이다.

즉, 찰스 펄햄에 의해 1901년에 기독교 역사에 본격적으로 등장한 방언은 성령의 역사로 시작된 방언이 아니라 정체불명의 영이 아그네스 오즈만에게 들어가면서 시작된 거짓 (영의) 방언의 시작인 것이다. 이는 초대교회 이단 몬타누스에서 시작된 거짓 방언이 본격적으로 기독교 역사 안으로 들어오는 사건이라고 평가할 수 있다.

방언의 영은 자신을 오순절방언으로, 성령세례의 표징으로, 성령의 은사로, 영의 비밀을 말하는 하늘언어로 완벽하게 포장하여 미혹의 첫 시작을 하게 된 것이다. 따라서 현대 오순절운동을 비롯한 은사주의 성령운동을 태동시킨 영의 방언은 시작부터 거짓이었다. 그리고 이후 방언은 거짓이 거짓을 낳고 거짓이 거짓을 낳으며 기독교를 완벽하게 장악하여 간다.

2.
윌리엄 세이모어의 아주사 운동

윌리엄 세이모어는 흑인으로 찰스 펄햄으로부터 신학교육을 받았다. 그는 종말에 부어지는 하나님의 성령세례는 복음 전파와 봉사를 위해 하늘로부터 능력을 받는 것이며, 이러한 성령세례를 받는 유일한 성경적 증거는 방언이라고 배우고 믿게 된다.

세이모어는 자신을 추종하는 한 성도의 가정에서 소수의 사람과 함께 모임을 시작하였고 이 사상을 전파하였는데 그곳이 바로 캘리포니아의 아주사였다. 아주사에서 기도 모임을 시작하자 성도들에게 먼저 방언이 나타났고, 1906년에 세이모어에게도 방언이 나타났다. 이후 집회에 참석한 많은 사람들에게 방언이 나타나고 병이 치유되었다고 한다.

세이모어는 예수님은 구세주이시며 성령세례를 주시며 병을 고치시며 장차 오실 왕이라는 4중복음인 순복음을 전했다. 이들은 중생한 신자는 성령세례를 받아야 하고 성령세례를 받은 증거가 바로 방언을 받은 것이라고 하였다. 사람들은 이들을 전통적 오순

방언은 성령의 은사가 아니다

절주의자라고 불렀다. 윌리엄 세이모어의 아주사운동은 3년 후 사라졌지만 아주사집회에서 시작된 방언을 필두로 하는 전통적 오순절운동은 미국 전역에 퍼지게 되었고 방언의 현상도 전 세계로 확산되었다.[34]

세이모어가 집회를 인도할 때 질서도 형식도 없이 노래하고, 춤추고, 뛰고, 알아들을 수 없는 방언을 말하고, 손뼉을 치고, 황홀경에 빠지고, 몸을 흔들며 소리를 지르고, 웃는 기이한 집회 현상이 일어났다. 또한 아주사 집회에 참석한 사람들은 총 맞은 것처럼 바닥에 쓰러지고, 춤을 추고, 경련을 일으키고, 환상을 보고, 방언을 하고, 방언통역과 방언 찬양을 하고, 예언하며 황홀경에 빠졌다. 그들은 이러한 집회 현상을 성령의 임재로 나타난 현상이라고 생각하였다.

그러나 세이모어의 아주사 집회에는 신령파 영매들과 무당들, 뉴에이지의 한 부류인 크리스천 사이언스 회원과 신지학회 회원들도 참석하는 영적 혼란이 야기되었다. 집회를 취재한 로스엔젤레스 타임즈 기자는 이들의 집회에 대해 "기묘한 언어의 혼란, 정상적인 사람들은 이해할 수 없는 이상한 소리, 의미 없는 해괴한 말을 지껄이는 새로운 광신자 집단이 아주사 거리를 광란의 도가니로 만

---

34) 김신호, 『오순절교회의 역사와 신학』, 서로사랑

들며 자기들만의 특이한 열심 속에 미친 듯이 행동하고 있다"고 보도하였다.[35]

다른 언론사에서는 "아주사 집회에 참석한 사람들은 정신 이상의 극도의 흥분에 빠진 사람들로 몸을 앞뒤로 흔들고 울부짖으며 광란의 기도를 하므로 그 지역 주민들은 공포스러운 밤을 보냈다. 그들은 방언이라는 이상한 소리를 내었고, 그들이 도달한 광란의 정도는 이미 정상적인 한계를 벗어난 것으로 보인다"라고 하였다.[36]

윌리엄 세이모어의 스승인 찰스 펄햄은 아주사집회에 대한 소문을 듣고 그곳을 방문하여 그들의 집회에 아프리카적 요소인 노래와 춤이 가득한 것을 보고 충격을 받았고 알아들을 수 없는 방언이 수없이 나타나는 것을 보고 아주사집회에서 나타난 방언은 외국어가 아니기 때문에 비성경적 방언이며, 윌리엄 세이모어는 악령에 사로잡힌 자로 사탄적 모임을 인도하고 있다고 비판하며 결별을 선언하였다.

그러나 윌리엄 세이모어와 아주사 추종자들은 사도행전 2장에 성령이 강림하신 후 방언이 있었고 그 후에 사도들에 의해 표적과

---

35) 김신호, 『오순절교회의 역사와 신학』, 서로사랑
36) 김신호, 『오순절교회의 역사와 신학』, 서로사랑

방언은 성령의 은사가 아니다

기사가 나타나고 놀라운 부흥이 일어난 것처럼 자신들이 하는 방언은 종말론적 표적으로 두 번째 오순절시대가 도래하여 교회가 마지막 때에 부흥의 시대로 진입했음을 보여 주는 성령의 표적이라고 생각하였다. 사도행전에서 성령이 임한 후 방언이 있고 그 후 사도들에게 표적과 기사가 나타나 큰 부흥이 일어난 것처럼 종말의 때에 자신들에게 성령이 임하여 방언을 주시고 표적과 기사가 나타나 마지막 때에 교회에 큰 부흥이 일어나고 전 세계에 복음이 증거되어 예수님의 재림이 실현될 것이라고 생각하였다.

윌리엄 세이모어의 성령세례와 방언이 종말이 다가옴을 보여 주는 상징이라는 이해는 이후의 펼쳐지는 늦은비 운동, 제2의 오순절운동인 은사주의 운동, 신사도 운동의 근본 이론으로 수용된다.

그러나 성령이 주신 진짜 방언은 오순절에 성령이 임하여 주신 언어방언(사람의 말)이었다. 성령의 특별한 표적인 방언을 통해 복음이 전해질 수 있도록 하는 것이다. 그러나 아주사에서 나타난 방언은 누구도 알아들을 수 없는 기이한 소리인 (영의) 방언이었다. 그러나 윌리엄 세이모어와 아주사 운동가들은 오순절 언어방언과 자신들이 하고 있는 영의 방언이 같은 것이라고 착각한 것이다. 더욱이 성경적 방언의 핵심은 믿지 아니하는 자들을 위한 표적이라고 하였는데, 아주사집회의 방언은 믿지 않는 자들에게 기묘한 언어의 혼란, 정상적인 사람들은 이해할 수 없는 이상한 소리, 의미

없는 해괴한 말을 지껄이는 광신자 집단으로 평가되었다.

결론적으로 아주사집회에서 나타난 방언은 성령의 방언이 아니며, 협의로는 고린도방언이라고 할 수 있으며 광의로는 정체를 알 수 없는 어떤 영들이 인간에게 임하여 말을 하는 방언으로 이방종교집단의 방언에 뿌리를 두고 있다. 사도행전에서 성령이 임한 후에 방언이 있고 그 후에 사도들에게 기사와 표적이 나타나 큰 부흥이 일어난 것처럼 마지막 때에 자신들에게 성령이 임하여 방언을 주시고 그를 통해 기사와 표적을 나타내서서 종말의 때에 교회에 큰 부흥이 일어나게 하시고 전 세계에 복음이 증거가 되면 예수님의 재림이 실현될 것이라는 윌리엄 세이모어의 신학적 논리는 처음부터 성립될 수 없는 것이 된다. 왜냐하면 아주사의 방언은 성령이 주신 방언이 아니라 정체불명의 영들이 말을 하는 영의 방언이었기 때문이다. 이들은 종말론자들로서 한국 이단들이 종말의 때에 구원자로 자칭 재림주들을 등장시켰다면 윌리엄 세이모어를 필두로 하는 방언숭배자들은 종말의 때에 예수님의 재림을 실현할 수단으로 방언을 역사의 전면에 등장시킨 것이다. 이는 방언을 하게 하는 사단의 영이 기독교를 미혹하는 거대한 덫을 놓아 본격적으로 기독교를 장악하는 출발점이라고 할 수 있다. 이후 윌리엄 세이모어의 아주사 운동의 주장을 받아들인 늦은비 운동, 현대판 오순절운동인 은사주의운동, 그리고 신사도운동 등은 처음부터 잘못된 아주사운동의 거짓 이론을 수용하면서 출발하였다. 그러므

방언은 성령의 은사가 아니다

로 이들이 주장하는 성령사역이 과연 올바른 성령사역인가에 대한 의구심을 가질 수밖에 없게 된다. 이들의 사역의 중심에는 늘 방언이 있다. 방언은 항상 오순절 성령방언, 성령세례의 증거, 성령의 은사, 고린도전서 12장, 14장의 방언에 대한 잘못된 해석을 통해 기독교의 옷을 입고 목사들과 성도들을 미혹하였다.

사도행전 2장의 오순절 성령 강림으로 시작된 성령방언인 언어방언과 오늘날 오순절파나 은사주의자 그리고 신사도운동 등에 등장하는 (영의) 방언은 완전히 다른 방언이다. 오순절주의자들이나 은사주의자들 그리고 신사도운동가들과 한국교회에서 하는 방언은 성경 어디에서도 근거를 찾아볼 수 없으며, 오히려 이방종교와 고린도교회와 기독교이단에서 근거를 찾아볼 수 있는 것이다.

자칭 오순절운동과 은사주의운동 그리고 신사도운동등의 거짓 성령운동은 시작부터 거짓과 미혹이라는 큰 문제를 잉태하였고 그 중심에 방언이라는 거대한 괴물이 있다. 방언을 중심으로 하는 이들의 무질서하고 광란의 집회 현상은 사도행전을 비롯하여 전 세계 종교 역사 어디에도 찾아볼 수 없는 괴기스러운 것이었다.

3.
윌리엄 브랜험의 늦은비 운동

찰스 펄햄의 방언에 대한 사상이 더욱 발전되어 나타난 것이 바로 윌리엄 브랜험의 늦은비 운동이다.

늦은비 운동은 요엘서 2장 23절 "시온의 자녀들아 너희는 너희 하나님 여호와를 인하여 기뻐하며 즐거워할지어다 그가 너희를 위하여 비를 내리시되 이른 비와 늦은비가 예전과 같을 것이라"를 중심으로 시작되었다.

이 말씀은 이스라엘 백성이 회개하여 하나님께 돌아온다면 하나님께서 농작물의 씨앗을 뿌리기 위해 10-11월에 이른 비와 추수 전 알곡을 풍성케 하는 3-4월에 늦은 비를 주시는 것처럼 이스라엘 백성에게도 때를 따라 은혜를 내려 주신다는 말씀이다.

1948년 이스라엘 독립은 종말론에 큰 영향을 끼쳤다. 전 세계로 흩어졌던 유대인들이 팔레스타인으로 이주하여 이스라엘이 건국되자 이스라엘의 회복은 종말이 임하기 전 나타나는 사건으로

방언은 성령의 은사가 아니다

해석되었고, 일부 교회에는 종말이 임박했다는 위기감이 고조되었다.

이러한 종말론은 오순절운동에도 영향을 끼치어 오순절 신학자들은 사도행전 2장, 오순절에 임한 성령세례와 방언사건을 성령의 이른 비로, 아주사운동을 통해 나타난 방언과 성령운동을 늦은 비로 해석하였다. 즉, 오순절에 성령의 임재를 통해 방언과 예언, 신유 등이 나타난 것을 이른 비 현상으로 해석하였고 오늘날 방언과 함께 예언, 신유 등 기사와 표적이 나타나는 것을 초대교회의 신앙과 부흥이 재현되는 증거로써 주님의 재림 전 말세에 부어질 늦은 비라고 생각하였다.

늦은비 운동은 방언, 예언, 방언 찬양, 신유, 축귀 등을 강조할 뿐 아니라 초대교회의 사도와 선지자의 직분을 회복시켜야 하며 임파테이션을 통해 은사를 전이할 수 있다는 주장을 하므로 전통 오순절 운동에서 멀어져 갔으며, 역설적으로 전통 오순절 교단으로부터 이단으로 정죄되었다. 늦은비 운동은 창시자 윌리엄 브랜넘이 죽은 후 역사에서 사라졌으나 1980년대 존 윔버의 빈야드 운동과 피터 와그너의 신사도 운동으로 다시 나타나게 된다.

늦은비 운동의 창시자 윌리엄 브랜넘은 한국 이단과 같은 불건전한 신앙과 사상을 가진 사람으로 그는 어릴 때부터 환상을 보는 등 기이한 영적 현상을 체험하였고, 자신을 엘리야의 영을 가진 선지자라 하였으며, 자신의 집회 때마다 천사가 동행한다고 강조하였다. 그는 천사로부터 자신이 재림하는 예수님의 길을 예비하기 위해 보내진 존재라는 음성을 듣게 되었고 1977년 휴거가 일어날 것을 예언하였다. 또한 그는 하와가 뱀과 성관계를 하여 가인이 출생했다고 하며 뱀의 씨앗으로 출생한 자들은 지옥에 떨어지지만 하나님의 씨앗인 브랜넘의 가르침을 받는 자들은 그리스도의 신부가 되는 것이 예정되어 있다고 주장하였다. 이는 한국 이단 새주파 김성도와 피갈음교리를 주장한 정득은 그리고 이후에 굵직한 한국 이단들이 하는 주장과 비슷한 것이었다.

윌리엄 브랜넘은 삼위일체 하나님에 대해 부인하였고 자신을 일곱교회에 보내진 천사라고 주장하는가 하면 LA가 태평양으로 가라앉는다는 거짓 예언으로 사람들을 불안하게 만들었다. 1965년 12월 18일 브랜넘이 교통사고로 죽었을 때 그가 처녀의 몸에서 태어난 하나님이라 믿었던 사람들은 브랜넘이 부활할 것을 기대하였다. 이단적 사상과 성경을 왜곡하였던 윌리엄 브랜넘이 인도하는 늦은비 운동의 집회에서도 방언과 예언, 성령 춤, 방언 찬양 등이 나타났다. 이러한 집회 현상은 이후에 펼쳐지는 은사주의운동, 빈야드운동, 토론토 블레싱운동, 펜사콜라운동, 신사도운동에서도 계속 나타난다.

방언은 성령의 은사가 아니다

브랜넘의 집회에 나타난 방언, 방언 찬양, 예언, 성령 춤 등이 과연 성령이 하신 일이었을까? 이단적 사상을 갖고 성경을 왜곡하고 자신을 높혔던 브랜넘의 집회에 성령이 임재하셨다고 생각하기 어렵다. 그렇다면 브랜넘의 집회에서 방언을 일으키고 방언 찬양과 예언 그리고 춤을 추게 하고 뒹굴며 소리를 지르게 했던 영적 존재는 성령이 아니라 악령일 개연성이 높다. 그리고 이러한 기괴한 집회에는 항상 방언이 등장한다. 도대체 이 방언의 영적 정체는 무엇일까?

4.
신 오순절운동과 은사주의운동

1906년 아주사 운동으로 시작된 전통적 오순절 운동은 정통 교단으로부터 50년간 이단으로 정죄되고 배척되었으나 1940년에 이르러 오순절교회에 대한 부정적 이미지가 점점 사라지고 오순절교회들이 복음주의협의회에 가입하게 되면서 오순절운동이 기독교 단체에 받아들여지게 되었다. 이를 계기로 1948년에 북미 오순절 협회가 설립되었고 1952년 캘리포니아에서 낙농업으로 성공한 사카리안은 오럴 로버츠목사의 도움을 받아 성령 충만한 사람은 부요하고 건강하며 물질적 축복을 받는다는 주장을 하며 국제순복음실업인회를 결성하였다. 순복음실업인회는 건강과 번영신학을 강조하였다.

또한 플래시스라는 사람은 오순절신학을 타 교단에 알리는 사도 역할을 하므로 미스터 오순절로 불리었다. 그는 제 2차 바티칸 공의회에 참석해 천주교의 은사주의 운동이 일어나는 데 공헌을 하였고, 그를 통해 천주교에서도 신 오순절운동이 태동하게 되었다.

방언은 성령의 은사가 아니다

신 오순절운동의 중심에는 성공회 출신 베넷 목사가 있었다. 그는 성령세례를 받기 위해 기도할 때 방언을 받게 되었고 교회에서 간증을 할 때 교회 성도들 역시 방언을 경험하면서 귀신이 쫓겨나고 치유가 나타났다. 이것이 시작점이 되어 정통 개신교 교단들이 오순절 신학을 받아들이게 되었고 기존의 오순절 교단 외에 장로교와 감리교를 비롯한 정통 교단들까지 함께하는 신 오순절 운동 또는 은사주의 운동이 태동되었다.

이는 방언운동이 1960년대까지는 오순절 계통의 교단에서만 나타났지만 베넷 신부에 의해 확산되었음을 의미한다. 방언은 이후로 침례교, 성공회, 루터교, 장로교 등의 사역자와 평신도들 사이에 급속히 확산되었고 이후 한국을 위시한 전 세계로 확산되었다. 시작부터 잘못된 방언운동이 전 세계로 확산되므로 기독교는 방언의 거대한 거짓 미혹에 휩싸이게 된 것이다.[37]

예수님의 약속으로 오순절에 성령이 임하셨다. 예수님의 지상명령이었던 예루살렘과 온 유대와 사마리아와 땅끝까지 복음을 전하기 위해 행하신 성령의 첫 사역은 언어가 소통되지 않아 복음을 전할 수 없는 디아스포라 유대인들에게 그들의 모국어로 복음이 전해질 수 있도록 사람의 말인 언어방언을 주신 것이다. 그러나 찰

---

37) 현대방언의 역사

스 펄햄-윌리엄 세이모어의 아주사집회-윌리엄 브랜넘의 늦은비운 동-신오순절, 은사주의운동에서 보듯 이들에게 임한 방언은 예수 님이 약속하신 바도 없고 복음을 전하는 성령방언에 부합한 것이 하나도 없다. 그저 방언을 사모하거나 광란의 집회를 열거나 사역 자가 안수를 하면 방언이 임한 것이 특징이며 아무도 알아듣지 못 하는 (영의) 방언이었다.

이는 이들의 방언이 성령방언이 아니며 정체를 알 수 없는 영적 존재로부터 시작되었던 고린도교회의 방언과 맥을 같이한다는 것 을 의미한다. 그리고 초대교회 이단인 몬타누스파에서 시작되어 이후 기독교 이단과 기독교 사이비, 신비주의종파들에서 계속된 방언과 맥을 같이 하고 신과 접신하는 이방신비종교의 광란의 집 회에서 이방종교 사제들이 했던 방언과 유사한 방언이다. 그러나 1900년 이후 등장한 (영의) 방언은 성령의 방언으로 자신을 포장하 여 완벽하게 기독교를 장악한다.

5.
존 윔버의 빈야드운동,
토론토 블레싱, 펜사콜라운동

(1) 존 윔버

역사 속으로 사라진 듯 보였던 윌리엄 브랜넘의 늦은비운동은 1980년대에 이르러 존 윔버가 일으킨 빈야드운동에서 다시 나타났다. 존윔버는 1970년대에 퀘이커교회 목사였다가 1974년에 플러 신학교의 교회성장연구소 연구원이 된다. 그는 성경에 나타난 기사와 표적에 관심이 깊었고 1977년 에너하임에서 빈야드교회를 개척하게 된다. 존 윔버는 불신자를 구원하고 기성 신자들을 변화시키기 위해서는 성령의 능력인 기사와 표적이 그들의 삶에 나타나야 한다고 주장하였다. 성령의 기사와 이적이 사람들에게 나타나면 기독교의 복음을 거부하던 사람들이 예수 그리스도에 대한 복음의 수용성이 높아지고 신앙이 답보 상태에 있는 기존 교회 신자들 역시 새로운 신앙을 가질 수 있다고 믿었다. 존 윔버가 말하는 하나님의 능력은 주로 성령의 기사와 이적으로 방언, 신유, 예언, 축귀 사역 등 능력사역을 말하고 있다. 존 윔버는 이후에 캔사스

시티 거짓 예언자그룹이었던 알코올 중독자이며 동성애자였던 폴 케인과 무속적 예언자 밥 존스 그리고 후에 아이합을 만드는 마이클 비클과 함께 사역을 하게 된다.

(2) 존 아놋의 토론토 블레싱

존 아놋 목사가 시작한 웃음운동인 자칭 토론토 블레싱은 또 다른 모습의 빈야드운동이었다. 존 아놋은 토론토 공항교회를 시작하였는데 기존의 빈야드운동에 비해 토론토 공항교회 집회는 더욱 강렬한 모습을 보였다. 이들은 자신들의 집회에서 나타난 격렬한 쓰러짐, 짐승 소리, 웃음, 진동, 입신, 방언 등을 성령의 역사로 주장하게 된다. 특히 이곳에서는 주체하지 못하고 웃는 이상한 웃음운동이 벌어졌는데 그들은 미친 듯이 웃어대는 것을 거룩한 웃음운동이라 칭하여 이를 토론토 블레싱이라 불렀다.

토론토 공항교회 집회에 참석한 사람들은 술에 취한 듯 몸을 가누지 못하고, 웃고, 쓰러지고, 바닥에 뒹굴고, 경련을 일으키며 소리치고, 방언을 하고, 사자처럼 울부짖거나 개처럼 짖었고 예언, 신유, 축귀 등을 행하였다고 한다. 이들의 집회와 사역을 배우기 위해 한국교회 2천여 명의 목사들이 토론토 공항교회를 방문하였다

방언은 성령의 은사가 아니다

고 한다.

(3) 펜사콜라운동

1995년 플로리다 펜사콜라에 있는 브라운스 빌 교회에서 힐 목사를 초청하여 부흥집회를 가졌다고 한다. 힐 목사가 기도하자 한사람씩 바닥에 쓰러지고 울부짖기도 하였고 진동을 하는 사람도 있었으며 바닥에 쓰러져 몇 시간을 일어나지 못하는 사람도 있었다고 한다. 또한 몸을 흔들거나 경련을 일으키고 몸을 심하게 떨기도 하고 신음하며 괴로워하였고, 어떤 사람은 통곡하며 울부짖거나 웃음을 자제하지 못하고 미친 듯이 웃었다고 한다. 빈야드운동과 토론토 공항교회에서 나타난 비슷한 종교현상이 펜사콜라에서도 나타난 것이다.

- 몸의 진동과 떨림
- 쓰러짐, 입신
- 술 취한 듯한 행동
- 춤
- 몸부림치거나 경련을 일으키는 현상
- 뒹굴기

- 웃거나 흐느껴 우는 현상
- 짐승의 소리
- 부르짖음
- 장시간 계속하여 찬송을 부르는 행위
- 방언
- 방언 찬양
- 안수와 임파테이션

존 윔버의 빈야드운동, 존 아놋의 토론토 블레싱운동, 펜사콜라 운동 등에서 공통적으로 나타난 현상이다. 이들은 자신들의 집회에 나타난 현상을 초대교회에 성령이 임하였을 때 나타난 성령임재의 현상이며 성령의 기름부으심이라고 하지만 사도행전 어디에도 이들이 벌인 광란의 난장판 집회는 나타난 적이 없다. 오직 이러한 집회 현상은 비정상적 종교집단의 광란의 집회에서는 언제든지 볼 수 있는 현상들이다. 이들의 집회 비디오를 보면 과연 이것이 성령의 임재로 인한 성령사역의 결과인지 아니면 온갖 귀신에 의해서 벌어진 전대미문의 영적 난장판인지 바로 분별할 수 있다. 이들을 정통 기독교집단이라고 부르는 사람은 이들 자신밖에 없을 것이다. 그리고 이들의 사역을 성령사역이라고 평가하는 자들도 자신들과 자신들을 추종하는 사람들밖에 없을 것이다. 이러한 집회 현상에는 언제나 방언이 그 중심에 있다.

방언은 성령의 은사가 아니다

6.
신사도운동

1940년대에 시작한 늦은비 운동은 신사도 운동에 이론과 사상의 틀을 제공하였다.

신사도 운동은 거짓예언자 그룹인 캔서스시티 예언자 그룹과 빈야드운동 그리고 지역귀신론을 주장하는 영적도해그룹이 함께하였고 마침내 2000년에 국제사도연맹이 시작된다.

신사도운동의 주창자는 피터 와그너로 그는 1993년 세계추수목회의 총재가 되었고 1999년에는 2500여 명의 예언자들과 함께 전국 예언자 학교를 세웠으며 2000년에는 존 켈리와 함께 댈러스에서 국제사도연맹을 결성하였다. 국제사도연맹에는 500명 이상의 사도들이 소속되어 있는데 국제사도연맹의 회원들은 하나님이 자신들을 사도로 부르셨고 그 직임을 감당할 수 있도록 능력을 주셨다고 주장하였다. 자신들은 초대교회의 사도직분을 계승받았기 때문에 사도적 권위가 있으며 하나님으로부터 직접 계시를 받는다고 강조한다.

이들은 성령이 나타나서서 기적과 이적을 베푸시는 것을 기름부음이라고 정의하였다. 이후 기름부음이란 용어는 기독교신자들에게 마치 성령충만과 성령의 나타남에 대한 관용구처럼 쓰여져 기름부음이라는 말을 사용하지 않는 기독교인이 거의 없을 정도다.

- **방언으로 기도하는 현상**
- **쓰러짐과 뒹굴기**
- **술 취한 듯 비틀거림**
- **혀가 풀려서 웅얼거림**
- **강력한 전기 자극을 경험하는 현상**
- **발광하면서 괴성을 지름**
- **울음**
- **금이빨**
- **금가루**
- **웃음**
- **기어다니며 경련을 일으킴**
- **진동을 일으킴**
- **온갖 짐승의 소리와 괴성을 지르는 현상**
- **방언과 방언 찬양 그리고 성령 춤 등**

이러한 현상은 신사도 운동에서도 어김없이 나타났다.

이는 이방종교 황홀경집단의 종교 행위와 몬타누스파들의 신비주의적 집회현상 그리고 아주사 운동-늦은비 운동-빈야드운동-토론토 블레싱 운동-펜사콜라 운동에서 나타난 저급한 영적 현상들이 신사도운동에서도 어김없이 나타난 것이다.

이들의 집회에서 벌어진 온갖 괴이한 영적 현상은 이들의 기대처럼 성령이 역사하신 것이 아니라 결론적으로 악령의 나타남이며 마귀의 기름부음이다. 그리고 그 중심에 항상 방언이 있다. 그러나 신사도 운동을 받아들인 전 세계의 모든 교회와 사역자들로 인해 상당수의 기독교신자들은 기이한 소리인 영의 방언을 성령의 은사로 알고 기도하고 있다. 이를 달리 말하면 거대한 방언의 영이 방언을 성령세례 혹은 성령의 은사로 전도시켜 기독교신자들로 하여금 믿게 만들고 기독교를 내부에서부터 장악하는 전략이 성공한 것을 의미한다.

초대교회 가운데 가장 부적합하고 문제가 많았던 고린도교회에서 시작된 방언 그리고 초대교회 이단이었던 몬타누스가 했던 방언과 가톨릭을 지지하고 이신칭의를 거부했던 기독교 이단 쟌센주의자들의 방언, 자칭 여자 예수 그리스도라며 무아지경으로 춤추고 노래하며 방언을 했던 마더 앤 리가 창시한 쉐이커교의 방언, 거짓 예언을 하며 방언을 했던 에드워드 어빙과 그 추종자들의 방언, 성경보다 직통 계시를 더 따랐던 퀘이커교도들의 방언, 기독교

교리를 모두 역겨운 것이며 기독교신자들은 부패한 자들이라는 계시를 받고 몰몬교를 창시한 몰몬교의 방언, 이단적 교리와 신학을 갖은 찰스 펄햄 목사의 안수를 통해 아그네스 오즈만에게 임한 방언, 믿지 아니하는 자들에게 미쳤다는 소리를 들은 윌리엄 세이모어의 아주사 방언, 성경을 부인하고 거짓 예언을 하였던 윌리엄 브랜넘의 늦은비 운동의 방언, 영적 출처를 알 수 없는 은사주의운동을 하는 신 오순절운동가들이 하는 방언, 거짓 성령사역자 존 웜버의 빈야드 운동의 방언, 광신적 웃음운동을 전개한 존 아놋의 토론토 블레싱의 방언, 하나님으로부터 비롯되지 않고 자기들끼리 사도를 뽑아 기이한 사역을 하는 신사도 운동에서 하는 방언, 한국 목회자들이 이들의 사역을 보고 배워서 한국교회에 전파한 한국교회의 방언은 모두 성령이 주신 방언이 아닌 역사상 광신주의 혹은 황홀경을 추구하는 이방종교와 기독교 이단, 사이비, 종말론과 신비주의집단의 계보를 통해 이어져 온 정체불명의 영들이 말을 하는 방언이라고 정의할 수 있다. 그렇다면 오늘날 한국교회는 이러한 방언을 장려해야 옳은 것인지 아니면 경계해야 옳은 것인지 판단하여야 한다. 방언은 기독교와 교회에서 반드시 퇴출되어야 할 마귀의 덫이다.

7.
한국교회 방언의 역사

　한국이단에서도 방언은 나타났다. 초기 이단이었던 유명화는 원산의 한 감리교회 여신도였다가 1927년경 소위 입신을 한 후부터 예언과 방언을 했다고 한다. 이후 통일교 창시자 문선명이 주관하는 집회에서도 예언, 투시, 환상, 방언 등의 현상이 나타났고 호생기도원 김종규도 방언을 하였으며 김종규 밑에서 신앙생활을 하다가 신천지 전신인 장막성전을 창립한 유재열에게도 방언이 나타났다고 한다. 휴거를 주장하여 사회적 물의를 일으킨 다미선교회에서도 많은 사람들이 방언을 하였으며 거짓 예언자 홍○○도 방언을 하였다. 또한 이○○ 목사가 주관하는 집회에서는 신의 능력과 임재를 사모하라면서 여신도들에게 나체로 춤을 추게 하였으며 방언을 중심으로 한 집회를 열었다고 한다. 이처럼 수많은 이단과 사이비 그리고 거짓 예언자와 은사주의자들에게도 방언은 어김없이 나타났다.

　이단, 사이비 집단과 기도원 등에서 나타났던 방언은 오순절운동이 한국교회를 강타하면서 오순절교단을 비롯하여 한국 기독교 모든 교단과 교파의 사역자와 성도들에게도 나타났고 방언을 옹호하는 목사들이 만들어 낸 방언에 대한 목사의 계명이 수없이 만들어졌으며 방언에 대한 목사의 계명이 만들어지는 만큼 성경이 왜곡되었고 심지어는 목사가 성도에게 방언을 전수하는 데까지 이르렀다. 그러므로 오늘날은 표면적으로는 방언을 하지 않으면 안 되는 시대, 방언이 없으면 기도하기 어려운 시대, 방언이 없으면 하나님과 영적 관계를 온전히 맺을 수 없는 시대가 되었다.

1900년대 찰스 펄햄에서 시작하여 윌리엄 세이모어의 아주사 집회, 그리고 윌리엄 브랜넘의 늦은비운동과 신오순절 은사주의운동, 존 윔버의 빈야드운동, 존 아놋의 토론토 블레싱, 피터 와그너의 신사도운동과 한국의 자생적 이단과 기도원 그리고 은사주의 영성집회와 오순절계통의 교회들을 통해 전파된 방언은 이제는 기독교를 완전히 장악하여 기독교 안에 신흥종파 방언교의 발현이라고 해도 과언이 아닐 정도의 세력을 형성하였다.[38]

---

38) 양해민, 「고린도전서 14장을 중심으로 한 방언 고찰」

11장

오순절 방언과 고린도교회 방언
그리고
현대 기독교의 방언 비교

대표적인 성경적 방언은 오순절에 성령이 주신 사도행전 2장의 방언이었다. 사도행전 2장의 방언의 특징은 성경적 방언의 특징을 완벽하게 증거하고 있다. 사도행전 1장 8절 "오직 성령이 너희에게 임하시면 너희가 권능을 받고 예루살렘과 온 유대와 사마리아와 땅끝까지 이르러 내 증인이 되리라 하시니라"는 예수님의 말씀은 성령이 이 땅에 오시는 목적을 분명하게 말하고 있다. 예수님이 약속하신 성령이 세상에 임하시면 사도들은 권능을 받아 예수 그리스도의 증인으로 성령과 함께 온 세상에 복음을 전하는 사명을 감당케 되리라는 말씀이셨다.

그러나 사람들 간의 언어의 장벽은 예수님의 복음을 땅끝까지 전하는 데 크나큰 난관이었다. 그러므로 오순절에 강림하신 성령은 방언이라는 표적을 통하여 사람들 간의 언어의 장벽을 무너뜨리고 불신 이방인들의 모국어로 복음을 들을 수 있게 하셨다. 이것이 바로 성령 방언의 완전한 핵심이다. 성령방언은 기도하는 것이 아니라 복음을 증거하는 사람의 말인 언어방언인 것이다.

방언은 성령의 은사가 아니다

1.
성령의 방언인 오순절방언의 특징

① 방언을 주는 주체는 성령이시다.
② 방언을 받는 객체는 성령이 임하여 권능을 받은 제자들이다.
③ 방언을 주시는 목적은 믿지 아니하는 자들을 위한 표적으로 언어장벽이 있는 사람들의 모국어로 복음을 전하는 것이다.
④ 방언을 받은 제자들은 자신들이 배운적도 없고, 해 본적도 없는 상대방의 모국어로 복음을 전한다.
⑤ 성령이 주신 방언의 결과는 믿지 아니하는 자들에게 복음이 전해지고 구원받은 사람들의 공동체로서 교회가 세워지는 것이다.

성령의 방언은 성령의 특별한 역사로 믿지 아니하는 다른 나라 사람에게 그 사람의 모국어로 복음을 전하는 것이다. 이러한 성령이 주신 방언은 사도행전 2장의 오순절의 방언, 10장의 고넬료 가정에 임한 방언, 19장의 에베소의 12명의 어떤 제자들에게 임한 방언을 통해 성취되었고 고린도전서 12장에서 성령의 은사로 나타난다.

2.
고린도교회 (영의) 방언의 특징

    문제는 고린도교회에서 했던 (영의) 방언이다. 바울이 고린도전서를 쓸 당시 고린도교회는 사도들이 세웠던 많은 교회들 가운데 가장 문제가 많았던 교회였다. 고린도교회는 어느 시대를 막론하고 닮아서는 안 되는 교회의 표상으로 당파와 파벌주의, 사역자를 무시하고 자신만을 높이는 교만, 교인간에 법정소송, 계모와의 간통 사건, 우상에 대한 문제, 교회 질서를 어지럽히는 여자들의 문제, 성찬의 문제, 은사에 대한 문제, 특별히 방언의 남용과 오용의 문제 그리고 부활에 대해 의심하던 교회였다. 그러므로 바울은 고린도전서 3장 1-2절에 "형제들아 내가 신령한 자들을 대함과 같이 너희에게 말할 수 없어서 육신에 속한 자 곧 그리스도 안에서 어린아이들을 대함과 같이 하노라 내가 너희를 젖으로 먹이고 밥으로 아니하였노니 이는 너희가 감당하지 못하였음이거니와 지금도 못하리라"는 말씀으로 고린도교회 교인들의 신앙을 평가하였다.

    당시 고린도교회 교인들이 했던 방언은 복음을 전하는 사람의 말인 언어방언이 아니라 영으로 비밀을 말한다는 영의 방언이었다. 만약 오늘날 방언옹호론자들의 주장처럼 영의 방언의 유익이 그렇게 많다면 가장 많이 영의 방언을 했던 고린도 교회는 성령으로 충만하고 성령의 열매를 맺는 모범적 교회였을 것이다. 그러나 영의 방언을 가장 많이 했던 고린도교회는 초대교회 중에 가장 문제가 많았던 교회였다.

고린도교회의 영의 방언의 특징은 다음과 같다.

① 방언을 주는 주체를 성령이라고 한 적이 없다. 영적 출처가 전혀 알려지지 않았다.
② 성령이 방언을 주시는 목적에서 완전히 벗어나 있었다.
③ 믿지 아니하는 자들에게 표적이 되지 않았고 오히려 미쳤다는 소리를 들었다.
④ 사람 간에 알아들을 수 있는 방언의 본질에서 벗어나 누구도 알아들을 수 없는 방언이었다.
⑤ 복음을 전해야 할 방언의 본질에서 벗어나 하나님께 영으로 비밀을 말한다고 하였다.
⑥ 교회를 세우고 교회공동체의 유익이 되어야 하는 방언의 본질에서 벗어나 교회를 혼란과 무질서하게 만들었다.
⑦ 이미 기독교를 믿고 있는 고린도교회 성도들이 복음을 전하는 언어방언을 하지 않고 아무도 알아듣지 못하는 영의 방언을 하였다.

이것이 고린도교회 교인들이 하였던 방언이었다. 바울은 당시 고린도교회 교인들이 하던 이교적 (영의) 방언에 대해 고린도전서 14장에서 완곡하게 책망하였다.

그렇다면 오늘날 한국 기독교 교회가 하고 있는 (영의) 방언의 정체는 무엇일까?

방언은 성령의 은사가 아니다

3.
한국교회 방언의 특징

① 한국교회 방언의 영적 출처는 성령이 아닌 정체불명의 영에서 비롯되었다.

② 한국교회 방언은 성령이 방언을 주시는 목적에서 완전히 벗어나 있다.

③ 불신자를 구원하는 방언의 핵심 본질에서 벗어나 복음을 한마디도 전하지 못한다.

④ 믿지 아니하는 자들을 위한 표적으로서의 본질에서 벗어나 믿지 아니하는 자들에게 조롱의 대상이 되며 미쳤다는 소리를 듣는다.

⑤ 사람 간에 알아들을 수 있는 방언의 본질에서 벗어나 누구도 알아들을 수 없는 방언으로 이방종교와 고린도교회 그리고 기독교 이단, 사이비 집단에서 했던 방언과 거의 같은 방언이다.

⑥ 복음을 전해야 할 방언의 본질에서 벗어나 하나님께 영으로 비밀을 말한다고 하고 있다.

⑦ 믿지 아니하는 자들을 위한 표적이 되는 방언의 본질에서 벗

어나 기독교를 믿는 신자들이 언어의 장벽을 쌓고 서로 알아들을 수 없는 방언을 하고 있다.

⑧ 교회를 세우고 교회공동체의 유익이 되어야 하는 방언의 본질에서 벗어나 교회를 혼란과 무질서하게 만들고 세속적 탐욕을 추구하는 신앙이 만연하게 되었다.

⑨ 방언을 책망한 바울의 권고를 무시하고 오히려 고린도전서를 왜곡하면서 성도들에게 방언의 유익을 가르치고 있다.

⑩ 목사 개인의 영적 체험을 진리화하여 목사들이 만들어낸 온갖 방언교리들로 성도들의 영혼을 미혹하고 있다.

⑪ 고대로부터 현대에 이르기까지 방언의 역사는 종교인들이 접신할 때 일어났다. 한국 기독교신자들의 방언도 정체불명의 영과 접신할 때 나타난다. 그런데 거기에 더하여 한국 기독교 방언은 목사들이 성도들에게 방언을 가르친다. 세계 종교의 방언역사에서 유래를 찾아볼 수 없는 것이다.

⑫ 타종교인들은 거의 방언기도를 하지 않는데 기독교인들은 시도때도 없이 방언으로 기도하므로 기도의 근본을 무너뜨리고 있다.

⑬ 방언기도를 오래 그리고 열심히 하면 온갖 부귀, 영화, 만사형통을 얻을 수 있다며 방언을 거의 하나님과 동일한 신격으로 높이고 있다.

성령이 주신 방언은 방언을 통해 복음이 전해지고 교회가 세워졌다. 그러나 고린도교회의 (영의) 방언은 교회를 혼란과 무질서하게 하는 데 일조하였다. 오늘날 한국교회의 방언 역시 교회와 성도들을 기독교의 본질에서 벗어나게 하고 교회를 파괴하고 있다. 한국 기독교 방언은 고린도교회의 방언을 재현하며 역사상 기독교 이단과 사이비, 신비주의와 광신자집단에서 일어난 (영의) 방언의 계보를 잇고 있다.

12장

방언의 영적 정체는
무엇일까?

1.
한국교회와 성도의 방언은
진짜일까? 가짜일까?

오순절에 성령이 임하여 역사하신 성경적 방언의 특징은 의사소통이 되지 않는 사람들에게 복음을 전하기 위해 성령이 방언이라는 특별한 표적을 행하신 것이다.

반면 사도바울이 책망하였던 고린도교회의 방언은 사람의 언어가 아닌 알아들을 수 없는 이상한 소리였다. 소위 영의 방언이다. 사람에게 해야 할 방언을 사람에게 하지 아니하고 하나님께 한다고 하였으며 복음을 전해야 할 방언의 본질에서 벗어나 하나님께 영으로 비밀을 말한다고 하였다. 이는 언어의 장벽을 무너뜨리고 복음을 전하는 성령의 방언에서 완전히 벗어난 방언이며 이교신전에서 이방신과 접신할 때 하는 신접한 소리와 방불한 것이었다. 가장 중요한 것은 오순절에 성령이 임하셔서 주신 방언은 성령께서 역사하신 것이 성경에 확실히 나와 있지만 고린도교회의 영의 방언은 성령에 의해 시작되었다는 증거가 하나도 없으며 그 방언을 준 영적 존재가 전혀 나타나 있지 않다는 것이다.

방언은 성령의 은사가 아니다

현대 한국교회를 휩쓸고 있는 방언 역시 그 출처가 성령으로부터 기인했다고 할 아무런 근거가 없다. 성도가 방언 받기를 간구하거나 사역자의 안수를 통해 또는 집회에서 함께 기도할 때 방언을 받는 경우가 있다. 이런 경우 기독교신자들은 대부분 성령이 방언의 은사를 주셨다고 생각할 뿐이다. 그러나 기독교신자들이 하는 방언은 믿지 아니하는 자들을 구원하기 위해 복음을 전하는 방언이 아니라 불신자들에게 미쳤다는 소리를 들으며 영으로 하나님께 비밀을 말한다고 한다. 그러나 십 년을 기도해도 자신의 영이 무슨 비밀을 하나님께 하고 있는지 모르는 기도이다. 또한 영으로 기도한다지만 기도자의 마음에 열매를 맺지 못하고 일만 마디를 해도 뜻 모를 무익한 방언인 것이다.

한국 기독교 신자들의 방언은 고린도교회의 영의 방언과 유사하며 이후 기독교 교회 역사에 나타난 이단과 신비주의, 사이비 집단에서 했던 방언과 맥을 같이하고 1900년 이후 미국에서 찰스 펄햄으로부터 시작하여 아주사운동-늦은비운동-신오순절운동 혹은 은사주의운동-빈야드운동-토론토 블레싱-펜사콜라운동-신사도운동 등 미국의 건전하지 못한 교회들에서 행해졌던 기이한 방언과 같은 것이다. 이와같이 방언에 대해 온전히 분별한다면 기독교인들은 방언에 대해 바른 판단력을 가질 수 있다. 그렇다면 성령이 주신 방언과 전혀 다른 방언을 하고 있는 한국 교회와 성도가 하는 방언의 영적 정체는 무엇일까? 도대체 이 방언의 영적 정체와 방언을 하게 하는 방언의 영의 목적과 의도가 무엇일까?

2.
임파테이션과 영터치를 알아야
방언의 실체를 분별할 수 있다

이 세상에는 인간과 자연만물 외에도 영적 존재인 영들이 무수히 존재한다. 영들은 보이지 않는 존재이지만 때로는 자신의 실존을 나타내기도 한다. 영적인 경험이 많은 자들은 인간과 만물에 드러난 영들의 흔적을 통해 그 존재를 알아내기도 한다. 영들은 보이지는 않지만 지, 정, 의를 갖은 존재이며 영들에게 부여된 사명과 영의 생존 목적을 위해 투쟁하는 존재이기도 하다. 이러한 영들은 사람이나 만물에 깃들어 그 생존을 도모하고 자신에게 부여된 사명을 감당하기도 한다.

중요한 것은 영들은 인간 밖에도 존재하고 인간의 몸 안에도 은밀하게 숨어 살고 있다는 것이다. 인간 밖에 있는 영들이 인간 안에 들어오면 영이 들어왔다고 한다. 영들은 인간의 생각, 감정, 말, 행동과 영적 행위, 기도, 그리고 사람과 만물과의 접촉, 사역자의 안수와 선포 기도, 열광적 종교집회 등을 통해 들어온다. 영이 들어오는 다양한 통로 가운데 사역자의 안수를 통해 영이 들어오는

방언은 성령의 은사가 아니다

것을 임파테이션이라고 부른다.

반대로 영들은 인간이 태어날 때부터 몸 안에 존재한다. 또한 인간이 살아가면서 행하는 영적 행위를 통해 몸 안에 들어와 잠복하며 숨어있기도 한다. 몸 안에 숨어 있는 영들도 인간의 생각, 감정, 말, 행동, 접촉, 종교적 행위나 기도, 사역자의 안수나 선포기도, 열광적인 종교 집회 등을 통해 인간 몸에 숨어 있던 영들이 깨어날 수 있으며 영의 존재를 드러내고 활동을 시작하기도 한다. 몸 안에 숨어 있는 영을 깨워 활동하게 하는 것을 영터치라고 한다. 영터치 된 영은 그때부터 자신의 존재를 드러내고 활동하기 시작한다.

영들은 자기와 영의 파장이 맞는 사람에게 들어가기가 가장 좋으며 영은 자신을 원하고 받아들이려는 자들에게 쉽게 들어갈 수 있다. 반대로 영과 파장이 다르거나 영을 거부하고 받아들이지 않는 자들에게는 쉽게 들어가지 못한다. 다만 꼭 들어가야 할 때는 인간보다 우월한 힘으로 인간을 제압하고 장악하여 자신의 꼭두각시로 만들어 버리기도 한다. 그것이 소위 무속에서 말하는 신병 같은 것을 일으키는 것이다.

이처럼 영은 영들의 상호작용이나 인간의 영적 행위로 인간에게 들어올 수 있고 인간 안에 숨어 있던 영들이 깨어날 수 있다. 영들이 인간 안으로 들어오든지 숨어 있는 영이 깨어나서 인간에게 영적 행위를 할 때 인간에게는 그 영들의 성격과 힘이 나타나게 된다. 인간에게 영의 성격과 힘이 나타나는 현상을 영적 현상이라고 부른다.

특별히 인간에게 은사적인 영이 들어오면 인간은 누구나 은사적 힘을 가질 수 있다. 예를 들면 예언을 하는 영이 인간에게 들어오면 누구나 예언을 하거나 점을 칠 수 있으며 병을 고치는 영이 들어오면 누구나 병을 고칠 수 있고 귀신을 쫓는 영이 들어오면 누구나 귀신을 쫓아낼 수 있다. 그래서 예언, 치병, 축귀 등은 기독교에서만 나타나는 것이 아니라 다른 종교나 신기가 강한 일반인에게도 나타난다. 이렇게 인간에게 은사적 영이 들어와서 인간이 그 영의 은사적 힘을 갖게 될 때 소위 은사가 나타났다고 하는 것이다. 기독교신자들에게 은사적 힘을 가진 영이 들어와 예언을 하거나 병을 고치거나 귀신을 축출하면 기독교신자들은 하나님께 예언의 은사, 신유의 은사 그리고 축귀의 은사를 받았다고 생각한다.

이러한 영적 원리를 바탕으로 인간에게 영이 들어오거나 혹은 인간 몸에서 깨어난 영이 인간의 성대를 잡고 말을 하면 그 소리는 인간이 들을 때는 전형적인 방언 혹은 방언기도가 될 것이다. 즉, 오늘날의 방언이란 인간에게 들어간 영 또는 인간 몸에서 깨어난 영이 인간의 성대와 몸을 잡고 영이 말을 하는 것이 바로 방언의 실체인 것이다. 그러므로 인간이면 누구나 자신 안에 있는 영들이

방언은 성령의 은사가 아니다

소리를 내어 말 또는 기도를 하면 방언을 할 수 있다. 그래서 기독교신자도, 힌두교신자도, 불교신자도, 모든 종교인과 일반인도 영적 상태에 따라 방언을 할 수 있는 것이다.

인간에게 영이 들어가거나 인간 몸에 숨어 있는 영들을 깨워 영적 행위를 하게 하는 방법으로는 영들이 들어가도록 하는 임파테이션과 몸 안의 영들을 깨우는 영터치가 있다. 이는 모두 영들이 인간의 몸에서 활동하게 하는 인간의 주술적 수단들이다. 그러므로 임파테이션을 통해 방언의 영을 들어가게 할 수 있고 영터치를 통해 몸에 있는 영들을 깨워 영들이 말을 하게 할 수 있다. 따라서 기독교인들이 하고 있는 방언은 성령이 주신 은사가 아니라 인간의 영적 조작 행위로도 나타날 수 있는 방언이라는 것을 분별해야 한다. 그러므로 이런 이치로 자신의 영적 행위나 기도 그리고 목사들의 안수기도나 선포기도 그리고 방언사모집회나 목사들이 가르치는 방언 쉽게 받는 법 등을 통해 방언이 열리는 것이다. 즉, 방언은 성령이 주실 수도 있지만 인간의 영적 행위로 터질 수도 있다는 것을 알아야 한다는 것이다. 중요한 것은 오늘날 기독교인들이 하고 있는 방언은 대부분 인간의 영적 행위로 하게 된 방언이지 성령이 주신 방언이라고 볼 수 없다는 것이다. 성령이 주신 방언은 믿지 아니하는 자들에게 그들의 나라 말로 복음을 전하는 방언이기 때문이다. 여기서 벗어난 방언은 성령이 주신 방언이라고 할 수 없다. 이를 바로 알아야 방언에 대한 온전한 분별을 할 수 있다.

3.
영의 방언의 영적 정의

이 세상 만물과 인간은 영과 물질로 구성되어 있다. 이 세상에 존재하는 영들은 생존해야 하는 존재이므로 생존의 욕망을 위해 인간을 포함한 만물 안에 깃들거나 이용하여 생존을 도모하는 존재들이다. 그러므로 이 세상은 물질계처럼 보이지만 영들이 함께 공존하는 물질계이자 영계이다. 영들은 생존의 욕망을 가진 실존하는 존재로 지, 정, 의라는 존재 양식을 가지고 인간과 만물을 이용하여 생존을 하는 것이 특징이다. 그러므로 인간과 만물은 자신에게 깃들거나 자신을 통해 생존을 도모하는 영적 존재의 에너지 변동 행위에 따라 그 실존이 좌우되는 것이 인간과 만물의 실존이기도 하다.

영적 존재의 많은 특징 중에 대표적인 특징은 영은 사람의 말이나 만물의 소리를 알아듣기도 하고 사람의 말이나 만물의 소리도 할 수 있는 존재라는 것이며 다른 피조물들을 통해 사람의 말로 사람에게 말을 할 수 있는 존재이기도 하다. 이것이 중요하다. 다시 말하면 영들은 말을 하는 존재이면서 동시에 말을 알아듣는 존

방언은 성령의 은사가 아니다

재라는 것이다.

그러므로 방언의 영적 정의는 영적 존재가 사람에게 들어와서 말을 하거나 사람 안에 숨어 있던 영이 깨어나 사람 안에서 말이나 기도를 하는 것이라고 정의할 수 있다.

인간의 말을 알아들을 수 있고 인간의 말을 할 수 있는 영적 존재가 인간에게 들어와 영의 말을 하거나 인간 안에 숨어 있던 영이 인간 몸에서 깨어나서 영의 말이나 기도를 하는 것이 한국 기독교 신자들이 하는 방언의 영적 실체인 것이다. 만약 이 정의가 맞다면 한국 기독교인들이 하는 방언은 성령의 은사가 아니라 온갖 정체불명의 영들이 기독교신자의 몸에서 하는 말이며 기도가 된다. 이는 매우 위험한 것이다.

이와 같이 방언의 영적 정체에 대해 정의가 바로 선다면 고린도 교회와 초대교회의 이단들 그리고 기독교 역사의 이단과 신비주의, 사이비 종파, 불건전한 미국 기독교 광신집단에서 일어났던 방언과 한국교회와 성도들이 하고 있는 방언에 대해 완전한 영적 분별이 서게 된다. 즉, 이들의 방언은 영이 성도 안에서 말이나 기도를 하는 것으로 복음을 전하는 성경적 방언에서 완전히 벗어난 거짓 방언인 것이다.

4.
불교, 힌두교, 무속 등 다른 종교에서
방언이 나타나는 이유?

방언의 본질은 방언이 임할 때 반드시 영적 존재가 먼저 임한다는 것이다. 이것이 방언의 핵심이며 방언의 성격을 규정하는 것이 된다.

성경의 방언은 성령이 임했을 때 시작되었다. 그리고 이교의 방언은 영과 접신되었을 때 나타났다. 이를 달리 말하면 인간에게 영이 임하여 이해할 수 없는 초월적 언어로 말을 하는 것을 방언이라고 할 수 있다. 그래서 사람들은 알지 못했던 외국어로 방언을 하기도 하였고 영으로 알아들을 수 없는 방언 기도를 하는 것이다.

방언의 본질이 인간에게 영이 임하거나 인간 몸에서 영이 깨어나 하는 말이나 기도라고 한다면 기독교신자, 불교신자, 힌두교신자, 무속인과 일반인 등 인간 안에서 영이 말이나 기도를 하면 그것이 방언인 것이다.

방언은 성령의 은사가 아니다

이와 같은 이치 때문에 기독교신자, 불교신자, 힌두교 신자, 이슬람교신자, 심지어는 민간신앙의 무속인들도 방언을 하는 것이다. 그러나 각 종교의 신자들은 자신이 방언을 할 때 자신들이 믿는 종교의 신과 합일해서 방언을 한다고 생각한다. 바로 여기에 방언의 영의 속임수가 있는 것이다. 각 종교의 신자들이 방언을 한다고 해도 자신이 믿는 종교의 신이 임해서 방언을 하는 것이 아니다.

즉, 기독교인이 방언을 했다고 해서 성령이 임한 것이 아니라는 것이다. 힌두교신자가 방언을 했다고 해서 힌두교 신이 임한 것이 아니며 불교신자가 방언을 했다고 해서 부처의 영이 임한 것이 아니라는 것이다. 그것은 영과 육으로 구성된 인간에게 이름을 알 수 없는 어떤 영이 들어오거나 인간 안에 숨어 있던 정체불명의 영이 깨어나 그 영이 말이나 기도를 하는 것일 뿐이다. 이것이 바로 방언의 실체이다.

그러나 기독교신자는 자신에게 방언의 은사가 임하면 성령이 주신 것으로 생각하고 힌두교신자는 자기가 하는 방언이 힌두교 신이 임하여 힌두교 신과 합일하여 드리는 기도라고 믿으며 불교신자는 방언을 하게 되면 부처의 영이 임하여 방언을 한다고 믿을 뿐이다. 이것이 바로 착각이며 영적 오류의 시작이다.

자신이 어느 종교의 소속이든 방언은 정체불명의 영이 인간에게 들어오거나 인간 안에 숨어 있던 정체불명의 영이 터치되어 하는 영의 말, 영의 기도일 뿐이다.

이와 같은 맥락에서 기독교신자가 방언을 하게 되었다면 그것 역시 성령이 아니라 어떤 영으로 인해 방언을 하게 된 것이다. 그러나 기독교신자는 성령으로 인해 방언을 하게 되었다고 굳게 믿는다. 그러나 실상은 어떤 영이 와서 방언을 하게 된 것인지 전혀 알지 못한다.

즉, 방언이란 정체불명의 영이 나에게 들어와서 말을 하거나 아니면 내 안에 숨어 있던 영이 깨어나 말을 하는 행위인데 나는 그 영의 정체를 알지 못하고 하나님을 믿으니까 성령이 방언의 은사를 주셨다고 믿고 방언으로 기도하고 있는 것이 방언의 본질이며 위험성이다.[39]

인간에게 영이 들어와 말을 하거나 아니면 인간 몸 안에 숨어 있던 영이 터치 되어 말을 하게 되면 인간은 누구나 방언을 할 수 있다, 그래서 기독교신자도, 힌두교신자도, 불교신자도, 무속인도 모두 방언을 하는 것이다, 이것이 다른 종교인들이 방언을 하는 이유이다. 모든 인간 특히 종교인들이 방언을 한다면 방언은 성령의 은사가 될 수 없다. 왜냐하면 방언이란 영이 인간에게 들어오거나 인

---

39) 윤선희, 『영적 현상학으로 해석하는 영분별 이야기』, 북랩

방언은 성령의 은사가 아니다

간 안에 숨어 있던 영이 터치되어 깨어나 말을 하는 것이기 때문이다. 그러므로 한국 기독교인들이 하고 있는 방언은 성령의 은사가 아니라 정체불명의 영의 말 또는 기도일 뿐이다.

5.
방언은 왜 종교인들에게 많이 나타날까?

　인간은 영육으로 구성되어 있기 때문에 인간 안에 영이 들어오거나 숨어 있던 영이 터치되어 깨어나면 그 영은 고유한 말을 하게 되는데 그것이 방언이다. 방언은 영들이 인간의 성대를 잡고 하는 소리이기 때문에 마치 인간이 하는 소리처럼 들린다. 그런데 방언은 유독 종교인들에게 많이 나타나는 것일까? 일반인들은 영을 접촉하는 종교적 행위를 거의 하지 않는다. 그러나 종교인들은 영적 행위로 인해 영과의 접촉이 많아지므로 많은 영들이 들어오기도 하고 나가기도 하고 숨어 있던 영들이 깨어나기도 한다. 이때 영들이 인간 안에 들어오거나 깨어나 말을 하게 되면 그것이 방언이므로 방언이 일반인들보다 종교인들에게 많이 나타나는 것이다.

6.
기독교 신자들에게 방언이
가장 많이 나타나는 이유?

　방언이 기독교 신자들에게 가장 많이 나타나는 이유는 무엇일까?

　영들은 자신들을 원하거나 받아들이고자 하면 쉽게 인간 몸에 들어온다. 기독교신자들은 목사님들에게 방언이 성령의 은사라고 배웠고 목사님들이 가르치는 방언에 대한 성경적 근거와 방언이 주는 영적 유익에 대해 무수히 들었고 배웠기 때문에 어떤 종교인들보다 방언 받기를 사모한다. 사실 불교나 무속인 그리고 힌두교를 비롯하여 어떤 종교인도 기독교인처럼 방언을 사모하며 간구하지 않는다. 기독교신자들만이 방언을 성령의 은사로 알고 방언 받기를 간절히 원하고 사모한다. 영들은 자신과 파장이 맞거나 자신을 사모하고 부르면 쉽게 그 사람에게 들어갈 수 있다. 기독교신자들은 다른 종교인들에 비해 방언 받기를 사모하고 방언 받기를 기도하고 방언을 받는 집회를 열고 목사님들이 안수기도를 통해 방언을 임파테이션 해주는 등 방언의 영을 초청하는 다양한 행위를 한다. 그로 인해 다른 종교인들보다 방언이 많이 나타나게 되는 것이다.

이처럼 기독교신자들이 방언을 사모하며 간구하는 종교적 행위를 할 때 정체를 알 수 없는 영이 기독교신자안에 들어가거나 기독교신자의 몸 안에 숨어 있던 영이 깨어나 영적 말을 하게 된다. 그러면 대부분 기독교신자들은 이것을 성령님이 자신에게 방언을 주셨다고 생각하게 된다. 이러한 이유로 인해 다른 종교에 비해 기독교에 방언이 유독 많이 나타나는 것이다. 많은 기독교인들이 방언을 하고 있지만 그것은 성령이 주신 은사로서 방언이 아니라 수 많은 영들이 기독교인들에게 접신되어서 방언 혹은 방언기도를 하고 있다고 해도 과언이 아니다. 그렇다면 기독교인들은 다른 종교인들보다 방언기도를 통해 많은 영들에게 접신되어 있는 상태가 되는 것이다. 성령의 은사라고 배웠고 성령이 주신 은사인 줄 알았던 방언이었기에 받으려고 했고 방언을 받은 후에는 열심히 기도 했는데 그 영적 실상은 많은 영들과 접신되어 방언을 받은 것이고 방언으로 기도하는 것이다. 이것이 대부분의 한국 기독교인들이 하고 있는 방언의 영적 실상인 것이다.

오늘날 기독교인들이 하는 방언은 사람 간의 언어의 장벽을 무너뜨리고 복음을 전하는 성경적 방언의 본질에서 완전히 벗어난 것이다. 오히려 방언을 간절히 사모하는 기독교인들에게 정체불명의 영이 들어오거나 몸 안에 숨어있던 정체불명의 영이 깨어나 말을 하는 것이다. 그러나 방언을 성령이 주시는 은사라고 가르치는 방언옹호목사들로 인해 기독교신자들은 거짓 방언을 성령의 은사로 알게 되었다. 거짓이 거짓을 낳은 미혹의 역사가 이어졌고 방언옹호목사들의 영적 어리석음으로 인해 한국 기독교신자들은 방언을 통해 수많은 영들에게 접신되는 위험에 노출되게 되었다.

7.
기도의 위험한 주술성

기도란 인간이 신에게 간구하거나 탄원하는 신앙행위이다. 기도를 하는 주체는 인간이며 기도를 받는 객체는 신으로 명명되는 영적 존재이다. 기독교신자들은 기도를 매우 중요한 신앙행위로 생각한다. 그렇기 때문에 기도를 생명처럼 여기고 열심히 한다.

기도는 생각으로, 감정으로, 말로, 행동으로 드릴 수 있다. 생각이나 감정으로 드리는 기도를 묵상기도, 침묵기도라 하고, 말로 하는 기도를 통성기도라 하며 격정적인 감정을 말로 토로하며 큰 소리를 내어 하는 기도를 부르짖는 기도라고 한다. 그리고 춤이나 상징적 몸짓으로 신에게 드리는 기도 등이 있다.

기도를 한마디로 요약하면 인간이 신에게 말을 하는 것이며 기도응답은 신이 인간의 기도대로 행동해 주는 것을 말한다. 그러나 기도응답이 올 때는 세 가지 방면에서 응답이 올 수 있다는 것을 알아야 한다.

방언은 성령의 은사가 아니다

① 신이 신의 의지대로 인간의 기도에 응답하는 경우이다. 이는 신본주의에 입각한 기도로 기독교적 기도응답이 될 것이다.
② 인간이 기도할 때 인간의 기도에 영적 존재가 조종당하거나 협박당하여 응답해 주는 경우가 있다. 이는 인간이 영들에게 자신이 원하는 것을 끌어낼수 있는 주술적 기도라고 할 수 있다.
③ 영들이 영들의 이익을 위해 인간의 기도에 응답해 주고 기도를 응답해 준 존재가 마치 하나님인양 속여서 사단의 행위를 하나님의 행위로 속게 하는 경우도 있다.

즉, 기도란 인간이 신에게 하는 종교 행위이고 영들을 접촉하는 수단이며 영들이 활동할 수 있게 하는 수단이 되기도 한다. 나아가 인간이 말이라는 기도 수단을 통해 영들에게 말을 하여 영들로 하여금 기도하는 인간이 원하는 대로 행동하게 만드는 주술 수단이라는 것도 반드시 알아야 한다.

따라서 기도란 단순히 기독교신자가 하나님께 자신의 문제를 간구와 탄원하는 종교 행위에 그치는 것이 아니라 많은 영들을 접촉하는 것이며 그 영들 가운데 어떤 영들로 하여금 기도자가 원하는 것을 하게 만드는 주술 수단이 되기도 하고 영들이 기도자가 원하는 대로 응답해 주고 하나님의 응답인 양 속이는 미혹의 덫이 되기도 한다.

기독교신자들이 기도를 할 때 악한 영이 기독교신자가 원하는 대로 응답해 주고 그것을 마치 하나님의 응답인 양 속이는 경우가 있다는 것이다. 어떤 영이 기독교신자의 기도에 마치 성령이 주시는 온갖 계시와 감동과 꿈, 환상, 은사인 것처럼 응답해 주므로 성도들은 자신들이 받은 기도의 응답과 꿈, 계시, 환상, 감동, 음성, 은사 등을 하나님이 주신 것으로 착각하게 된다. 따라서 기도는 무작정 좋은 것이 아니라 기도를 통해 악한 영의 영적 조작 행위에 무방비로 속는 경우도 많다는 것을 인식하여야 한다. 즉 기도는 악한 영의 영적 조작 행위가 일어나는 수단이 되기도 한다는 것을 반드시 알아야 한다는 것이다.

8.
방언기도의 영적 위험성

방언은 오늘날 기독교신자들이 알고 있는 것처럼 성령이 주시는 은사가 아니다. 근원을 알 수 없는 정체불명의 영이 기독교신자들에게 들어오거나 아니면 기독교신자 안에 숨어 있던 영이 어떤 영적 행위로 깨어나 말이나 기도를 하는 것이 바로 방언 혹은 방언기도이다.

그러므로 방언기도는 표면적으로는 기독교신자가 하는 기도처럼 보이지만 실상은 영이 기독교신자 안에 들어오거나 또는 숨어 있던 영이 터치되어서 기독교신자의 성대를 잡고 영이 하는 기도라는데 큰 문제가 있다. 즉, 나는 성령의 은사인 줄 알고 열심히 방언 기도를 하였는데 영적 실상은 내가 알지 못하는 정체불명의 영이 내 안에서 기도하는 것이 방언기도인 것이다. 그렇다면 기독교인들이 하고 있는 방언기도가 얼마나 위험한 것인지 반드시 인지해야 한다.

기도는 생각, 감정, 말, 행동으로 영과 접촉하는 것이며 내가 원하는 것을 영에게 전달하는 수단이 된다. 그리고 내 기도대로 영들이 조종당하여 내가 원하는 것을 얻을 수 있도록 해 주는 것이 소위 말하는 기도 응답이다. 따라서 기도란 그저 좋은 것이 아니라 어떤 경우는 인간이 영을 조작하는 주술수단이 되기도 한다는 것을 알아야 한다. 또한 반대로 영들이 나를 미혹하기 위해 적당하게 자신을 하나님인 양 속이면서 응답해 주는 대표적 미혹의 덫이기도 하다. 그러므로 기도는 양날의 칼과 같은 것이다.

그렇다면 방언기도의 영적 위험성은 무엇인가?

방언이란 영적 존재가 나에게 들어오거나 내 안에서 깨어나 말을 하는 것이다. 즉, 방언기도는 영이 나에게 접신되었다는 것이 전제가 되는 기도이다. 만약 기도가 영들을 접촉하는 대표적 수단이라면 정체불명의 영이 하는 방언기도는 한국말로 기도할 때보다 훨씬 더 많은 영들을 접촉할 수 있고 더 많은 영들을 조작할 수 있으며 방언기도를 통해 접촉된 영들이 내 안에서 마치 성령의 역사로 믿게 하는 수많은 거짓 영적 행위와 현상과 기도응답을 조작해 낼 수 있다는 점에서 정말 위험한 기도이다.

오늘날 한국 기독교인의 방언은 믿지 아니하는 자들을 위한 표적도 아니고 사람이 사람에게 말을 하여 복음을 전하는 성령이 주시는 방언의 목적에서 완전히 벗어나 있다. 대부분의 기독교 신자들은 자신이 하고 있는 방언을 성령의 은사라고 믿고 있을 뿐이지 자신도 어떤 영이 방언을 주었는지, 무슨 말을 하고 있는지 전혀 알지 못한다. 한마디로 허공을 치는 소리를 하면서 기도라고 믿고 하는 것이다. 그러나 방언의 실상은 방언을 간구하며 사모하는 기독교신자들에게 근본을 알 수 없는 정체불명의 영이 들어오거나 깨어나 그 영이 기독교신자 안에서 하는 영의 기도일 뿐이다. 그러므로 성도는 방언기도를 하면 할수록 방언기도를 통해 많은 영들을 접촉하는 영의 통로가 되고 정체불명의 영은 방언기도를 통해 성도의 몸과 마음에서 얼마든지 영적 현상과 기도응답을 조작해 낼 수 있다. 그리고 방언의 영들이 조작한 영적 현상과 기도응답을 성령이 주신 영적 현상과 기도응답으로 속게 할 수 있다. 이것이 한국 기독교 목사들과 신자들이 행하는 방언의 영적실체이며 위험성이다. 그러나 이러한 방언의 영적 실체와 위험성에 대해 말하는 사람은 없다. 오직 방언의 유익을 찬양하는 방언옹호론자들의 가르침만 있을 뿐이다.

13장

방언에 대한
80가지 Q&A

Q 성령이 주시는 방언의 완전한 정의는 무엇인가?

A 방언의 사전적 그리고 성경적 정의는 사람의 말이다. 각 나라 혹은 지역의 말로서 사람의 말이다. 이것이 성령이 주신 방언의 핵심이다. 예수님은 성령이 오실 것과 성령이 오시면 제자들이 권능을 받고 예루살렘과 온 유대와 사마리아와 땅끝까지 예수님의 증인이 되어 복음을 전하고 교회를 세우게 될 것을 약속하셨다. 예수님이 승천하신 후 10일이 지나 오순절에 성령이 오셨다. 성령이 제자들에게 임하여 주신 첫 표적이 바로 방언이었다. 성령이 주신 방언은 말을 하는 자가 배운 적도 없고, 해본 적도 없는 다른 나라의 말로 복음을 전하는 것이었고 다른 나라 사람들은 자기나라의 말로 복음을 듣는 것이었다. 따라서 성령이 주시는 방언은 언어의 장벽이 문제가 될때 방언을 통해 믿지 아니하는 자들이 복음을 듣고 구원을 받는 것이다. 그리고 이렇게 확장된 복음으로 교회공동체가 세워지는 것이 성령이 주시는 진짜 성령 방언이다.

이러한 성령의 방언은 사도행전 2장의 오순절방언, 사도행전 10장의 고넬료와 그 집안권속들에게 임한 방언, 19장의 에베소의 12명의 어떤 제자들에게 임했던 방언이었으며 고린도전서 12장에 사도바울이 열거한 성령의 9가지 은사 가운데 각종 방언 말함과 방언들 통역의 은사가 성령방언이었다. 이는 전적으로 사람의 말인 언어방언이다.

그러나 말하는 자도, 듣는 자도, 누구도 알아듣지 못하며 복음

방언은 성령의 은사가 아니다

을 전하지 못하는 방언은 성령이 주시는 방언이 아니다. 즉 사람의 말이 아닌 방언은 성령의 방언이 아니라는 것이다. 그러므로 오늘날 기독교신자들의 영의 방언은 성령이 주신 방언이 아니며 오히려 성령방언에서 완전히 벗어난 방언이라고 분별할 수 있다.

Q 방언은 성령의 은사인가?

A 바울은 고린도전서 12장 8-12절 "8어떤 사람에게는 성령으로 말미암아 지혜의 말씀을, 어떤 사람에게는 같은 성령을 따라 지식의 말씀을, 9다른 사람에게는 같은 성령으로 믿음을, 어떤 사람에게는 한 성령으로 병 고치는 은사를, 10어떤 사람에게는 능력 행함을, 어떤 사람에게는 예언함을, 어떤 사람에게는 영들 분별함을, 다른 사람에게는 각종 방언 말함을, 어떤 사람에게는 방언들 통역함을 주시나니"에서 성령의 아홉 가지 은사를 열거하고 있다. 그 가운데 각종 방언 말함과 방언들 통역함의 은사가 포함되어 있다.

바울이 고린도전서 12장에 각종 방언 말함의 은사와 방언들 통역의 은사를 적시하였기 때문에 기독교신자들은 자신들이 하고 있는 방언과 방언 통역을 성령의 은사라고 오해하고 있다. 그러나 바울이 고린도전서 12장 10절에 말한 각종 방언 말함과 방언들 통역함의 은사는 기독교인들이 하고 있는 방언과 방언통역의 은사를 말하는 것이 아니다.

바울이 말한 각종 방언 말함의 은사와 방언 통역의 은사는 사람의 말을 하는 은사와 사람의 말을 통역하는 은사를 말하는 것이지 기독교인들이 하고 있는 아무도 알아듣지 못하는 (영의) 방언을 말하는 것이 아니다.

더욱이 바울은 각종 방언을 말한다고 하였지 각종 방언으로 기도한다고 하지 않았고 방언들 통역한다고 하였지 방언기도를 통역한다고 하지 않았다.

기독교 신자들 가운데 성령방언인 언어방언을 하는 사람은 없으며 방언으로 복음을 전하는 성도도 없다. 한국 기독교 신자가 960만 명에 이른다고 한다. 그중 30%가 방언을 한다고 가정한다면 290만 명이 방언을 하고 있다고 가정할 수 있다. 그렇다면 아무리 못해도 1,000명 정도는 사람의 말인 언어방언을 해야 그나마 오늘날 방언이 성령이 주신 방언의 은사라고 근거라도 제시할 수 있지만 기독교신자 어느 누구도 사람의 말인 언어방언을 하는 사람은 한 사람도 없고 방언으로 복음을 전하는 사람도 없으며 모두가 영의 방언으로 기도하고 있다.

그렇다면 기독교신자들이 받은 방언은 성령이 주신 은사가 아니라는 결론에 이르게 된다. 그러나 기독교신자들은 자신들은 성령이 주시는 방언의 은사를 받았다고 착각한다. 바로 여기가 방언의 영이 기독교인들을 속이는 포인트이며 기독교인이 방언의 영의 덫에 걸리는 지점이 된다. 기독교신자가 자신들이 하고 있는 방언을 성령의 은사로 믿게 하는 것이 방언의 영이 기독교인에게 쳐 놓은 최고의 덫인 것이다.

정체불명의 영이 하는 방언과 방언 통역은 바울이 열거한 아홉 가지 성령의 은사 목록에는 없다. 기독교인들의 방언은 성령의 은사가 아니며 정체불명의 영들이 기독교신자안에서 하는 기이한 소리일 뿐이다.

방언은 성령의 은사가 아니다

Q 성령의 주신 방언은 말을 하는 것인가? 기도하는 것인가?

A 구약성경에는 방언이 12번 언급되어 있다. 모두 사람들의 말이다. 신약성경에도 마가복음 16장 17절에서 예수님이 예언하신 새 방언, 사도행전 2장의 오순절에 성령이 제자들에게 주신 오순절방언, 사도행전 10장의 고넬료와 그 집안사람들에게 임한 방언, 사도행전 19장의 에베소의 12명의 제자들에게 임한 방언, 그리고 고린도전서 12장의 은사로서의 방언과 방언 통역 그리고 13장과 14장의 언급된 방언은 모두 사람의 말인 언어방언을 말하고 있다. 다만 고린도전서 14장 2, 4, 14, 19, 27절에만 영의 방언이 언급되어 있다. 그리고 방언으로 기도한다는 말은 고린도전서 14장 14절 "14내가 만일 방언으로 기도하면 나의 영이 기도하거니와 나의 마음은 열매를 맺지 못하리라"에만 언급되어 있을 뿐이다.

성령이 주신 참된 방언은 사람에게 말을 하여 복음을 전하는 것이지 영의 말로 하나님께 기도하는 것이 아니다. 이는 이방종교에서 신접했을 때 하는 알아들을 수 없는 이상한 소리일 뿐이다. 그런데 기독교신자들은 자신들이 하고 있는 이교적 영의 방언을 성령이 주신 방언이라고 생각하며 매일같이 하고 있다. 누가 이러한 거대한 오류를 일으켰을까! 이는 방언을 통해 기독교신자들을 영적 파멸로 이끄는 사단의 궤계인 것이다.

Q 성경은 몇 종류의 방언을 말하고 있나?

A 　　성경은 사람의 말인 언어방언과 접신한 상태에서 무아지경에 빠져 하는 영의 말인 영의 방언 즉 두 종류의 방언을 말하고 있다. 구약과 신약성경에 언급된 대부분의 방언은 모두 사람의 말인 언어방언이다. 오직 고린도전서 14장에 등장한 방언 가운데 2, 4, 14, 19, 27절의 방언만이 영의 방언이다.

　　언어방언이란 말 그대로 사람의 말로써 언어 혹은 외국어를 의미한다. 이는 사람이 사람에게 말을 할 수 있는 언어이며 의사소통이 되기 때문에 알아들을 수 있다. 만약 의사소통이 되지 않는 경우는 통역을 통해 가능케 할 수 있는 방언이다. 언어방언은 구약에 기록된 모든 방언이며 나아가 신약성경에서도 마가복음 16장, 사도행전 2장, 10장, 14장, 19장에 등장하는 방언이다. 또한 은사장인 고린도전서 12장과 사랑장인 13장의 방언도 모두 언어방언이며 요한계시록에 언급된 방언은 말이라기보다는 나라, 민족, 열국, 백성 등의 의미로 쓰였다. 다만 고린도전서 14장에는 방언이라는 단어가 15번 등장하는데, 김승진 교수님은 『성경이 말하는 성령뱁티즘과 방언』에서 고린도전서 14장에 언급된 방언 중에 2, 4, 14, 19, 27절을 영의 방언으로, 5(두 번), 6, 13, 18, 21, 22, 23, 26, 39절을 언어방언으로 분류하면서 고린도전서 14장에 나오는 두 종류의 방언에 대한 바른 분별을 하지 않고 모두 방언이란 한 단어로 번역을 했기 때문에 오늘날 한국 기독교에 많은 혼란을 초래했다고 지적

210　　　　　　　　　　　　　　　　　　　　방언은 성령의 은사가 아니다

하였다.[40]

　신 구약성경은 방언을 두 종류로 구분하고 있다. 하나는 언어방언으로 이는 성경이 말하는 진짜 방언이다. 또 하나는 영의 방언으로 오직 고린도전서 14장에서만 일부 언급되어 있다. 그러나 고린도전서 14장에 언급된 영의 방언은 교회공동체의 유익을 위해 주신 성령의 은사가 아니라 오히려 고린도교회를 혼란과 무질서에 빠지게 한 방언이다. 바울은 고린도전서 14장에서 영의 방언을 성령의 은사라고 한 적이 없고 오히려 교회에서 퇴출되어야 할 이교적 행습으로 보았으며, 영의 방언의 무익함을 예언과 비교하며 완곡하게 비판하고 책망하였다.

　그런데 기독교 방언옹호자들은 바울이 책망한 (영의) 방언을 바울이 말하기를 원했다고 가르치며 거기에 더해 자신이 체험한 방언의 유익을 교리화하여 성도들에게 가르치고 있는 실정이다. 바울은 교회와 성도를 위해 (영의) 방언을 퇴출시키려 하였는데 한국교회 목사들은 오히려 (영의) 방언을 장려하며 심지어는 목사가 성도들에게 방언 받는 법을 가르치고 방언으로 성경을 읽으라고 하며 나아가 잠자리에 들 때까지 수시로 방언으로 기도하라고 가르치고 있다.

---

40)　김승진, 『성경이 말하는 성령뱁티즘과 방언』, CLC

성경이 거부한 (영의) 방언을 목사들이 성도들에게 권장하고 있는 것이다. 성경은 성령이 주신 진짜 언어방언과 이교적 행습을 답습한 고린도교회의 영의 방언 두 종류의 방언을 말하고 있다. 한국 기독교의 방언은 고린도교회의 방언과 유사한 영의 방언이지 사람의 말로 복음을 전하는 성령이 주시는 방언이 아니다.

방언은 성령의 은사가 아니다

Q   바울은 고린도전서에서 방언의 유익을 말했나? 책망하였나?

A   27권의 신약성경 가운데 바울이 쓴 것은 총 13권이다. 바울이 쓴 서신서에 방언이 등장하는 것은 고린도전서 12장, 13장, 14장뿐이다.

바울이 유대인의 온갖 핍박 속에서 1년 6개월 동안 복음을 전하여 개척한 교회가 고린도교회이다. 그러나 바울이 고린도교회를 떠난 후 고린도교회는 많은 문제들이 생겨났고 그 문제들을 바로잡기 위해 쓴 것이 고린도전서이다. 당시 고린도교회에는 당파와 파벌의 문제, 계모와 동침하는 음행의 문제, 세상 법정에서 신자들 간에 소송문제, 매춘과 동성애의 문제 그리고 혼인에 관한 문제, 우상의 제물에 관한 논란들, 성령의 은사의 남용과 오용 가운데 특히 방언의 남용과 오용의 문제가 심각하였고, 부활을 의심하고 다른 복음을 전하는 사람들을 받아들이며 심지어 바울의 사도권을 의심하였다.

특히 고린도전서 12-14장을 통해 고린도교회가 은사로 말미암아 많은 문제가 생겼음을 알 수 있다. 고린도교회 교인들은 은사를 남용하였고 방언을 최고의 은사로 여기며 공예배에서도 방언을 과도하게 사용한 것으로 보인다. 바울은 고린도교회 교인들의 은사 남용과 방언에 대한 잘못된 오해를 바로잡기 위해 고린도전서

12-14장을 기록한 것으로 보인다.

당시 고린도교회 교인들의 방언이 유익이 많고 교회공동체에 선한 영향력을 주는 것이었다면 고린도교회는 성령의 열매를 맺는 가장 모범적인 교회였을 것이다. 그러나 방언기도를 많이 하며 온갖 방언의 유익을 자랑했던 고린도교회는 바울에게 육신에 속한 자라는 책망을 받는다. 고린도전서 3장 1-2절에 "1절 형제들아 내가 신령한 자들을 대함과 같이 너희에게 말할 수 없어서 육신에 속한 자 곧 그리스도 안에서 어린아이들을 대함과 같이 하노라 2내가 너희를 젖으로 먹이고 밥으로 아니하였노니 이는 너희가 감당하지 못하였음이거니와 지금도 못하리라" 바울이 볼 때 고린도교회 교인들은 육신에 속한 자였고 신앙이 어린아이와 같은 자들이었으며 영적으로 깊은 차원의 것을 받아들이기 힘든 나약한 수준이었다. 또한 바울은 고린도전서 14장 20절에 "형제들아 지혜에는 아이가 되지 말고 악에는 어린아이가 되라 지혜에는 장성한 사람이 되라"고 권면하고 있다.

초대교회 가운데 유일하게 방언을 하였던 고린도교회는 미숙하고 어린아이 같은 교회였고 육신에 속한 교회였으며 가장 문제가 많았던 교회였다. 그렇다면 이러한 고린도교회에서 했던 방언을 바울이 장려하고 권장하였는지 아니면 해서는 안 될 것으로 비판하였는지 쉽게 판단할 수 있다.

방언은 성령의 은사가 아니다

고린도전서 14장 27-28절 "27만일 누가 방언으로 말하거든 두 사람이나 많아야 세 사람이 차례를 따라 하고 한 사람이 통역할 것이요 28만일 통역하는 자가 없으면 교회에서는 잠잠하고 자기와 하나님께 말할 것이요"

고린도전서 14장 27-28절 말씀은 (영의) 방언의 무익함을 지적한 것이다. 이를 해석하면 당시 (영의) 방언으로 말하는 자들은 (영의) 방언이 통역이 된다고 주장을 한 듯하다. 그것을 바울이 인용하면서 만약 (영의) 방언으로 말하거든 두 사람 혹은 세 사람이 차례대로 하고 그중 한 사람이 통역을 해 보아라, 그러면 (영의) 방언을 통역할 수 없다는 것을 알게 되어 서로가 증인이 될 것이다. 그러므로 영의 방언을 통역하지 못한다면 교회에서는 하지 말고 그토록 기도하길 원한다면 집에서 너희가 원하는 대로 영으로 하나님께 마음껏 기도하라고 비꼬는 구절이다. 이는 영의 방언의 무익함과 방언 통역이 근본적으로 되지 않는다는 것을 우회적으로 비판한 것이다.

이처럼 바울은 고린도전서에서 (영의) 방언을 지지하고 권장한 적이 없다. 오히려 (영의) 방언의 무익함을 예언과 비교하며 비판하였다. 그런데 방언옹호론자들은 바울이 방언을 지지한 것처럼 성도들에게 권장하고 성경에도 없는 온갖 방언의 유익을 만들어 내며 방언을 부추기고 있다.

Q 예수님, 누가, 바울의 방언은 무엇인가?

A 방언이란 사람의 말이다. 사람의 말을 다르게 표현한 것이 방언이다. 따라서 방언은 사람의 말이지 영적 존재가 하는 말이 아닌 것이다. 성경에 나오는 방언도 사람의 말을 의미하지 영적 존재가 하는 소리라고 하지 않는다. 오히려 성경에 등장하는 영적 존재들은 하나님도, 마귀도, 천사들도 모두 사람이 알아들을 수 있는 사람의 말이나 꿈, 환상 등으로 뜻을 계시하였지 영적 존재의 말로 사람에게 계시한 적은 한 번도 없다. 그러므로 영적 존재의 실제 언어를 들어 본 사람은 이 세상이 존재한 이후로 단 한 명도 없을 것이다. 도대체 영적 존재는 어떤 소리로 말을 하는지 그것을 아는 사람은 아무도 없다. 왜냐하면 영적 존재는 사람의 말로 자신을 드러내기 때문이다.

이처럼 영적 존재도 인간의 언어로 인간에게 계시하는데 기독교 신자는 자기도 모르는 이상한 소리로 하나님께 기도를 하고 있는 것이 기독교인들의 방언기도의 실체이다.

예수님은 마가복음 16장 17절에 믿는 자들이 "새 방언"을 말할 것을 예언하셨다. 예수님이 말씀하신 새 방언이란 사람의 말을 의미한다. 즉 사람의 말로써의 방언인데 새로운 말을 하게 될 것이라는 표현을 새 방언이라고 한 것이다. 예수님이 말씀하신 새 방언은 사도행전 2장, 오순절에 성령 강림으로 성취되었다.

방언은 성령의 은사가 아니다

오순절에 성령이 주신 방언은 제자들이 해본 적도 없고, 배워 본 적도 없는 다른 나라 사람의 언어였다. 제자들은 오순절 절기를 지키러 온 15개국의 디아스포라 유대인들의 각 나라 말로 복음을 전했고 디아스포라 유대인들은 자기 나라의 말로 복음을 듣게 되었다. 복음을 듣고 회심한 사람들은 자신들의 모국으로 돌아가 예수 그리스도의 복음을 전파하므로 복음은 순식간에 온 세계로 전파된다. 오순절에 성령이 주신 방언은 언어방언으로 사람이 사람에게 말을 하는 방언이었지 영적 존재와 인간이 합일하여 무아지경에서 내는 (영의) 방언이 아니었으며 (영의) 방언기도는 더더욱 아니었다. 그러므로 오순절 성령 강림으로 인한 방언의 표적은 마가복음 16장 17절에 예수님이 약속하신 "새방언을 말할 것"이라는 예언이 성취된 사건이었고 복음이 세상에 전파되는 첫 시작을 알리는 사건이었다.

또한 사도행전 10장의 고넬료와 그 집안사람들에게 임한 방언도 언어방언으로 사람이 사람에게 말을 하는 것이지 영적 존재와 합일하여 영이 소리를 내는 (영의) 방언이 아니었고 영으로 방언기도를 하는 것이 아니었다. 사도행전 10장의 고넬료와 그 집안사람에게 임한 방언은 하나님이 이방인에게도 성령을 주시고 구원을 베풀어 주셨음을 상징적으로 나타내는 사건으로 구원이 유대인에게만 머물지않고 이방인에게도 확장되는 것을 의미하였다. 고넬료와 그 집안사람에게 성령이 주신 방언도 사람이 사람에게 말을 하는 방언이며 복음이 전해지고 교회가 세워지는 역할을 하는 방언이었다.

사도행전 19장, 에베소에 12명의 어떤 제자들에게 임한 방언 역시 사람이 말을 하는 언어방언이었다. 이 역시 성령의 주권대로 바울의 안수를 통해 12명의 제자들에게 베푸신 언어방언으로 이는 복음이 소아시아 지역에서 그리스와 유럽으로 확장되는 시작을 알리는 것이었다.

따라서 예수님이 마가복음 16장에서 말씀하신 새 방언과 누가가 쓴 사도행전 2장, 10장, 19장의 방언은 모두 사람이 사람에게 말을 하여 복음을 전하는 언어방언을 말한다.

사도바울은 그가 쓴 13권의 서신서 가운데 고린도전서와 로마서 그리고 에베소서에 은사에 대해 기록하였다. 그러나 방언에 대해 언급한 것은 유일하게 고린도전서뿐이다.

고린도전서 12장에서 성령이 주시는 은사인 각종 방언 말함과 방언통역이란 오늘날 기독교신자들이 하고 있는 (영의) 방언과 (영의) 방언의 통역를 말하는 것이 아니라 사람의 말인 언어방언과 언어방언을 통역하는 것을 말한다. 이는 예수님이 말씀하신 새 방언과 누가가 사도행전에 2장, 10장, 19장에 기록한 성령이 주신 언어

방언은 성령의 은사가 아니다

방언과 같은 것이다. 그러나 안타깝게도 기독교신자들은 자신들이 하고 있는 (영의) 방언을 성령이 주시는 방언의 은사로 오해하고 있다.

바울이 고린도전서 13장에 두 번 언급한 방언도 사람의 말을 뜻하는 것이지 영의 방언과 영의 방언기도를 언급한 것이 아니다.

그리고 고린도전서 14장에 이르러 언어방언과 영의 방언이 등장하는데 성경이 이를 구분하여 번역하지 않고 모두 방언으로 번역하므로 오늘날 성도들이 (영의) 방언이 성령이 주시는 것이며 많은 유익이 있다고 믿게 된다. 그러나 고린도전서 14장에서 바울은 당시 고린도교회의 (영의) 방언을 하는 자들의 말을 인용하며 (2절, 4절, 14절 등) 그들을 우회적으로 비판하고 그들이 하던 (영의) 방언은 무익하며 교회를 혼란스럽게 하고 어지럽게 하는 것으로 판단하였다.

따라서 예수님과 누가 그리고 바울이 정의한 방언은 사람의 말이었으며 언어방언이었다. 이는 사람이 다른 사람에게 말을 하여 복음을 전하는 방언이었다. (영의) 방언에 대해서는 예수님과 누가는 한 번도 말하지 않았다. 바울만이 고린도교회를 혼란과 무질서하게 만든 (영의) 방언을 비판하고 책망하기 위해 고린도전서 14장 2, 4, 14, 19, 27절에서 유일하게 언급하였을 뿐이다.

결론적으로 예수님과 누가, 바울은 모두 같은 방언을 말하고 있다. 그것은 다른 나라 사람에게 복음을 전하는 사람의 말인 언어방언이다. 그런데 오늘날 기독교신자들은 예수님과 누가, 바울이 언급한 언어방언은 하지 못하고 이교적 (영의) 방언을 성령의 은사와 성령세례의 증거로 믿고 열심히 하고 있다.[41)]

---

41) 김승진, 『성경이 말하는 성령뱁티즘과 방언』, CLC

방언은 성령의 은사가 아니다

고린도전서 14장 2절, 4절, 5절, 6절, 13절, 14절, 15 절, 18절, 26절, 39절은 무엇을 말하는가?

A 고린도전서 14장은 방언과 예언을 비교하면서 사람 간에 소통이 되지 않는 방언의 무익함을 교회공동체에 유익을 주는 예언과 비교하여 설명하고 있다. 나아가 바울은 방언이 교회의 질서를 혼란스럽게 하고 성도들에게도 무익한 것이므로 교회에서는 하지 말라고 권고하고 있다. 그런데 오늘날 방언 옹호자들은 오히려 고린도전서 14장의 일부 방언 구절을 바울이 마치 방언을 옹호한 것처럼 호도하고 심지어는 자신들이 방언을 통해 체험한 영적 체험을 지지하기 위한 근거로 내세우기도 한다.

그렇다면 방언 옹호자들이 (영의) 방언을 옹호하기 위해 내세우는 고린도전서 14장, 방언에 대한 구절들이 과연 방언의 유익을 이야기하는지 아니면 방언의 무익함을 말하고 있는지 바르게 분별을 해야 한다.

① 고전 14:2-3절

"방언을 말하는 자는 사람에게 하지 아니하고 하나님께 하나니 이는 알아 듣는 자가 없고 영으로 비밀을 말함이라 그러나 예언하는 자는 사람에게 말하여 덕을 세우며 권면하며 위로하는 것이요"

고린도전서 14장 2절은 방언옹호론자들이 방언의 유익을 말할 때마다 반드시 내세우는 구절이다. 그들은 자신들이 하는 방언을 사람에게 하는 것이 아니라 하나님께 하는 것이며 알아들을 수 없어도 하나님께 비밀을 말하는 것이라고 주장한다. 그러므로 방언을 알아듣지 못한다 해도 영으로 하나님께 비밀을 말하고 있으니 쉬지 말고 기도해야 한다고 가르치고 있다.

그러나 고린도전서 14장 2절이야말로 바울이 당시 고린도교회에서 행해졌던 방언과 그것을 본받은 현대 한국교회의 방언에 대해 비판하는 대표적 말씀이다.

고린도전서 14장 2절은 바울이 한 말이 아니라 고린도교회 교인들이 방언에 대해 했던 말을 바울이 인용한 것이다. 고린도교회 교인들 중 방언을 하던 자들은 자신들이 하는 방언은 사람에게 하지 아니하고 하나님께 한다고 주장하면서 자신들의 방언은 알아듣는 자가 없으나 영으로 비밀을 말한다고 했던 것 같다. 바울은 그들의 말을 인용하여 너희들은 방언이 사람에게 하지 아니하고 하나님께 영으로 비밀을 말한다고 주장하지만 예언은 사람에게 말을 하여 덕을 세우고 권면하고 위로하는 것이니 예언이 방언보다 가치가 있음을 말하고 있는 것이다.

방언은 성령의 은사가 아니다

방언과 예언은 원래 모두 사람에게 말을 하는 것이다 그러나 당시 고린도 교회 교인들이 방언은 사람에게 하지 않고 하나님께 영으로 비밀을 말한다고 한 것을 바울이 사람에게 말을 하여 덕을 세우는 예언과 비교하여 방언의 무익함을 비판한 대표적 말씀이다.

고린도교회 교인들이 했던 방언은 사람에게 해야 할 방언을 하나님께 하였고 복음을 전해야 하는 방언을 하나님께 영으로 비밀을 말한다고 주장하였다. 이는 고린도교회 교인들이 했던 방언이 성령이 주신 방언에서 완전히 벗어난 방언임을 스스로 자인한 것이다. 성령이 주시는 방언은 사람에게 말을 하여 복음을 전하는 것이다. 바울은 고린도전서 14장 2절에서 당시 고린도교회 교인들이 했던 말을 인용하여 그들의 방언을 우회적으로 비판하고 책망하였다. 그러나 고린도전서 14장 2절은 방언옹호목사들에 의해 방언의 경전으로 사용되고 있으며 방언을 성령 방언으로 호도하는 데 가장 많이 사용하는 성경 구절로 성도들에게 가르쳐지고 있다.

방언의 한계는 방언을 하는 사람도, 듣는 사람도 모두 알아듣지 못하는 것이다. 결정적 문제는 복음을 단 한마디도 전하지 못한다는 것이다. 그러므로 무익하고 가치가 없는 것이다. 방언을 하는 자들은 그 한계와 약점을 감추기 위해 영으로 하나님께 비밀을 말한다고 변명하지 않았나 싶다. 고린도교회가 가장 문제가 많은 교

회였다는 것이 고린도교회의 방언이 무익한 방언이었음을 반증한
다. 자기도 무슨 말을 하는지 모르는 방언을 하면서 자기도 모르
는 영의 비밀을 하나님께 말하고 있다는 전제 자체가 이상한 것이
다. 고린도전서 14장 2절의 올바른 해석을 통해 고린도교회의 방
언과 맥을 같이하는 한국 기독교인들의 방언도 성령의 방언에서
벗어나 있음을 분별해야 한다.

② 고전 14:4

> "방언을 말하는 자는 자기의 덕을 세우고 예언하는 자는 교회
> 의 덕을 세우나니"

고린도전서 14장 4절 역시 방언옹호론자들이 인용하는 대표적
성경구절이다. 그들은 방언을 말하는 자는 마치 집을 건축하듯 자
신의 믿음, 신앙, 영성등 신앙의 집을 세우므로 방언을 받아야 하
며 방언기도를 많이 해야 한다고 주장한다.

그러나 "방언을 말하는 자"라는 표현에서 보듯 4절에 나오는 방
언은 방언을 말하는 것이지 방언으로 기도하는 것이 아니다. 또한
고린도전서 14장 4절 "방언을 말하는 자는 자기의 덕을 세우고"라
는 이 말씀도 고린도전서 14장 2절과 같이 당시 방언을 하는 고린

방언은 성령의 은사가 아니다

도교회 교인들이 한 말을 인용한 것이다. 성령이 은사를 주신 목적은 하나님께 영광을 돌리고 타인에게 봉사하고 교회공동체를 위해서 주신 것이다. 그러나 방언을 하는 자들은 교회의 덕을 세우지 않고 "자기의 덕을 세운다"고 하였다. 그러므로 바울은 당시 영의 방언자들이 "방언은 자기의 덕을 세운다는 말"을 인용하여 방언을 말하는 자들은 자기의 덕을 세운다고 주장하지만 예언은 교회의 덕을 세운다고 하면서 성령이 은사를 주신 목적에서 벗어난 방언의 무익함을 예언과 비교하여 책망하고 있는 것이다.

③ 고전 14:5

"나는 너희가 다 방언 말하기를 원하나 특별히 예언하기를 원하노라 만일 방언을 말하는 자가 통역하여 교회의 덕을 세우지 아니하면 예언하는 자만 못하니라"

5절 역시 방언옹호론자들이 내세우는 대표적인 구절이다. 그들은 바울도 고린도교회 성도들이 방언 말하기를 원했으니 오늘날 성도들도 방언 받기를 사모해야 한다고 주장한다. 그러나 5절의 방언도 방언을 말하는 것이지 기도하는 것이 아니다. 5절에서 바울이 "다 방언 말하기를 원한다고" 했을 때 방언이란 언어로서 사람의 말을 의미한다. 그렇기 때문에 이어서 방언을 말하는 자가 통역하여 교회의 덕을 세우지 못한다면 예언하는 자만 못하다고 한 것이다. 통역이란 의사소통이 안 되는 사람들의 언어를 소통이 되도록 하는 것이다. 그러므로 5절의 방언은 외국어이며 이러한 외국어를 통역하여 서로 의사소통이 되어야만 교회의 덕을 세우는 것을 의미한다. 그러나 외국어로서 언어방언도 통역이 되지 않는다면 교회의 덕을 세우지도 못하므로 의사소통이 되는 예언하는 자만 못하다고 말하고 있는 것이다. 즉, 언어로써의 방언도 의사소통이 되지 않는다면 교회의 덕을 세우는 예언의 은사만 못하다는 것을 바울이 말하고 있는 것이다. 그렇다면 영의 방언은 통역이 아예 불가능한 영들이 하는 말에 불과하기 때문에 교회의 덕을 세우지도 못할 뿐 아니라 예언적 역할도 전혀 할 수 없는 무가치하고 무익한 것을 역설적으로 말하고 있는 것이지 성도들이 다 방언하기를 원한다고 한 것이 아니다.[42]

④ 고전 14:6

"그런즉 형제들아 내가 너희에게 나아가서 방언으로 말하고 계시나 지식이나 예언이나 가르치는 것으로 말하지 아니하면 너희에게 무엇이 유익하리요"

---

[42] 김승진, 『성경이 말하는 성령밥티즘과 방언』, CLC

방언은 성령의 은사가 아니다

바울은 6절에서도 방언으로 말한다고 하였지 방언기도를 하였다고 한 것이 아니다. 또한 6절의 방언은 외국어로서의 언어 방언이다. 이를 다시 말하면 내가 의사소통이 되지 않는 외국어로 말하고 계시나 지식이나 예언이나 가르치는 것으로 하지 않는다면 너희들에게 무엇이 유익하겠는가 하는 말이다.

외국어로서의 방언도 통역이 되지 않는다면 교회를 위해 아무 유익이 되지 않는데 자신들도 알아듣지 못하면서 하나님께 영으로 비밀을 말한다는 영의 방언이 교회공동체나 성도에게 어떤 유익이 있겠느냐는 반문이 내포되어 있는 것이다.

⑤ 고전 14:13

"그러므로 방언을 말하는 자는 통역하기를 기도할지니"

고린도전서 14장 13절의 방언도 "방언을 말하는 것"이다. 사람의 언어를 말한다. 그러므로 통역하기를 기도해야 하는 것이다. 고린도지역은 항구 도시로 무역을 위해 많은 외국인들이 모여드는 곳이고 안전 항해와 풍요를 위해 다양한 우상을 섬긴 종교의 만신전과 같은 곳이었다. 고린도교회 역시 유대인들을 비롯하여 헬라인 등 이방인들로 구성된 교회였다.

이처럼 고린도교회는 각국에서 모인 외국인들로 구성된 교회로 각자 자국어로 말을 하면 서로 알아들을 수 없는 외국어였기 때문에 의사소통이 되지 못하였다. 그래서 바울은 통역하기를 기도하라고 한 것이다. 그러나 고린도교회 교인들이 했던 영의 방언은 통역 자체가 불가한 소리인데도 고린도교회에 영의 방언을 하던 자들 가운데 영의 방언을 통역하는 자들이 있었던 것 같다.

통역이란 언어가 소통이 되지 않을 때 언어의 소통이 가능하도록 하는 것이다. 사람의 말이 아닌 이 세상에 어떤 소리나 동물의 소리도 통역을 할 수 없다. 오직 사람의 언어만 통역이 가능한 것이다. 그렇다면 고린도교회에 방언을 통역하려고 했던 자들이나 오늘날 방언옹호론자들이 영의 방언을 통역한다는 전제는 잘못된 것이다. 그들은 방언은 하나님께 영으로 비밀을 말한다고 한다. 만약 방언으로 하나님께 영으로 비밀을 말한다면 하나님께 비밀을 말한 것이기 때문에 사람에게 통역하여 비밀을 노출시킬 이유가 없는 것이다. 그들은 (영의) 방언에 대해 한편으로는 영으로 비밀을 말하는 놀라운 기도라고 하면서 또 한편으로는 통역을 하라고 성도를 가르치고 있다. 앞뒤가 맞지 않는 것이다. 그리고 한 사람의 방언을 여러 사람이 동시에 통역할 때 통역이 다르다. 이는 방언이 통역이 될 수 없는 것을 반증하는 것이다. 방언을 통역한다는 전제 자체가 성립될 수가 없는데 방언 통역이라는 말이 고린도교회에나 한국 교회에서 신앙행태로 자리잡고 있는 것이다.

방언은 성령의 은사가 아니다

⑥ 고전 14:14

"내가 만일 방언으로 기도하면 나의 영이 기도하거니와 나의 마음은 열매를 맺지 못하리라"

고린도전서 14장 14절은 성경 전체를 통틀어 방언이 기도라고 표현된 유일한 곳이다. 그러므로 방언옹호론자들이 방언기도가 영이 드리는 기도이며 혼적인 한국말 기도보다 우월하다는 것을 설명하기 위해 내세우는 대표적 성경구절 중 하나이다. 그러나 14절도 당시 고린도교회 교인들이 방언은 나의 영이 기도한다고 하는 말을 바울이 인용한 것이다. 만일이라는 단어는 바울이 방언으로 기도하지 않았다는 것을 보여 준다. 바울은 만일이라는 가정법을 사용하여 바울 자신이 만일 영의 방언을 하는 자들처럼 방언을 한다면 그들의 말처럼 영으로 기도한다고 하겠지만 마음의 열매를 맺지 못할 것을 강조한 것이다. 그러므로 영으로 기도한다지만 마음의 열매를 맺지 못하는 것에 대해 이어지는 15절에서 답을 한다.

⑦ 고전 14:15

"그러면 어떻게 할까 내가 영으로 기도하고 또 마음으로 기도하며 내가 영으로 찬송하고 또 마음으로 찬송하리라"

바울은 14절에 당시 고린도 교회에 영의 방언을 하던 자들의 말을 인용하며 "내가 만일 너희들의 말처럼 방언으로 기도를 한다면 너희들의 말처럼 나의 영이 기도할지는 모르겠지만 나의 마음은 열매를 맺지 못한다"고 하였다. 그리고 14절을 이어받아 15절에 "그러면 어떻게 해야 옳지?"라고 자문을 하면서 바울은 영으로 기도하고 또 마음으로 기도하며 영으로 찬송하고 마음으로 찬송하겠다고 결단한다.

　　바울은 아무도 알아듣지 못하고 오직 하나님께 영으로 비밀을 말한다는 (영의) 방언으로 기도 하지 않고 오직 영과 마음이 합일된 상태에서 전 인격적으로 하나님께 기도하고 찬송하겠다는 다짐을 하고 있는 것이다. 이는 우회적으로 당시 영의 방언으로 기도하던 고린도교회 교인들의 기도행태를 비판하고 있는 것이다. 그런데 오늘날 방언옹호론자들은 한국말 기도는 혼적인 기도이고 풍성한 영적 열매를 맺기에는 한계가 있는 기도이지만 방언기도는 비록 못 알아들어도 우리 영은 풍성한 열매를 맺을 수 있으니 방언기도를 더욱 많이 해야 한다고 권장한다. 방언옹호론자들은 무슨 근거로 한국말 기도가 혼적인 기도이며 한계가 있는 기도이고 방언이 풍성한 영적 열매를 맺을 수 있다고 하는지 모르겠다. 그렇다면 예수님이 가르쳐 주신 주기도문도 혼적인 기도이며 한계가 있는 기도인지 답해야 할 것이다. 이들의 주장은 방언으로 기도하면 마음에 열매를 맺지 못한다고 한 바울의 가르침을 애써 외면하는것이다.

⑧ 고전 14:18

"내가 너희 모든 사람보다 방언을 더 말하므로 하나님께 감사하노라"

고전 14장 18절 말씀 역시 방언옹호론자들이 방언의 유익을 설명하는 대표적 구절이다. 그들은 바울이 다른 사람들보다 방언기도를 더 많이 하였으니 방언기도는 성도의 신앙에 유익한 것이라고 설명하고 있다. 그러나 본문의 말씀은 바울이 다른 사람보다 방언을 더 말한다고 하였지 기도한다고 한 것이 아니다. 더욱이 본문에서 바울이 더 많이 말했다고 하는 방언은 영의 방언이 아니라 사람의 말인 언어방언을 말하고 있다. 즉, 여러 나라의 말을 다른 사람들보다 많이 할 수 있는 것을 하나님께 감사한다는 말이다. 그것을 방언이라는 말로 한정하여 번역하므로 혼란이 야기된 것이다.

바울은 아람어, 헬라어, 라틴어 그리고 다수의 지역 언어 등 다양한 외국어를 구사할 수 있었다. 그렇기 때문에 소아시아 지역, 마케도니아와 남부 그리스 지역, 로마와 스페인 등을 다니며 복음을 증거하고 교회를 세울 수 있었던 것이다. 하나님이 바울을 이방인의 사도로 부르신 것도 바울이 유대인으로 율법에 정통한 바리새인이며 동시에 로마 시민권자로 각국의 언어를 구사할 수 있는 문화적 배경으로 인해 세우셨다고 생각해 볼 수 있다. 그러므로 바울은 자신에게 많은 외국어를 할 수 있는 은혜를 베푸신 하나님 께 감사하다고 고백하고 있는 것이지 바울이 오늘날과 같은 (영의) 방언을 많이 했다는 말이 아니다.

⑨ 고전 14:26

"그런즉 형제들아 어찌할까 너희가 모일 때에 각각 찬송시도 있으며 가르치는 말씀도 있으며 계시도 있으며 방언도 있으며 통 역함도 있나니 모든 것을 덕을 세우기 위하여 하라"

교회에는 성도들이 모일 때 찬송시도 있으며 말씀도 있고 계시 도 있으며 언어로서의 방언과 방언을 통역하는 것도 있으니 이 모 든 것을 교회의 덕을 세우기 위해 해야 한다는 권면으로 하나님이 교회공동체의 유익과 덕을 주시기 위해 은사를 주시는 목적에 맞 게 행동해야 한다는 것이다. 26절의 "방언도 있으며 통역함도 있나 니"에서 방언과 통역함은 언어방언과 언어방언 통역을 말하는 것 이지 영의 방언과 영의 방언통역을 말하는 것이 아니다. 영의 방언 과 방언통역은 교회공동체의 덕을 세울 수 없다.

방언은 성령의 은사가 아니다

⑩ **고전 14:39-40**

"그런즉 내 형제들아 예언하기를 사모하며 방언 말하기를 금하지 말라 40모든 것을 품위 있게 하고 질서 있게 하라"

고린도전서 14장 39절에 "방언 말하기를 금하지 말라"는 구절 역시 방언옹호론자들이 대표적으로 거론하는 성경 구절이다. 그들은 바울이 방언 말하기를 금하지 말라고 했으니 더욱 열심히 방언기도를 해야 한다고 주장한다. 그러나 본문의 방언 역시 "방언 말하기"이지 "방언기도를 하라"는 말씀이 아니다. 더욱이 본문에서의 방언 말하기는 기이한 영의 방언을 말하는 것이 아니라 언어로서의 방언 말하기를 금하지 말라는 뜻이다. 그리고 그 모든 것을 품위 있고 질서 있게 하라고 한 것이다. 기이한 영의 방언으로는 품위도 질서도 찾을 수 없는 것이다.[43]

---

43) 김승진, 『성경이 말하는 성령뱁티즘과 방언』, CLC

Q 바울은 방언기도를 많이 했을까?

A 방언옹호론자들은 고린도전서 14장 18절 "내가 너희 모든 사람보다 방언을 더 말하므로 하나님께 감사하노라"라는 말씀을 근거로 바울이 방언기도를 많이 했으니 성도들도 방언기도를 많이 해야 한다고 가르치고 있다. 그러나 본문 말씀에서 바울은 모든 사람보다 방언을 더 말했다고 하였지 기도했다고 하지 않았다. 바울은 방언, 즉 말을 더 많이 말했다고 한 것이다. 바울은 길리기야의 다소에서 태어났다. 그는 혈통으로는 히브리인이요 베냐민지파 출신이고 유대교와 유대 전통에 정통했으며 로마 시민권을 갖은 사람이었다. 히브리 본명은 사울이었고 바울은 로마식 이름이다. 그는 독신으로 살았으며 천막을 만들며 자비량 사역을 하기도 하였다. 그는 신약성경 27권 가운데 13권을 쓰고 1차, 2차, 3차 전도여행을 할 만큼 사역의 범위가 광범위하였다. 그것은 바울이 아람어, 헬라어, 라틴어, 그리고 다수의 지역 언어 등 다양한 외국어를 구사할 수 있었기 때문이다. 그렇기 때문에 바울이 소아시아 지역, 마케도니아 지역, 남부 그리스 지역, 로마와 스페인 등 지중해 연안을 다니며 복음을 증거하고 교회를 세울 수 있었던 것이다. 하나님이 바울을 이방인의 사도로 부르신 것도 유대인으로서 율법에 정통한 바리새인이며 동시에 로마 시민권자로서 각국의 언어를 사용할 수 있는 문화적 배경으로 인해 세우셨다고 생각해 볼 수 있다. 그러므로 바울은 많은 외국어를 할 수 있는 은혜를 베풀어 주신 하나님께 감사하다고 고백하고 있는 것이지 바울이 오늘날과 같은 이상한 소리인 영의 방언을 많이 했다는 말이 아니다.

방언은 성령의 은사가 아니다

바울이 오늘날 기독교신자들이 교회에서, 산에 가서, 걸어다니면서, 차를 타고 다니면서, 설거지하면서, 저녁밥 준비하면서, 잠자기 전까지 시도 때도 없이 방언으로 기도하는 것을 보면 매우 놀랄 것이다. 기도를 이런 식으로 하는 종교 집단은 한국 기독교의 방언을 하는 사람들 뿐이고 세계 종교 역사에서도 유일무이할 것이다.

Q 오순절에 임한 성령의 방언은 말을 하는 기적인가? 말을 듣는 기적인가?

A 방언옹호론자들은 오순절에 사도들과 제자들이 한 곳에 모여 열심히 기도할 때 성령이 오시고 방언을 주셨다고 한다. 그리고 당시 방언을 받은 갈릴리 출신 제자들은 알아들을 수 없는 영의 방언을 했는데 오순절에 절기를 지키러 온 15개국의 디아스포라 유대인들이 자신들의 나라 말로 알아들었다고 주장한다. 즉, 이들의 주장은 오순절에 성령이 제자들에게 주신 방언은 영의 방언이었으나 15개국에서 온 디아스포라 유대인들에게는 그들의 모국어로 들렸다는 것이다. 이는 자신들이 하는 영의 방언의 성경적 그리고 영적 근거가 빈약한 것을 교묘하게 감추기 위해, 아니면 무지하여 성경을 완곡하게 호도하는 것이다.

사도행전 2장 4-8절은 그때의 사건을 기록하고 있다.

> "4그들이 다 성령의 충만함을 받고 성령이 말하게 하심을 따라 다른 언어들로 말하기를 시작하니라 5그 때에 경건한 유대인들이 천하 각국으로부터 와서 예루살렘에 머물러 있더니 6이 소리가 나매 큰 무리가 모여 각각 자기의 방언으로 제자들이 말하는 것을 듣고 소동하여 7다 놀라 신기하게 여겨 이르되 보라 이 말하는 사람들이 다 갈릴리 사람이 아니냐 8우리가 우리 각 사람이 난 곳 방언으로 듣게 되는 것이 어찌 됨이냐"

방언은 성령의 은사가 아니다

사도행전 2장의 사도와 제자들이 했던 오순절방언은 4절에서 보듯 방언으로 기도한 것이 아니라 다른 언어들로 말한 것이다. 가장 핵심이 되는 6절에는 15개국에서 온 디아스포라 유대인들은 자기의 방언으로, 즉, 자기 나라의 말로 제자들이 말하는 것을 들었다고 하였다.

> "4그들이 다 성령의 충만함을 받고 성령이 말하게 하심을 따라 다른 언어들로 말하기를 시작하니라"

> "6이 소리가 나매 큰 무리가 모여 각각 자기의 방언으로 제자들이 말하는 것을 듣고 소동하여"

사도행전 2장 4절에는 제자들은 다른 언어로 말했다고 적시되었고 6절에는 디아스포라 유대인들은 자기의 방언, 즉 자기 나라의 말로 제자들이 말하는 것을 들었다고 분명히 나와 있다. 그런데도 방언옹호론자들은 방언을 옹호하기 위해 오순절 성령 방언은 사도들과 120명의 제자들이 합심하여 기도할 때 임한 것이고 갈릴리 출신 제자들은 알아들을 수 없는 영의 방언으로 말했는데 디아스포라 유대인들이 기적적으로 자기 나라의 말로 알아듣게 되었다고 주장하는 것이다.

만약 방언옹호론자들의 말이 맞다면 오순절에 제자들은 영의 방언을 받았고 15개국의 디아스포라 유대인들은 영의 방언 통역의 은사를 받은 것이다. 그러나 사도행전 2장 어디에도 제자들이 영의 방언을 했고 디아스포라 유대인들은 영의 방언이 저절로 통역되어 알아듣게 되었다고 하지 않았다. 사도행전 2장 6절은 큰 무리가 모여 각각 "자기의 방언으로 제자들이 말하는 것을 듣고" 소동하였다고 하였다. 이것은 자기들의 나라 말로 제자들이 말한 것을 들은 것이지 제자들이 영의 방언을 한 것이 자기들의 나라 말로 통역된 것이 아님을 분명히 말하고 있다.

더욱이 사도행전 10장에 이방인 고넬료와 그 가정에 임한 방언도 언어방언으로 이방인 고넬료와 그 집안 사람들이 하나님 높이는 말을 베드로와 그 일행이 듣게 되는 방언이었다. 베드로는 이때 사건을 사도행전 11장 15절에 "내가 말을 시작할 때에 성령이 그들에게 임하시기를 처음 우리에게 하신 것과 같이 하는지라"고 말하였다. 즉, 오순절에 성령이 말하게 하심에 따라 자신들이 15개국 디아스포라 유대인들의 각국 나라의 말을 한 것처럼 성령이 고넬료와 그 집안 사람에게도 같은 방언을 주셨다고 분명히 말하고 있는 것이다. 이를 통해서도 오순절에 120명의 제자들이 했던 방언은 각 나라 사람들의 말이었지 영의 방언을 한 것이 아니며 다른 나라 사람들이 영의 방언이 통역 되어 자기 나라의 말로 듣게 된 것이 아니라는 것을 알 수 있다.

방언은 성령의 은사가 아니다

Q 바울은 고린도교회 교인들이 방언으로 기도하길 원했는가?

A 방언옹호론자들은 바울은 고린도교회 성도들이 방언으로 기도하기를 원했고 바울도 방언으로 많이 기도하였으니 오늘날 기독교인들도 방언기도를 열심히 해야 한다고 가르치고 있다. 그 근거로 고린도전서 14장 5절과 14장 18절을 든다.

> 고린도전서 14장 5절 "나는 너희가 다 방언 말하기를 원하나 특별히 예언하기를 원하노라 만일 방언을 말하는 자가 통역하여 교회의 덕을 세우지 아니하면 예언하는 자만 못하니라"

바울은 고린도전서 14장 5절에서 고린도교회 교인들에게 다 방언을 말하기를 원한다고 하였지 방언기도 하기를 원한다고 하지 않았다. 더욱이 5절에서 바울이 언급한 방언이란 사람의 말인 언어방언이었다. 바울은 성도들이 다양한 외국어 말하기를 원한다고 한 것이지 알아듣지 못하는 영의 방언으로 기도하기를 원한다고 한 것이 아니다. 그리고 이 말씀은 언어방언(외국어)이라도 통역이 안 되면 상대방이 알아듣지 못하고 교회의 덕을 세우지 못하므로 교회의 덕을 세우는 예언만 못하다고 하는 것이며 방언에 비해 예언이 가치가 있음을 말하는데 중점이 있다.

또한 고린도전서 14장 18절 "내가 너희 모든 사람보다 방언을 더 말하므로 하나님께 감사하노라" 이 말씀에도 바울은 방언을 더 많이 말했다고 하였지 방언기도를 더 많이 했다고 하지 않았다. 18절 말씀의 뜻은 바울이 다른 모든 사람보다 외국어를 많이 할 수 있는 것에 대해 하나님께 감사한다는 뜻이다. 바울은 13권의 서신서를 썼고 1차, 2차, 3차 전도 여행을 할 만큼 많은 외국어를 구사할 수 있었다. 그러므로 바울이 18절에 "내가 너희 모든 사람보다 방언을 더 말하므로 하나님께 감사한다"고 한 것은 너희 모든 사람보다 외국어를 더 많이 말할 수 있으므로 하나님께 감사한다고 한 것이지 영의 방언기도를 더 많이 하므로 감사한다고 한 것이 아니다.

바울은 고린도교인들이 다양한 외국어를 하기를 원한 것이지 알아듣지 못하는 영의 방언을 많이 하길 원한 것이 아니다.

Q 바울은 교회에서 방언기도 하는 것을 금하지 말라고 하였나?

A 방언옹호론자들은 고린도전서 14장 39절 "그런즉 내 형제들아 예언하기를 사모하며 방언 말하기를 금하지 말라"는 말씀을 근거로 들며 바울이 교회에서 방언기도 하는 것을 금하지 말라고 하였다며 방언기도를 장려하고 있다.

39절에 방언 말하기를 금하지 말라고 한 바울의 의도는 언어로서 외국어 말하기를 금하지 말하고 한 것이지 영의 방언을 금하지 말라고 한 것이 아니다. 바울은 당시 우상숭배의 근거지였던 고린도지역의 이방 종교 지도자들이 무아경에 빠져 신과 접신되었을 때 하였던 방언을 고린도교회 교인들이 교회에서 재현하는 것을 우려하였을 것이다. 바울은 방언을 단 한 번도 장려한 적이 없고 오히려 교회에서 해서는 안 될 것으로 완곡하게 비판하였다. 그러므로 39절에 바울이 금하지 말라고 했던 방언은 언어방언인 외국어 말하는 것을 금하지 말라고 한 것이지 (영의) 방언기도를 금하지 말라고 한 것이 아니다.

바울은 고린도전서 14장 27-28절에 "만일 누가 방언으로 말하거든 두 사람이나 많아야 세 사람이 차례를 따라 하고 한 사람이 통역할 것이요 28 만일 통역하는 자가 없으면 교회에서는 잠잠하고 자기와 하나님께 말할 것이요"라고 말하였다. 당시 고린도교회 안에 영의 방언을 하던 자들이 영의 방언은 통역이 가능하다고 주장하는 것에 대해 영의 방언은 통역이 불가능한 것이니 만약 방언을 하고 싶으면 교회에서는 하지 말고 너희들이 원하는 대로 집에서 하나님께 기도하라고 비판하는 말씀이다. 이는 실질적으로 바울이 영의 방언을 교회에서 금지한 것과 같은 말씀이다. 그러나 일부 목사님들과 성도들은 교회에서 정말 열심히 영의 방언으로 기도하고 있다. 심지어 어떤 목사님들은 대예배에서도 방언으로 기도한다.

방언은 성령의 은사가 아니다

Q 방언이 통역되면 예언과 같은 것인가?

A 오늘날 영의 방언을 옹호하는 사람이나 비판하는 사람들이 모두 잘못 이해하고 있는 오류는 방언이 통역이 되면 예언이라고 알고 있는 것이다.

고린도전서 14장 5절 "나는 너희가 다 방언 말하기를 원하나 특별히 예언하기를 원하노라 만일 방언을 말하는 자가 통역하여 교회의 덕을 세우지 아니하면 예언하는 자만 못하니라"에서 바울은 당시 고린도교회 성도들에게 다 방언을 말하기를 원한다고 하였다. 바울이 "다 방언 말하기를 원하다"라고 했을 때 방언은 언어로서 외국어를 말한다. 그래서 말하기를 원한다고 표현한 것이지 (영의) 방언으로 기도하라고 한 것이 아니다. 그리고 가급적이면 방언을 말하기보다는 예언하기를 원하는데 그 이유는 방언을 말하는 자가 통역하여 교회의 덕을 세우지 아니하면 예언하는 자만 못하기 때문이라고 하였다. 이때 방언을 말하는 자가 통역을 해야 하는 이유는 언어로서 외국어가 통역이 안 되면 서로 알아듣지 못하기 때문에 교회공동체와 성도의 신앙에 유익이 되지 않기 때문이다. 그러므로 방언이 예언처럼 교회의 덕을 세우는 은사의 목적을 다 하려면 외국어인 언어방언도 통역이 되어서 교회공동체의 덕을 세울 때만이 예언과 같이 교회를 세우는 은사로서 역할을 하게 된다는 뜻이다. 그러나 만약 외국어방언이 통역이 되지 않는다면 서로 알아듣지 못하여 교회의 덕을 세우지 못하므로 교회의 덕을 세우는 예언만 못하다는 의미이다.

그러므로 바울이 고린도전서 14장 5절에 방언을 말하는 자가 통역하여 교회 덕을 세우지 아니하면 예언하는 자만 못하다는 말씀은 알아듣지 못하는 외국어방언이 통역이 안 되면 교회의 덕을 세우지 못하므로 교회의 덕을 세우는 예언하는 자만 못하다는 뜻으로 이는 사람의 말인 언어방언도 교회의 덕을 세우려면 통역이 되어야만 온전한 역할을 한다는 의미이지 영의 방언이 통역되면 예언과 같은 것이라고 한 것이 아니다.

또한 방언이 통역되면 예언이라는 공식은 성경에 의해서도 부인된다. 고린도전서 14장 2절에는 "방언을 말하는 자는 사람에게 하지 아니하고 하나님께 하나니 이는 알아듣는 자가 없고 영으로 비밀을 말한다"고 하였다. 이는 당시 고린도교회에 방언을 하던 자들이 했던 말이다. 이들 말처럼 방언이 사람에게 하지 아니하고 하나님께 영으로 비밀을 말하는 것이라면 통역이 되지도 않겠지만 만일 이를 통역한다고 해도 예언이 될 수가 없는 것이다. 인간의 비밀이 어떻게 예언이 되는가? 예언은 신이 인간에게 하는 것이지 인간이 신에게 하는 것이 아니기 때문이다. 그리고 자기 영이 자기도 모르게 비밀을 말하는데 그것을 통역하여 자기 비밀을 폭로한다는 것도 이치에 맞지 않는 것이며 자기의 비밀이 통역된다면 비밀이 드러나는 것이지 예언이 될 수 없고 교회공동체의 유익도 될 수 없다. 또한 방언옹호론자들은 방언은 성령이 내 입술과 혀를 잡고 하나님께 기도하는 것이라고 한다. 성령은 하나님의 깊은 곳을 통달하신 분이시다. 전지전능하신 하나님이신 것이다. 그런데 성령이 뭐가 부족해서 인간의 입술과 혀를 붙잡고 하나님께 기도를 하겠는가! 만약 방언옹호론자들 논리대로 성령이 성도의 입술과 혀를 붙잡고 방언으로 하나님께 기도한다면 이를 인간이 통역하여 성령이 하시는 기도를 만천하에 알릴 수 있겠는가! 그러므로 방언이 통역되면 예언과 같다는 공식은 고린도전서 14장 5절에 대한 자의적 해석일 뿐이고 그것을 분별없이 수용한 집단적 오류일 뿐이다.

이방종교에서는 신과 접신한 사제들이 이상한 신의 소리를 하였다. 방언인 것이다. 그러나 그들이 자신도, 누구도 알아듣지 못하는 신의 소리를 하는 데 그친다면 그들의 영적 권위는 세워지지 못할 것이다. 그래서 그들은 자신들의 입에서 나오는 신의 소리인 방언을 통역하여 예언을 하는 듯한 종교 행위를 하였다. 마치 자신이 신의 계시를 대언하는 자인 것처럼 행동한 것이 방언을 한 뒤 예언을 하는 것이다. 그러다 보니 그들은 집회 때마다 신의 소리인 방언을 하였고 그것을 마치 신에게 신탁을 받는 것처럼 사람의 말로 예언을 하였다. 물론 맞는 것은 거의 없었을 것이다. 왜냐하면 그것은 신의 신탁이 아니라 이방종교지도자들이 자신의 영적 권위를 높이기 위한 종교 쇼였기 때문이다. 이러한 이방종교의 행위가 기독교에서도 방언을 통역하면 예언이라고 공식화되어 나타난 것이다.

고린도전서 14장 5절은 방언은 교회의 덕을 세우기 위하여 통역하지 아니하면 예언하는 자만 못하다고 하였지 방언이 통역되면 예언이라고 하지 않았다. 성경 어디에도 방언이 통역되면 예언이라는 말은 없다.

Q   방언기도의 정체는 무엇인가?

A   방언이란 말 혹은 언어의 고어체(古語體)이다. 사람의 말을 방언이라고 다르게 표현한 것이며 이는 나라의 말, 지역의 말, 사투리라고도 한다. 신·구약에 등장하는 방언도 방언의 사전적 범주에서 벗어나지 않는 각 나라의 말 혹은 지역의 사투리라고 할 수 있다. 이러한 인간의 말을 언어방언(사람의 말)으로 분류할 수 있다. 반대로 인간이 신과 접신하여 무아지경에 놓였을 때 알아들을 수 없는 이상한 소리를 하는 것이 영의 방언이다. 영의 방언은 성경에서 유일하게 고린도전서 14장 2, 4, 14, 19, 27절에만 언급된다. 바울은 고린도전서 14장에 영의 방언을 언급하면서 고린도교인들이 하고 있는 방언은 성령의 은사가 아니며 교회에서 해서는 안 될 것으로 책망하고 있다. 방언은 고대 신비종교에서 사제들이나 신자들이 무아경에 빠져 접신되었을 때 신에게 신탁을 받는 수단으로 사용하거나 신과 합일하여 영적 능력을 받기 위해 사용되었다. 이러한 방언은 고대로부터 현대에 이르기까지 이방종교와 신비주의집단에서 계속되었으며 초대교회에서는 고린도교회에서 나타났고 이후 기독교 이단, 사이비 집단과 종말론집단 그리고 열광적 신비주의집단에서 간헐적으로 나타났다. 그러나 방언은 1900년대 미국에서 본격적으로 시작되어 그 후 기독교를 장악하였고 오늘날에 이르러서는 거의 모든 기독교 교회와 목사와 성도들의 중요한 신앙 행위로 자리 잡게 되었다.

도대체 기독교를 비롯하여 모든 종교 집단의 지도자와 구성원에게 나타나는 방언의 정체는 무엇인가? 고대로부터 현대에 이르기까지 모든 종교 집단에 나타난 방언의 정체를 바르게 알아야만 기독교인들이 방언이 성령의 은사라는 거짓 교리에서 벗어나 방언의 실체를 온전히 알 수 있다.

이 세상 만물과 인간은 영과 물질로 구성되어 있다. 존재하는 영들 역시 생존해야 하는 존재이므로 생존의 욕망을 위해 인간을 포함한 만물 안에 깃들거나 이용하여 영의 생존을 도모하는 존재들이다. 그러므로 이 세상은 물질계처럼 보이지만 영들이 함께 공존하는 물질계이자 영계이다. 영들은 생존의 욕망을 가진 실존하는 존재로 지, 정, 의라는 존재 양식을 가지고 인간과 만물을 이용하여 생존을 하는 것이 특징이다. 그러므로 인간과 만물은 자신에게 깃들거나 자신을 통해 생존을 도모하는 영적 존재의 에너지 변동 행위에 따라 그 실존이 좌우되는 것이 인간과 만물의 실존이기도 하다.

영적 존재의 수많은 특징 중에 대표적인 특징은 말을 하기도 하고, 사람이나 만물의 말을 알아듣기도 한다는 것이다. 이것이 중요하다. 다시 말하면 영들은 말을 하는 존재이면서 동시에 말을 알아듣는 존재라는 것이다.

그러므로 방언의 영적 정의는 영적 존재가 인간 안에 들어오거나 인간 안에 숨어 있던 영이 깨어나 활동하면서 인간 몸에서 말을 하는 것이다. 그리고 영적 존재가 인간의 몸에서 기도를 하는 것이 방언기도인 것이다. 그러므로 방언기도란 영들이 인간을 숙주로 삼아 자신들이 원하는 것을 기도하는 것이라고 볼 수 있다. 그러므로 방언을 한다는 것은 항상 접신이 선행된다는 것을 잊어서는 안 된다. 만약 이 정의가 맞다면 오늘날 기독교인들이 하는 방언은 성령의 은사가 아니라 온갖 정체불명의 영들이 기독교인의 몸에서 하는 영들의 말이며 기도가 된다.

이와 같이 방언에 대한 정의가 바로 선다면 고린도교회와 초대교회 이단 그리고 기독교 교회사의 이단과 불건전한 미국 기독교 광신 집단에서 일어났던 방언과 한국교회 성도들이 하고 있는 방언에 대해 완전한 영적 분별에 서게 된다. 즉, 방언은 영이 인간에게 들어오거나 인간 안에 숨어 있던 영이 깨어나 말을 하는 것으로 복음을 전하는 성령의 방언에서 완전히 벗어난 거짓 방언이며 접신한 영의 소리일 뿐이다. 기독교인들은 하나님께 방언으로 기도한다고 생각하지만 영적 실상은 실질적으로 자신이 접신한 영의 기도를 대언해 주고 있는 것이 오늘날 방언기도의 영적 실체이다. 이 얼마나 위험한 짓인가!

Q 방언은 성령의 은사가 아니다?

A 오늘날 기독교신자들의 방언은 성령의 은사가 아니다. 성령의 은사로서의 방언은 오늘날 존재하지 않는다.

예수께서 요한복음 14장 16절에 또 다른 보혜사이신 성령을 보내주시겠다고 약속하셨다. 성령은 진리의 영으로 세상은 성령을 알지 못하지만 하나님의 백성은 성령을 알고 성령이 거하신다고 하셨다. 또한 요한복음 14장 26절에는 "보혜사 곧 아버지께서 내 이름으로 보내실 성령 그가 너희에게 모든 것을 가르치고 내가 너희에게 말한 모든 것을 생각나게 하리라"는 말씀과 사도행전 1장 8절 "오직 성령이 너희에게 임하시면 너희가 권능을 받고 예루살렘과 온 유대와 사마리아와 땅끝까지 이르러 내 증인이 되리라"라는 말씀을 통해 성령이 오시는 목적을 말씀하셨다.

성령이 이 땅에 오시는 목적은 하나님의 백성에게 예수님의 복음을 온전히 알게 하는 것이며 제자들에게 권능을 주셔서 예루살렘과 온 유대와 사마리아와 땅끝까지 예수님의 증인이 되어 복음을 전하고 교회를 세우는 것이었다.

복음 전파를 위해 권능을 주시는 성령의 사역이 가장 먼저 나타난 것이 오순절에 임한 방언이었다. 유대인의 3대 절기 중 하나인 오순절을 지키기 위해 많은 순례자들이 예루살렘에 모여들었다. 예수를 증거하고 복음을 전할 수 있는 최고의 기회가 온 것이다. 오순절에 예루살렘에 온 사람들이 복음을 듣고 예수님을 영접하게 되면 복음은 순식간에 예루살렘과 온 유대와 사마리아와 땅끝까지 전해지게 될 것이다. 그러나 복음이 전해지는 데 가장 큰 난관은 언어였다. 오순절 절기를 지키기 위해 예루살렘에 모여든 순례객들의 언어의 장벽을 한순간에 허물고 복음이 전해질 수 있도록 성령이 택한 표적이 바로 방언이었다. 성령이 갈릴리사람인 제자들에게 임하여 방언의 표적을 행하시므로 15개 나라에서 온 순례객들이 그들의 모국어로 복음을 듣게 된 것이다.

그러나 오늘날 기독교인들은 오순절에 성령이 주신 방언을 하는 것이 아니라 자기의 영이 하나님께 비밀을 말한다는 고린도방언을 하고 있다. 그러면서도 기독교신자들은 자신들이 오순절 성령방언을 하고 있다고 믿고 있다.

기독교인들의 방언이 성령이 주신 방언이 아니라는 결정적 핵심은 복음을 단 한마디도 전하지 못한다는 것이다. 복음을 전하지 못하는 방언은 성령이 주신 방언이 아니다.

더욱이 오늘날은 성령께서 의사소통되지 않는 자들에게 복음을 전하기 위해 특별히 방언의 표적을 행해야 할 이유가 없는 시대이다. 현대는 IT 기술이 발전하여 인터넷과 통신이 발달하고 방송이라는 매체를 통해 정보가 전해지며 동시 통역이 가능한 글로벌 시대가 되었다. 누구나 과학의 이기를 사용하여 외국인들의 말을 알아들을 수 있는 시대가 되었고 외국인과 의사소통이 가능하여 복음을 전할 수 있는 시대가 되었다. 그러므로 더 이상 성령이 표적으로서 방언을 주실 이유가 없는 것이다. 따라서 기독교신자들이 하는 방언은 성령이 주시는 방언이 아니며 성령의 은사로서 방언도 아니다. 그러나 영의 방언은 어느새 성령이 주신 방언의 자리를 차지하고 마치 성령의 은사인 것처럼 행세하는 시대이다.

영은 자기를 원하고 구하며 찾는 자들에게 쉽게 임하여 그들을 장악한다. 기독교신자들은 목사님들로부터 방언이 성령이 주시는 은사이며 방언의 유익에 대해 가르침을 받고 방언 받을 것을 장려받으며 신앙생활을 한다. 그런 까닭에 많은 기독교인들은 방언 받기를 사모하게 된다. 그때 신자 안에서 영이 말을 하게 되면 방언을 하는 것이다. 그러면 기독교신자들은 성령이 자신에게 방언의 은사를 준 것으로 오해하게 되는 것이다.

이처럼 기독교신자가 받은 (영의) 방언은 성령의 은사가 아니다.

성령의 방언은 불신 이방인들에게 그들 나라의 말로 복음을 전하는 것이다. 그러나 기독교신자들은 불신 이방인들에게 복음을 전하는 것이 아니라 교회에서 서로 알아듣지 못하는 방언을 하며 언어의 장벽을 세우고 있다. 이처럼 기독교인들의 방언은 성령이 주시는 참된 방언에 부합하는 것이 하나도 없다. 기독교인들의 방언은 정체를 알 수 없는 영이 기독교신자들 몸에서 말을 하는 해괴한 기도일 뿐이지 성령이 주신 은사가 아니다.

오히려 기독교신자들의 방언은 고린도교회의 방언과는 거의 동일하다. 기독교신자들은 바울이 쓴 고린도전서 12장에 열거된 "각종 방언 말함과 방언들 통역함의 은사"를 근거로 하여 자신들이 받은 방언을 성령이 주시는 은사로 생각한다. 그러나 고린도전서 12장 10절 "어떤 사람에게는 능력 행함을, 어떤 사람에게는 예언함을, 어떤 사람에게는 영들 분별함을, 다른 사람에게는 각종 방언 말함을, 어떤 사람에게는 방언들 통역함을 주시나니"에서의 은사로서 각종 방언 말함이란 언어방언을 말하는 것이지 영들이 내는 소리인 영의 방언을 말하는 것이 아니다. 그리고 방언들 통역함 역시 사람의 말을 통역하는 언어방언을 통역하는 것이지 영의 방언을 통역하는 은사를 말하는 것은 아니다.

결론적으로 말하면 기독교인들의 방언은 성령의 은사가 아니며 기독교신자들이 방언을 사모할 때 접신되어 들어온 영 혹은 기독교신자 안에 숨어 있던 영이 말이나 기도를 하는 것에 불과하다.

기독교 신자들은 방언을 통해 영적 존재에게 몸을 내주고 영적 존재가 자기 몸에서 기도하게 하고 있다. 두렵고 어리석은 기도를 하고 있는 것이다.

Q   방언은 은사를 여는 기본 은사인가?

A   방언옹호론자들은 방언이 다른 은사를 여는 기본 은사라고 주장한다.

과연 그럴까?

은사는 자연 발생적으로 생겨나지도 않고 인간의 노력으로 얻을 수 있는 것이 아닌 영적 존재로부터 주어지는 초월적 힘이라고 정의할 수 있다. 그렇다면 은사는 성령이든 악령이든 영적 존재가 주는 것이 된다.

즉, 은사를 주는 주체는 영적 존재라는 것이다. 그러므로 인간이 하는 방언기도가 다른 은사를 여는 기본 은사라는 명제는 근본부터 잘못된 것이다.

그러나 방언기도를 많이 하면 마치 다른 은사가 열리는 것 같은 현상이 일어난다. 그렇기 때문에 방언옹호론자들은 방언은 다른 은사를 여는 기본 은사라고 주장을 하는 것이다. 그러나 방언기도를 하여 다른 은사가 열리는 것처럼 보이는 것은 방언기도를 했기 때문에 일어난 일이 아니다.

기독교신자는 자신이 하는 방언을 성령이 주신 은사라고 믿는

다. 그러나 방언기도는 정체불명의 영이 접신되어 기독교신자의 몸에서 하는 소리이다. 이처럼 방언기도는 내 안에서 어떤 영이 말을 하는 것이므로 방언기도를 통해 많은 영들을 끌어들이고 숨어 있던 영들을 활동하게 하는 위험한 결과를 초래한다. 또한 방언기도를 많이 하는 경우 내 영혼과 육체에 많은 영들이 들어오기도 하고 나가기도 하며 깃들게 된다. 그때부터 내 영적, 육적 몸은 영적으로 예민한 체질로 바뀌게 된다. 그러면 영적으로 예민하게 바뀐 나에게 많은 영들이 영적 현상을 일으킬 수 있다. 이와같은 맥락에서 방언기도를 통해 은사의 영을 끌어들일 수도 있고 숨어 있던 은사의 영이 활동하게 되면 표면적으로 볼 때 마치 방언기도를 해서 은사가 열린 것처럼 보이는 것이다.

즉, 기도가 갖고 있는 주술성으로 초혼되거나 깨어난 영들 가운데 은사적 영들이 활동하게 되면 마치 방언기도를 하여 은사가 열린 것처럼 느껴지는 것이고 이러한 이치로 방언기도는 다른 은사를 여는 기본 은사라고 착각을 하게 되는 것이다. 그러므로 방언옹호론자들도 방언이 은사를 여는 기본 은사라고 가르쳤고 방언을 통해 영적 체험을 한 성도들도 방언이 다른 은사를 여는 기본 은사라고 오해하게 되는 것이다. 그러나 이는 방언을 통해 많은 영들이 내 몸과 영을 잡고 많은 영적 행위를 한 것이며 그 영적 행위 가운데 일부가 은사 형태로 나타난 것뿐이다.

인간인 내가 방언기도를 통해 영적 체질로 바뀌어서 영에 극도로 민감한 삶을 사는 것은 좋은 일이 아니다. 방언을 많이 해서 나의 삶을 영적으로 민감하게 만들기보다는 한국말 기도를 통해 인간다운 삶을 사는 것이 더 낫다. 더욱이 은사는 방언기도를 통해 영들을 조작하여 받는 것보다 하나님으로부터 순적하게 받는 것이 진정한 성령의 은사일 것이다. 방언기도는 기도의 주술성으로 인해 다른 영들을 초혼하거나 내 안에 숨어 있던 영들을 깨워서 은사적 행위를 하게 하는 주술 도구일 뿐이다. 그러므로 방언이 다른 은사를 여는 기본 은사라는 개념은 잘못된 것이다.

방언기도는 영의 통로를 여는 기도인가?

A 방언옹호론자들은 방언기도를 통해 막힌 영의 통로를 열 수 있다고 한다. 이는 잘못된 판단이다. 인간은 영과 육으로 구성된 존재이고 인간 안에도 무수히 많은 영들이 은밀히 숨어 있으며 인간 밖에도 무수한 영들이 활동하고 있다. 그러므로 인간 개개인이 곧 영계이다. 이처럼 인간 자체가 영들이 거하는 작은 영계이기 때문에 방언기도를 하던 하지 않던 인간은 영의 통로라는 결론에 이르게 된다.[44]

세상을 구성하는 인간, 자연, 만물 그리고 공간 등은 모두 물질적으로 구성되어 있지만 영들도 함께 깃들어 공존한다. 그러므로 이 세상에 존재하는 모든 것이 물질계이자 영계가 된다. 그러므로 존재하는 모든 것은 영의 통로가 되는 것이다.

더욱이 인간은 생각하고, 말하고, 행동하는 존재이다. 인간이 생각하고, 말하고, 행동하는 그 자체가 바로 영을 접촉하는 영적 행위이며 인간은 그 행위들을 통해 자기가 인식하든 안 하든 영들을 불러들이기도 하고 끌어당기기도 하고 내쫓기도 하고 자신 안에 숨어 있는 영을 깨워 드러내기도 한다. 이처럼 인간은 존재 자체가 물질적 존재이면서 영들이 거하는 작은 영계이므로 인간의 존재

---

44) 윤선희, 『영적 현상학으로 해석하는 영분별 이야기』, 북랩

자체가 영의 통로인 것이다. 그러므로 방언기도로 영의 통로가 열리는 것은 아니다. 그러나 방언기도를 통해 영의 통로가 열리는 것처럼 보이는 것은 방언기도로 인해 많은 영들이 영적 현상을 일으키기 때문에 그러한 영적 현상을 체험할 때 마치 영의 통로가 열린 듯 생각되는 것이다.

Q   방언기도를 하면 영적 민감성이 높아지는 이유?

A   방언옹호론자들은 방언기도를 하면 영의 통로가 열리고 영적 민감성이 높아지기 때문에 방언기도를 많이 하여 영적 차원을 끌어올리라고 권하고 있다. 이는 온당치 못한 말이다.

위에서 언급한 대로 인간은 방언기도를 하든 안 하든 이미 영의 통로로 존재한다. 다만 방언기도를 하여 영의 통로가 열리는 듯이 느껴지는 것은 방언기도가 영들이 성도의 몸에서 소리를 내며 기도 하는 것이기 때문에 이러한 방언기도를 통해 많은 영들이 끌어당겨지기도 하고, 들어오기도 하고, 나가기도 하고 몸 안에 잠복되어 있던 영이 깨어나 활동하는 영적 행위가 어떤 기도나 신앙 행위보다 활발하게 이루어진다. 방언기도의 이러한 특성으로 인해 방언기도를 많이 하여 영들의 활동이 활발해지면 이때 마치 기도하는 자의 영의 통로가 열린 것처럼 생각되고 영적 민감성이 높아진 것처럼 느끼게 되는 것이다.

그러나 이러한 현상의 영적 이면은 방언기도를 하면 할수록 성도의 몸과 영이 영적으로 높은 차원이 되는 것이 아니라 오히려 영적 존재로 가득 찬 영들의 만신전이 되는 것을 의미한다. 그러나 방언기도의 위험성을 알지 못하는 방언옹호론자들은 방언기도를 하여 영적으로 민감해지는 것을 높은 차원의 영적 고양으로 인

방언은 성령의 은사가 아니다

도받는 것이라고 가르치고 있다. 이들의 가르침은 성도를 악한 영들의 만신전이 되는 길로 인도하는 것과 다를 바 없는 위험한 것이다.

Q 방언을 많이 하면 은사를 받을 수 있다는 말의 실체는?

A 방언옹호론자들은 방언을 많이 하면 은사를 받을 수 있다고 주장한다. 그래서 방언은 다른 은사를 여는 기본 은사라고 주장한다. 이 내용은 앞에서 언급한 바 있다. 방언기도를 많이 한다고 은사가 오는 것은 아니다. 방언이란 성령께서 주신 은사가 아니라 나의 영적 행위로 인해 내 안에 영이 들어오거나 내 안에 숨어 있던 영이 깨어나서 말을 하는 것이 기독교인들이 하고 있는 방언의 실체다.

이렇게 방언으로 기도를 하게 되면 다른 영들을 불러들이거나 방언의 영과 비슷한 영을 끌어들이기도 하고 숨어 있던 영들을 활동하게도 한다. 이때 방언의 영의 기도로 초혼한 영이나 몸 안에 숨어 있다 활동하게 된 영들 가운데 은사적 행위를 하는 영들이 역사하게 되면 마치 은사가 나타난 것처럼 보이는 것이다. 이러한 은사는 성령이 주시는 은사가 아니라 방언기도로 인해 은사적 행위를 하는 영이 발현된 것일 뿐이다.

만약 예언을 하는 영이 들어오거나 깨어나 활동한다면 예언의 은사가 나타난 듯 보일 것이며 축귀의 영이 들어오거나 깨어나 활동한다면 축귀의 은사가 나타난 것처럼 보이게 되는 것이다.

기독교신자는 자신이 받은 은사를 성령이 주시는 것이라고 생각

방언은 성령의 은사가 아니다

한다. 그러나 은사의 실상은 나의 영적 행위를 통해 영들이 상호작용을 일으켜 나타날 수도 있다는 것을 알아야 한다. 그리고 이러한 영적 현상을 가장 잘 일으키는 기도가 방언기도이기 때문에 방언기도를 많이 하면 마치 은사가 오는 것처럼 보이는 것이다.

이와 같이 방언기도가 은사를 야기하는 수단이 될 수 있다는 영적 원리에 대해 분별이 섰다면 왜 그동안 은사를 받았다는 은사자들이 인격이 좋지 못하고 거만하며 은사를 남용하였는지에 대해 답을 얻을 수 있게 될 것이다. 왜냐하면 그들이 받은 은사는 이러한 이치로 은사를 받은 것이지 하나님이 주신 은사를 받은 것이 아니기 때문이다.

그리고 왜 저렇게 인격이 나쁜 사람에게 은사가 임했는지? 인격이 좋지 못하고 죄만 저지르는데도 왜 하나님이 은사를 거두어 가지 않으시는지에 대해 궁금했던 모든 것이 풀어질 것이다.

즉, 이들이 받은 은사는 성령이 주신 은사가 아니라 방언기도를 통해 영의 활동이 빈번하게 일어나고 영적 현상이 많이 나타나면 그 가운데 은사적 영들이 발현되어 활동하게 되면서 마치 은사가 온 것처럼 보이는 현상 때문이었다. 그래서 한국말 기도를 하는 사람들 보다 방언을 하는 자들에게 은사 비슷한 것이 많이 나타나는 것이다.

심각한 것은 방언의 영은 방언기도를 통해 거짓 은사를 주고 그것을 성령의 은사로 알게 하여 거짓 성령사역을 조장하고 거짓 은사를 받은 자들을 성령사역자로 세워 기독교인들을 속이게 된다. 방언의 영이 방언기도를 통해 교묘하게 기독교 성령운동을 근본부터 무너뜨리는 것이다. 이는 자칭 기독교 성령운동을 한다는 사역자와 집단의 행위를 보면 바로 알 수 있다.

Q 방언은 나의 영이 비밀을 말하는 기도인가?

A 방언옹호론자들은 "방언을 말하는 자는 사람에게 하지 아니하고 하나님께 하나니 이는 알아듣는 자가 없고 영으로 비밀을 말함이라"는 고린도전서 14장 2절 말씀을 들어 방언은 나의 영이 하나님께 비밀을 말하는 기도이므로 많이 해야 한다고 가르치고 있다.

인간은 자신을 모두 알 수 없는 존재이다. 그러므로 연약한 인간은 자기가 인식하는 자기 나라의 말로 자신의 문제를 하나님께 전심으로 기도하는 것이 기도의 본질이다. 그러나 방언을 하는 사람들은 자신도 알아듣지 못하는 말로 자기도 모르는 영의 비밀을 하나님께 말하고 있다고 한다.

비밀이란 다른 사람에게는 알려져서는 안 되는 나만이 아는 것이다. 반드시 나는 알고 있어야 하는 것이다. 또한 하나님은 사람이 말을 하지 않고 감추려 하여도 사람의 선악 간의 삶을 모두 알고 계신다. 하나님의 눈은 의인을 향하시고 하나님의 얼굴은 악인을 향하신다고 성경은 말씀하고 있다. 하나님은 졸지도 주무시지도 아니하신다고 하였다. 이 말씀은 하나님은 인간의 일거수 일투족을 낱낱이 알고 계신다는 말씀이다. 인간이 기도를 하지 않아도 그가 행한 생각, 감정, 말, 행동을 모두 알고 계신다. 전능하신 하나님이 뭐가 부족해서 성도가 하는 방언을 통해 그의 영의 비밀을 알고자 하실까? 전능하신 하나님이 무엇이 부족해서 날마다 성도의 방언기도를 통해 그의 영의 비밀을 듣는 것일까? 방언기도를 통해 영으로 비밀을 말하지 않아도 하나님은 나에 대해 다 알고 계신다.

성경에서 말하는 진정한 방언은 사람의 말로 복음을 전하는 것이지 자신도 알지 못하는 영의 비밀을 하나님께 말하라고 주신 것이 아니다. 이러한 방언은 성경적 방언이 아니며 정체를 알 수 없는 영들의 소리에 불과한 것이다.

오늘날 기독교신자들을 포함하여 역사상 방언을 했던 사람들은 어느 누구도 자신이 드리는 방언기도의 내용을 아는 사람이 없었으며 자기 영의 비밀을 아는 자도 없었다. 그러면서 방언은 우주 혹은 천상의 언어이고 자기 영의 비밀을 말하고 있다고 믿고 있다.

고린도전서 14장 2절-3절 "방언을 말하는 자는 사람에게 하지 아니하고 하나님께 하나니 이는 알아듣는 자가 없고 영으로 비밀을 말함이라 그러나 예언하는 자는 사람에게 말하여 덕을 세우며 권면하며 위로하는 것이요" 2-3절은 바울이 방언과 예언을 비교하고 있는 것이다. 원래 방언과 예언의 본질은 사람에게 말을 하는 은사인데 당시 고린도교회 성도들 가운데 방언을 하던 자들은 사람에게 해야 할 방언을 하나님께 영으로 비밀을 말한다고 주장하

방언은 성령의 은사가 아니다

였던 것 같다. 바울은 그들 말을 인용하여 사람에게 해야 할 방언을 사람에게 하지 아니하고 하나님께 영으로 비밀을 말한다고 하지만 예언은 사람에게 말을 하여 덕을 세우고 권면하고 위로하는 것이니 무익한 방언을 하는 것보다 예언을 하는 것이 낫다고 말하고 있는 것이다. 이어서 4절-5절에도 같은 맥락이 이어진다.

> "4방언을 말하는 자는 자기의 덕을 세우고 예언하는 자는 교회의 덕을 세우나니 5나는 너희가 다 방언 말하기를 원하나 특별히 예언하기를 원하노라 만일 방언을 말하는 자가 통역하여 교회의 덕을 세우지 아니하면 예언하는 자만 못하니라"

이를 해석하면 4절에 방언은 영의 방언을 말한다. 성령이 은사를 주시는 목적은 교회공동체의 유익을 위해 주시는 것이지 은사를 받은 개인을 위한 것이 아니다. 그런데 영의 방언을 하는 자들은 방언을 통해 자기의 덕을 세운다고 주장한 듯하다. 바울은 그들의 주장을 인용하여 은사을 주신 목적에서 벗어난 방언을 하면서 자기의 덕을 세운다고 주장하지만 예언은 교회의 덕을 세우는 것이니 알아듣지 못하는 방언을 하는 것 보다 특별히 예언하기를 원한다며 영의 방언의 무익함을 지적한 것이다. 5절에 방언은 언어방언으로 바울은 성도들이 다 언어방언(사람의 말) 하는 것을 원하지만 예언하기를 더 원한다고 하였다. 사람의 말인 언어방언도 통역되지 못해서 교회의 덕을 세우지 못한다면 예언보다 가치가 없다는 것을 말하고 있다. 즉, 바울은 알아듣지 못하는 영의 방언이나 통역이 되지 않는 언어방언은 교회공동체에 아무 유익이 되지 못하므로 교회의 덕을 세우는 예언을 하라고 권면하고 있다. 이러한 바울의 주장은 방언과 예언을 비교하여 예언의 우월성과 방언의 무익함을 강조한 14장 전체의 주제이기도 하다.

고린도전서 14장 2절은 당시 방언을 하던 자들이 방언은 하나님께 영으로 비밀을 말한다고 주장한 것을 바울이 책망한 것이다. 그러므로 이 말씀은 방언옹호론자들이 내세우는 방언의 가장 큰 유익이 아니라 가장 큰 무익과 폐해를 말하고 있는 것이다. 방언의 영적 실체는 성도가 영으로 비밀을 말하는 것이 아니라 접신된 영이 성도 안에서 말을 하는 것이다. 그러므로 만약 방언이 영으로 비밀을 말한다면 방언을 하는 그 영의 비밀일 것이다.

방언은 성령의 은사가 아니다

Q 방언기도는 자기의 덕을 세우는가?

A 방언옹호론자들은 고린도전서 14장 4절 "방언을 말하는 자는 자기의 덕을 세우고 예언하는 자는 교회의 덕을 세우나니"라는 말씀을 들어 방언은 자기의 덕을 세우는 것이라고 가르치고 있다. 그들은 자기의 덕을 세운다는 말을 헬라어 오이코도메오라고 하며 이는 재료들을 모아 집을 건축하는 것처럼 성도 역시 방언기도를 통해 그리스도의 장성한 분량으로 성장하여 열매 맺는 것이라고 말한다. 또한 방언이 자기의 덕을 세운다는 말은 건축자로서 자기의 영을 건축하여 새롭게 하는 것이며 방언을 말할 때마다 예수님이 주시는 능력과 치유, 예언 등을 담을 수 있는 새 부대로 자신을 건축할 수 있다고 한다. 그리고 믿음이 견고히 세워지고 영성이 풍성하게 자라며 방언기도를 많이 하면 할수록 영적 근육이 강해진다고 한다.

그러나 고린도전서 14장 4절 "방언을 말하는 자는 자기의 덕을 세우고 예언하는 자는 교회의 덕을 세우나니" 말씀은 당시 고린도 교회 방언을 하던 자들이 방언은 자기의 덕을 세운다고 한 말을 바울이 인용한 것으로 바울은 방언을 하는 자는 자기의 덕을 세운다고 하지만 예언하는 자는 교회의 덕을 세운다며 방언과 예언을 비교하여 교회의 덕을 세우는 예언의 우월성을 말하고 있는 것이다. 성령이 은사를 주시는 목적은 교회의 덕을 세우기 위함인데 방언을 하는 자들이 방언은 자기의 덕을 세운다고 주장하는 것을 우회적으로 비판하며 교회의 덕을 세우지 못하는 방언보다 교회공동체의 덕을 세우는 예언을 하라고 권하는 말씀이다. 성령이 은사를 주시는 목적은 교회공동체의 유익을 위함이다. 그리고 성령방언의 본질은 복음을 전하는 것이다. 복음을 전하지 못하고 교회의 덕을 세우지 않고 하나님께 영으로 비밀을 말하고 자기의 덕을 세운다고 하는 고린도교인들의 방언은 성령이 방언을 주시는 목적에도, 성령이 은사를 주시는 목적에도 벗어난 것이었다. 문제는 오늘날 기독교신자들의 방언과 고린도교회 교인들의 방언이 다를 바가 없다는 것이다.

오늘날 방언을 하는 기독교신자는 자기가 하는 방언을 전혀 알아듣지 못한다. 1년을 기도해도, 3년을 기도해도, 10년을 기도해도, 30년을 기도해도 한결같이 자기가 하는 방언을 한마디도 알아듣지 못한다. 그래서 방언기도를 하다가 방언기도에 의미를 느끼지 못하여 포기하는 사람도 있고 해 보려고 노력을 해봐도 기도가 되지 않아 포기하는 사람도 부지기수이다. 반면 방언의 유익을 얻기 위해 의지와 열심을 내어 기도하는 사람도 많다. 어떤 이는 방언 시간을 채우기 위해 걸어다니면서 기도하고, 밥을 하거나 청소를 하면서 기도를 하고, 버스를 타거나 차를 운전할 때도 수시로 기도하는 사람이 있다. 어떤 사람은 방언기도 시간을 채우기 위해 눈을 뜨고 딴짓을 하며 기도하기도 하고, 딴짓을 하면서 입만 벌려 기도하는 경우도 있고, 방언 기도를 하다가 지치면 한국말을 적절히 섞어서 기도하기도 하고, 그것도 힘들면 방언기도

와 선포기도를 병행한다. 그러나 이렇게 열심히 기도해도 자신이
하는 방언기도를 알아듣는 사람이 단 한 사람도 없다. 못 알아듣
는 정체불명의 말을 하면서 자기의 덕을 세운다는 전제 자체가 우
스운 것이다. 알아듣지 못하는데 어떻게 덕이 세워지는지….

사실 주변에 방언기도를 많이 한 사람치고 자기의 덕이 세워진
사람을 찾아보기 힘들고 열매가 좋지 않은 사람들도 많다. 방언
기도를 통해 자신에게 일어난 영적 현상과 방언의 영이 준 거짓
은사를 성령이 자신에게 특별히 은혜를 주셨다고 생각하는 교만
하고 거친 사람도 많다. 여기에 더해 방언을 옹호하기 위해 일부
목사들은 성경을 왜곡하고 방언의 유익에 대한 목사의 계명을 만
들고 있다. 성령방언이 아닌 영들이 하는 소리인 방언에 온갖 미
화가 이루어지고 있는 것이다. 거짓이 진리로 양산되는 대형 공장
이 바로 방언공장인 것이다. 기독교인들은 말을 하는 방언의 영에
게 자기의 입술을 내어주고 죽을 때까지 방언기도를 해도 알아듣
지 못하고 자신의 영의 비밀도 알지 못하고, 복음도 전하지 못하
며, 교회공동체에 유익도 주지 못하고 방언의 영의 숙주 노릇만
하게 되는 것이 현실이다. 이러한 기도에 자기의 덕이 세워질 수
없는 것이다. 못 알아듣는 방언을 하면서 자기의 덕이 세워진다
는 발상이 놀라울 뿐이다.

방언을 하는 자들은 방언을 통해 자기의 덕을 세우는 것이 아니라 방언의 영의 숙주로 세워지는 것이다.

Q   방언은 통역될 수 있는가?

A   통역의 사전적 의미는 언어가 다르거나 통하지 않는 사람 사이에 말이나 언어가 통하도록 하는 것이다. 그리고 통역사란 그런 일을 하는 사람을 말한다. 이 말의 뜻은 통역이란 언어가 다르더라도 반드시 사람의 언어가 전제가 되어야 한다는 것이다. 사람의 말이 아닌 자연의 소리 혹은 개나 고양이, 호랑이, 사자 등 온갖 동물의 소리 등은 그 의미를 어렴풋이 감지했다 해도 통역을 했다고 할 수 없다. 그것은 사람의 소리가 아니기 때문이다.

이 세상에는 자연 만물과 인간 외에도 영적 존재가 함께 공존한다. 영적 존재는 말을 알아듣기도 하고 말을 하기도 한다. 그런데 영적 존재의 특이한 점은 영적 존재는 사람의 말을 할 수 있고 알아들을 수 있으며 심지어 동물이나 자연의 소리도 한다. 그러나 자신을 인간에게 계시할 때는 영적 존재의 언어로 하지 않고 인간이 알아들을 수 있는 사람의 말이나 이미지, 상징이나 꿈으로 계시한다.

성경에 나온 방언 역시 이러한 범주에서 벗어나지 않는다.

고린도전서 14장 일부의 방언을 제외하고 성경에 나온 모든 방언은 한결같이 사람의 언어 혹은 지방의 사투리였다. 오직 고린도전서 14장에 나오는 방언 중 일부만이 어느 누구도 알아들을 수 없는 영의 방언이었다. 그러나 바울은 고린도교회에서 행해지던 영의 방언을 성령의 은사로 인정한 적이 없으며 오히려 교회에서 해서는 안 될 신앙 행위로 우회적으로 비판하였다.

또한 방언기도라는 말은 성경 전체에서 오직 고린도전서 14장 14절 "내가 만일 방언으로 기도하면 나의 영이 기도하거니와 나의 마음은 열매를 맺지 못하리라"를 제외하고는 단 한 줄도 나오지 않는다. 고린도전서 14장 14절은 바울이 당시 고린도교회 성도들이 방언은 나의 영이 기도한다고 한 말을 인용한 것이다. 바울은 14절에서 자신이 만일 방언으로 기도하면 방언을 하던 자들의 말처럼 영으로 기도한다고 하겠지만 마음에는 전혀 열매를 맺지 못하는 기도이므로 15절에 방언으로 기도하지 않고 전 인격적으로 하나님께 기도하겠다고 한 것이다.

그런데 오늘날 기독교인들은 말이 아니기에 사전적 방언의 정의에도 벗어나고 사람의 말로 복음을 전하는 성령이 주신 언어방언의 정의에서도 벗어난 (영의) 방언을 성령의 은사로 알고 열심히 하고 있다.

오늘날 방언은 하는 자도, 듣는 자도 전혀 알아들을 수 없다. 말의 기능이 하나도 없는 단순한 음절이 반복되는 기괴한 주문 같은 소리의 반복이다. 이방 종교에서는 신과 접신하기 위해 또는 명상을 통해 우주와 합일하기 위해 만트라라는 주문을 외운다.

　　　　　　　　　방언은 성령의 은사가 아니다

이교의 사제나 신자는 만트라를 반복하지만 그것을 통역하려고 하지 않는다. 그런데 유독 기독교신자들만이 자기들도 모르는 단순한 음절이 반복되는 방언을 하면서 통역하고 있는 실정이다.

방언옹호론자 중 일부는 방언이 나의 영이 하나님께 비밀을 말한다고 한다. 만약 방언이 나의 영이 비밀을 하나님께 말하는 것이라면 그것이 통역이 되겠는가! 통역이 필요한 것인가! 자기 영이 자기도 모르게 하나님께 비밀을 말하는데 통역이 되어도 이상한 일 아닌가! 또한 바울은 고린도전서 14장 14절에 방언기도는 마음의 열매를 맺지 못한다고 하였다. 마음의 열매를 맺을 수 없는 방언이 어떻게 통역이 되겠는가! 무슨 소리를 하고 있는지 모르는데 통역이 된다는 발상 자체가 앞뒤가 맞지 않는 것이다. 바울이 고린도전서에서 방언 통역하기를 구하라고 한 것은 사람의 언어인 외국어를 통역하도록 구하라고 한 것이지 신접하여 떠드는 것과 같은 이상한 소리인 방언을 통역하라고 한 적이 없다.

또한 방언을 통역한다는 사람들에게 한 사람의 방언을 녹음해서 들려주면 통역이 다르게 나온다. 마치 점쟁이들에게 한 사람의 사주를 주면 모두 점괘가 다르게 나오는 것과 같은 이치이다. 이는 방언 통역이 될 수 없기 때문에 방언 통역이 다른 것이고 제대로 된 점을 치지 못하기 때문에 점괘가 다른 것이다.

사람은 자기가 알아듣는 자국어로 기도를 한다. 그래서 자기가 기도를 하면서 무엇을 기도하고 있는지 아는 것이다. 그런데 방언은 자신이 하면서도 전혀 알아듣지 못한다. 그러면 누가 내 안에서 방언을 하고 있는 것일까? 만약 영적 존재가 내 안에 들어와 이상한 소리를 하고 있다면 영적 존재의 말을 인간이 통역해 낼 수 있을까? 절대 못 한다. 왜냐하면 인간의 언어만이 통역이 되는 것이다. 그러므로 영이 내는 소리인 방언은 절대 통역할 수 없다. 그럼에도 불구하고 통역을 하는 사람들이 있다. 거짓말을 하고 있는 것이다.

방언이란 언어의 의미가 하나도 없는 영의 소리이다. 즉, 귀신이 내는 소리라는 것이다. 이러한 방언은 통역이 될 수 없는 것이다. 악령이나 귀신도 존재를 드러낼 때 인간의 말이나 동물의 소리를 하며 나타난다. 그런데 인간이 방언을 통해 영의 소리를 하고 있다. 그러면서 그것이 통역이 가능하다는 말을 하고 있다.

성령이 주신 방언은 언어의 장벽을 허물고 복음을 전하는 것이다. 그러나 영의 방언은 복음을 전하지 못하고 언어의 장벽을 만들고 아무도 알아듣는 자가 없다. 그러면서 통역이 가능하다고 한다. 앞뒤가 맞지 않는 것이다.

이방종교에서는 신접할 때만 영이 말하는 방언을 한다. 그러나

방언은 성령의 은사가 아니다

통역하려 하지 않는다. 기독교신자들은 알아듣지 못하면서 시도 때도 없이 영의 방언으로 기도하고 있다. 그러면서 방언을 통역을 하려고 한다.

Q **목사님에게 안수를 받고 방언이 임한 것은 성령이 주신 것인가?**

A   방언옹호 목사님들은 자신들이 방언기도를 통해 많은 유익을 얻었기 때문에 방언의 유익을 성도들에게 가르치고 방언기도를 장려한다. 그리고 장려를 넘어 성도들에게 방언이 임할 수 있도록 적극적으로 안수기도를 해 주신다. 목사님이 성도에게 안수기도를 하면 어떤 성도는 정말 바로 방언을 받는 경우가 있고 어떤 성도는 목사님에게 오래 안수를 받은 끝에 방언을 받기도 하며 어떤 성도는 아무리 목사님께 안수를 받아도 방언이 터지지 않는 경우를 볼 수 있다.

이런 경우를 어떻게 설명할 수 있을까?

과연 목사님의 안수를 통해 터진 방언은 성령이 주시는 은사일까?

안수를 통해 목사님 안에 있는 영적 은사를 성도들에게 전이시키는 행위를 임파테이션이라고 한다. 임파테이션의 특징은 목사님에게 있는 은사는 여전히 목사님에게 있으면서 동시에 다른 성도에게 그 은사가 임하는 것을 말한다.

목사님이 안수를 하여 성도들 가운데 일부가 방언을 받게 되는 것은 성령의 은사로서의 방언이 아니다. 성령의 은사로서 방언은 성령이 주시는 것이지 목사님이 주시는 것이 아니기 때문이다. 그렇다면 어떤 영적 원리로 목사님이 안수를 하자 일부 성도에게 방언이 전이된 것 일까?

  그것은 목사님 안에 있던 방언의 영이 일부 성도들에게 전이되어 방언을 터뜨려 주었던지 목사님의 영력이 성도안에 숨어 있던 영을 활동하게 하여 말을 하게 한 것이다. 전자를 임파테이션이라고 하고 후자를 영 터치라고 한다. 목사님도 평신도시절에 방언을 간구하였거나 다른 목사님에게 안수를 받았을 때 방언을 받게 되었을 것이다. 이것은 목사님에게 방언을 하는 어떤 영적 존재가 들어온 것을 의미한다. 그리고 목사가 되어 안수를 할 때 성도들에게 방언을 전이시킨다. 목사님이 안수를 할 때 목사님과 영이 비슷하거나 목사님보다 영이 약한 성도들에게 목사님 안에 있던 방언의 영이 들어가 영적 조작을 일으키게 되면 영적 조작을 당한 일부 성도들에게서 방언이 터지는 일이 벌어지는 것이다. 이러한 영적 이치를 알지 못하는 목사님은 하나님이 자신을 지지하고 인정하여 자신을 통해 방언의 은사를 성도에게 주셨다고 감격하게 되고 성도들은 하나님이 목사님의 안수기도를 통해 자신에게 방언의 은사를 주셨다고 생각한다. 그러나 이것은 완전히 착각이다. 이것의 실체는 목사님 안에 있는 방언의 영이 영을 접촉하는 수단인 안수를 통해 목사님과 영이 비슷하거나 영이 약한 성도들에게 들어가 영적 조작을 감행하여 방언을 터뜨린 영적 조작행위에 불과한 것이다.

반면 목사님께 안수를 받은 사람들 가운데 오래 안수기도를 받아도 방언이 터지지 않는 사람이 있다. 그는 하나님이 자신을 사랑하지 않는 것 같고 자신의 신앙에 어떤 문제가 있어서 방언이 터지지 않았다고 생각하며 매우 낙심하게 된다. 그러나 안수를 오래 받아도 방언이 터지지 않는 성도야말로 영이 강하고 맑은 사람일 수 있다.

은사를 받는다는 것은 다른 말로 하면 영을 받는 것이다. 영을 받는다는 것은 이미 태어날 때부터 부모로부터 영을 받아서 잠복되어 있는 상태일 때, 사역자의 영과 비슷할 때, 영을 사모하여 간구할 때, 영이 약하면 영을 받게 된다. 은사도 은사의 영이 이미 태어날 때부터 잠복되어 있거나 은사의 영과 파장이 비슷하거나 그 은사를 사모하거나 그 은사의 영보다 영이 약한 자들에게 들어가 은사의 영이 영적 조작을 감행하면 사람들에게 은사가 발현되게 된다. 그때 사람들은 은사를 받았다고 하는 것이다. 그것도 성령의 은사를 받았다고 착각하는 것이다.

성령으로부터 순적하게 받은 은사가 아니라 태어날 때부터 부모를 통해 들어와 잠복된 은사와 사람의 기도나 안수 그리고 종교 행위로 얻어지는 은사는 거의 은사의 영이 인간에게 일으킨 영적 조작 행위를 통해 은사의 영의 성격과 힘이 인간에게 나타난 것으로 정의할 수 있다. 해당 은사의 영을 사모하지 않거나 은사의 영보다 영이 강한 사람에게는 영적 조작행위를 쉽게 하지 못하기 때문에 어떤 사람은 은사를 받지 못하는 것처럼 보인다.

그러므로 은사는 매우 유익한 것이지만 성령으로부터 순적히 받지 않고 인간의 영적 노력으로 받는 은사는 은사의 영의 영적 조작으로 나타난 것일 수 있으므로 조심해서 분별해야 한다. 은사의 영의 영적 조작행위로 나타난 은사는 거짓 은사를 성령의 은사로 성도를 속게 하는 미혹의 수단이 될 수 있으며, 거짓 성령사역의 기반이 될 수 있고 거짓 성령사역자를 세워 기독교인들을 속이는 강력한 수단이 되기도 한다. 그래서 오늘날 기독교에 거짓 성령사역자가 많은 것이다.

목사님께 안수를 받고 방언이 터지는 경우는 목사님의 기도를 통해 성령이 임하여 성도가 방언의 은사를 받은 게 아니다. 오히려 목사님 안에 역사하는 정체불명의 방언의 영이 안수를 통해 영이 약한 성도들에게 들어가 방언을 터뜨린 결과일 수 있다.

반면 목사님께 오랫동안 안수기도를 받았는데도 방언이 터지지 않아 낙심한 성도는 역설적으로 목사님에게 역사하는 방언의 영에게 영적 조작을 당하지 않을 만큼 영이 강하기 때문에 방언이 터지지 않은 것이다. 그렇다면 방언을 받지 못한 성도가 영이 더 강하고 깨끗하고 맑은 사람이라고 할 수 있다.

임파테이션과 영 터치 현상을 보더라도 방언은 절대 성령의 은사가 아니다.

Q 방언기도가 바뀌는 이유?

A 방언기도를 하다 보면 방언이 바뀌는 경우가 가끔 있다. 어떤 이는 한 번도 바뀌지 않은 사람도 있고 한두 번 바뀐 사람도 있고 자주 바뀐 사람도 있을 것이다. 기도할 때 자신의 방언이 바뀌는 것을 체험한 기독교신자들은 왜 방언기도가 바뀌는지 그 이유에 대해 매우 궁금해하며 담임목사님이나 전도사님, 혹은 교회에 신실하신 분들에게 방언기도가 바뀌는 이유에 대해 문의를 하게 된다. 그럴 때마다 듣는 소리가 방언기도를 많이 하면 영적으로 성장하게 되고 하나님이 성도의 성장 수준에 맞게 방언기도를 바꾸어 주신다는 말을 듣게 된다.

그 이야기를 들은 성도들은 자신의 방언기도가 바뀐 것이 영적으로 성숙해진 징표이며 하나님이 영적으로 성장하도록 도와주시는 것이라고 믿고 계속해서 방언으로 기도를 하게 된다. 그렇게 계속 방언으로 기도하다 보면 어떤 이는 정말 자신이 영적으로 성장하여 많은 변화를 받았다고 생각하며 더욱 방언기도에 매진하는 사람도 있고, 방언기도를 해도 달라지는 것도 없고 신앙에 도움이 되지 않아 마음속으로 회의하는 사람들도 적지 않다.

방언기도는 도대체 왜 바뀌는 것일까? 방언기도가 바뀌는 이유는 무엇일까?

인간은 영과 육으로 구성된 존재이다. 그리고 인간의 몸 밖과 몸 안에는 무수히 많은 영들이 존재하고 깃들어 있다. 인간과 만물 그리고 영들이 공존하고 있는 것이 이 세상의 실존이다. 그러므로 이 세상은 물질계이면서도 영계이며 모든 만물과 인간 역시 물질적 존재이면서 영적 존재로서 실존한다. 인간과 영적 존재는 따로 존재하는 것이 아니라 동전의 양면처럼 공존하며 공생하고 때론 파괴하며 함께 살아가는 것이 현실이다.

인간은 영육으로 구성되어 있고 영적 존재와 함께 공존하는 존재이므로 인간은 실질적인 영의 통로이기도 하다. 그러므로 인간이 영적 행위를 하지 않아도 영들은 인간을 통로로 삼아 들어오기도 하고, 나가기도 하고, 인간 안에 은밀하게 숨어 있기도 하고, 인간을 영들의 생존 욕망의 도구로 삼기도 한다.

기독교신자들이 하는 방언은 성경적 방언이 아니라 영육으로 구성되어 있는 인간이 어떤 영적 행위를 하게 될 때 인간에게 영이 들어오거나 인간안에 숨어 있는 영이 터치되어 깨어나 말을 하는 것이다.

그렇다면 방언기도는 왜 바뀌는 것일까?

방언은 영육으로 구성된 인간이 어떤 영적 행위를 할 때 인간 안에 영이 들어와 말을 하거나 인간 안에 숨어 있는 영이 인간의 몸에서 말을 하는 것이다. 인간에게 A라는 영이 임하여 A영이 인간 안에서 A영의 음성을 내었다. 그런데 어느 날 알 수 없는 이유로 A영이 인간에게서 나가거나 몸 안으로 숨어 버려 그 음성을 내지 않고 B영이 들어오거나 B영이 깨어나 B영의 말을 하게 되면 인간이 들을 때는 방언기도가 바뀐 것처럼 들리는 것이다.

그렇게 한참 B영이 기도를 하다가 B영이 나가거나 숨어서 더 이상 말을 하지 않고 C영이 들어오거나 깨어나서 C영이 방언을 하게 되면 기독교신자들이 들을 때는 방언기도가 바뀐 것처럼 들리게 되는 것이다.

이것을 쉽게 설명하면 어떤 무속인에게 할아버지 귀신과 할머니 귀신 그리고 남자 귀신과 아이 영이 있다고 할 때, 무속인을 축귀하면 그 무속인에게서 갑자기 할아버지 소리가 나더니 곧이어 할머니의 표독스러운 소리가 나고 후에 굵직한 중년 남성 목소리가 나기도 하고 어린아이의 소리가 나는 경우를 볼 수 있다. 이것은 그 무속인 안에 숨어 있던 영들이 각각 내는 소리인 것이다. 할아버지 영이 말을 하면 할아버지 소리로, 할머니 영이 말을 하면 할머니 소리로, 남자 귀신이 말을 하면 중년 남성의 소리로, 아이 영이 말을 하면 아이의 소리로 바뀌는 것이다. 이때 만약 무속인 안에 숨어있는 네 명의 귀신이 방언으로 번갈아 소리를 내었다면 사람이 들을 때는 방언기도가 바뀌는 것처럼 보일 것이다. 바로 이것이다.

기독교신자가 방언으로 기도할 때 방언기도가 바뀌는 이유는 A라는 영이 들어와 A영의 방언을 하다가 A영이 사라지거나 숨고, B영이 들어오거나 깨어나서 B영이 떠들면 B영의 방언소리가 나는 것이다. 그러다가 B영이 숨거나 나가면 B영의 방언소리는 사라지게 된다. 그러다가 C영이 들어오거나 터치되어 깨어나 C영이 소리를 내면 마치 방언기도가 바뀌는 것처럼 보이는 것이다. 그리고 영들이 교체되지 않고 한 영이 계속 말하면 방언기도가 바뀌지 않는 것처럼 보이는 것이다.

김 집사와 박 집사가 있다.

김 집사와 박 집사는 교회에서 봉사를 한 후 집에 가지 않고 새벽 예배를 드리기 위해 교회에서 잠을 청하는데, 갑자기 박 집사가 김 집사의 방언을 하게 되었다.

박 집사는 무슨 이유로 갑자기 김 집사의 방언을 하게 되었을까!

이 경우를 달리 말하면 방언기도가 바뀐 것이다. 박 집사가 자기 방언을 하지 않고 갑자기 김 집사의 방언을 하였기 때문이다. 박 집사의 방언기도가 바뀐 것이다. 이 경우 역시 위의 설명으로 답을 할 수 있다. 즉, 김 집사 안에서 방언을 하게 한 영적 존재가 박 집사에게로 들어가니까 갑자기 박 집사가 김 집사의 방언을 하

방언은 성령의 은사가 아니다

게 된 것이다. 이 경우 박 집사가 김 집사의 방언을 하게 된 것은 성령의 은사로서 방언이 아니라 김 집사의 방언의 영이 박 집사에게로 이동한 영의 이동 현상, 영의 전이 현상일 뿐이다. 이를 달리 말하면 안수기도 없이 임파테이션이 된 것이다. 박 집사의 방언이 갑자기 김 집사의 방언으로 바뀐 현상을 보더라도 방언이 성령의 은사가 아니라는 반증이 되는 것이며, 영적 존재가 인간 안에 들어오거나 숨어 있던 영이 활동하면서 말을 하는 것이라는 방언의 정의가 맞다는 것의 근거가 되고 영이 바뀌면서 바뀐 영이 말을 하면 방언기도가 바뀌는 것의 증거가 되는 것이다.

방언은 인간 안에 영이 들어오거나 숨어있던 영이 터치 되어 깨어나 인간의 몸에서 말을 하는 것이다. 박 집사와 김 집사의 예를 보듯이 인간 안에서 말을 하는 영들이 바뀌면서 바뀐 영들이 방언으로 소리를 내면 마치 방언기도가 바뀌는 것처럼 보이는 것이다.

방언기도가 바뀌는 이유를 통해서도 오늘날 방언이 성경적 방언이 아니며 성령의 은사도 아니고 인간에게 들어오거나 깨어난 영들이 인간 몸에서 하는 말이라는 정의가 옳다는 분별에 서게 된다. 그렇다면 기독교신자들은 근본도 알 수 없는 정체불명의 영이 자신의 몸에서 하는 영의 기이한 소리를 성령의 은사로 알고 방언기도를 하고 있다고 분별할 수 있다.

Q 마귀는 방언을 알아듣지 못하는가?

A 방언옹호론자들은 방언은 하나님이 특별한 장치를 해 놓으셔서 마귀는 절대 알아듣지 못하고 하나님만 알아들으신다고 한다. 이는 성경에 없는 전형적인 사람의 계명일 뿐이다.

성경에 등장하는 마귀는 에덴동산에도 버젓이 나타나 하나님이 창조한 사람들을 미혹하였고, 욥기에서는 하나님 앞에 나타나 욥을 참소하였다. 스가랴서 3장 1-2절 "대제사장 여호수아는 여호와의 천사 앞에 섰고 사탄은 그의 오른쪽에 서서 그를 대적하는 것을 여호와께서 내게 보이시니라 2여호와께서 사탄에게 이르시되 사탄아 여호와께서 너를 책망하노라 예루살렘을 택한 여호와께서 너를 책망하노라 이는 불에서 꺼낸 그슬린 나무가 아니냐 하실 때에" 대제사장 여호수아가 여호와의 천사 앞에 섰을 때 사단이 그의 오른편에 서서 대적하였고 하나님께서 사단을 책망하시는 장면이 나온다. 신약성경에서는 예수님이 40일 금식을 마치신 후에 사단이 예수님 앞에 직접 나타나 세 가지를 가지고 시험하는 장면이 등장한다. 또한 예수님이 거라사지방에 가셨을 때 무덤가를 배회하던 광인 안에 있던 군대귀신이 자신을 쫓아내지 말라고 부탁하는 장면이 나온다. 이처럼 성경에 등장하는 사단마귀는 하나님 앞에 설 수 있는 존재였고 하나님이나 예수님과도 말을 할 수 있는 존재였다.

방언은 성령의 은사가 아니다

또한 사단마귀는 인간의 말을 알아듣기도 하고 인간의 말을 하기도 하며 심지어는 동물이나 자연의 소리도 내기도 하며 동물이나 자연을 통해 인간에게 말을 하기도 한다.

오늘날 방언옹호론자들이 하는 방언은 말 그대로 영의 방언이다. 자신들은 고린도전서 12장과 14장을 빗대어 자신들의 방언이 성령이 주신 방언이라고 하지만 고린도전서 12장의 성령의 은사로서 방언은 사람의 말인 언어방언이지 오늘날 기독교인들이 하는 영의 방언이 아니다. 더욱이 고린도전서 14장의 방언은 바울이 영의 방언을 하던 자들을 책망하고 영의 방언의 무익함을 비판한 내용으로 고린도교회 교인들이 했던 방언이 성경적 방언이 아님을 반증하는 대표적 말씀이다. 복음을 전하지 못하는 방언은 성령의 방언이 될 수 없다.

오늘날 방언의 영적 실체는 정체를 알 수 없는 영이 인간에게 들어오거나 인간 안에서 깨어나 영이 말을 하는 것이다. 그렇다면 영이 하는 말인 방언을 마귀가 모른다는 것은 말도 안 되는 것이다. 더구나 방언의 근원은 마귀의 부하인 온갖 악령들이 하는 소리이다. 그러므로 마귀는 분명히 알아들을 수 있다. 영들이 하는 영의 방언을 악령의 대장인 마귀가 못 알아듣는다는 것은 말도 안 되는 소리인 것이다.

역설적으로 방언을 못 알아듣는 존재는 방언의 온갖 유익을 말하며 날마다 방언기도를 하고 있는 방언옹호목사들과 기독교 신자들이다.

방언옹호론자들은 하나님이 방언에 특수한 장치를 해 놓아 마귀는 전혀 알아듣지 못한다고 하는데 하나님이 도대체 어떤 특수한 장치를 하여 마귀가 못 알아듣는지 근거를 대야 할 것이다. 그러나 하나님이 무슨 장치를 해서 마귀가 못 알아듣는지 근거를 대는 사람은 하나도 없다.

더욱이 그들은 방언기도는 귀신을 쫓아내는 능력이 있는 기도라고 주장한다. 방언옹호론자들 말처럼 마귀가 방언기도를 못 알아듣는다면 마귀의 부하인 귀신도 방언기도를 알아듣지 못할 것이다. 마귀나 귀신이 방언기도를 알아듣지 못하는데 어떻게 사역자나 성도의 방언기도에 쫓겨날 수 있는 것인지…. 또한 귀신을 대적하는 사역자나 성도는 자신이 하고 있는 방언기도를 못 알아들으면서 어떻게 귀신을 쫓아낼 수 있는지 궁금할 뿐이다.

마귀도 귀신도 방언을 알아듣는다. 방언을 알아듣지 못하는 존재는 마귀가 아니라 방언을 하고 있는 목사와 성도들 뿐이다.

방언은 성령의 은사가 아니다

Q **방언기도로 귀신을 쫓아낼 수 있는가?**

A 방언을 옹호하고 방언으로 영적 체험이 있는 분들은 귀신 들린 사람들에게서 귀신을 쫓아낼 때 방언기도가 터져 나오면서 귀신이 나가는 체험을 했다고 한다. 그렇기 때문에 방언기도는 성령이 주신 은사이며 귀신을 쫓아낼 수 있는 탁월한 힘을 가진 것이라고 권장하고 있다.

방언기도로 귀신이 쫓겨난다면 하나님이 방언기도에 귀신을 쫓을 수 있는 강력한 힘을 주셨기 때문에 귀신이 나간 것일까? 아니다!

방언기도를 할 때 가끔 귀신이 나가는 경우는 방언기도가 영적으로 강한 힘을 가진 기도이기 때문에 귀신이 나가는 것이 아니다. 만약 방언기도가 정말 귀신을 쫓아낼 만한 강한 힘을 가진 기도라면 특정인의 귀신이 나가는 것에서 그치지 않고 대부분 사람 안에 역사하는 귀신이 모두 떠나야 할 것이다. 그러나 방언기도를 할 때 아주 극소수 사람들의 귀신이 떠나갈 뿐이지 많은 사람들에게 붙어 있는 귀신이 떠나가지 않는다.

그러나 만약 방언기도로 일부 귀신이 나간다면 그 영적 이치는 무엇일까?

방언옹호론자들은 방언기도가 영적 능력이 있어서 귀신이 견디지 못하고 떠나간다고 주장한다. 그러나 이는 영적 이치에 대한 깊은 인식이 없는 데서 오는 착오일 뿐이다.

방언이란 영적 존재가 내 안에서 그 존재의 말을 하는 것이다. 만약 내 안에 방언을 하는 영이 있는데 그 방언의 영이 5의 힘을 가졌다고 가정하자 그리고 귀신 들린 자의 귀신이 3의 힘을 가졌다고 가정한다면 내 안에 방언을 하는 영이 가진 5의 영력으로 귀신 들린 자의 귀신을 축귀할 수 있다. 그러나 내 안에 방언을 하는 영의 힘이 5일지라도 귀신 들린 상대방의 영력이 6이나 9이면 상대방의 악한 영을 물리치지 못할 것이다. 그러므로 방언을 통해 귀신이 쫓겨나는 것은 방언을 하는 영의 영력과 귀신의 영력 차이로 쫓겨나는 것이다. 이것은 영들의 영력 차이로 인한 대결의 결과이지 방언기도 자체가 능력이 있는 것이 아니라는 것이다. 이러한 이치는 방언기도를 하였을 때 간혹 병이 낫는 경우에도 적용될 수 있다. 즉 병을 가져온 영의 에너지보다 방언을 하는 영의 힘이 강한 경우 방언기도를 통해 병이 일부 치유될 수 있다. 그것은 성령이 방언기도에 특별한 힘을 주셔서 그런 현상이 나타난 것이 아니라 방언의 영과 병마의 세력의 영적 힘의 차이 때문이다.

어떤 목회자가 축사 능력이 탁월하여 그의 집회에는 귀신이 잘 나가는 경우가 있다. 그 목회자는 성령께서 강한 축사 능력을 주셨든지 태어날 때부터 강한 영력을 갖고 태어난 사람일 수 있다. 그러므로 목회자 안에 있는 영의 영력이 회중의 영보다 훨씬 강하면 회중 가운데서 병든 자가 치료되고 귀신 들려 고통받는 자들이 놓임을 얻게 된다.

그러나 귀신이 간헐적으로 나가고 병이 낫는다고 해서 방언기도가 유익한 것은 아니다. 방언기도는 내 안에 있는 영이 나를 붙잡고 하는 영의 말이기 때문에 많은 영을 끌어들이고 내 안에 영을 깨우기도 한다. 이러한 영적 이치로 방언기도를 통해 나의 몸과 영혼은 많은 영들이 거하는 만신전이 되게 된다. 즉, 방언기도를 많이 하는 경우 때에 따라 정상적으로 보이는 귀신 들림 상태가 될 수 있다는 점에서 방언기도는 극히 위험한 것이다. 이는 무당이 손님으로 온 사람의 귀신이나 병을 고쳐 줄 수 있고 손님으로 온 사람은 병에서 치유받고 자신을 괴롭힌 귀신에게서 자유함을 얻을 수 있지만 반대로 더 강력하고 악한 무당의 영에게 장악되는 현실과 같은 이치이다.

방언옹호론자들은 마귀와 귀신은 방언기도를 못 알아듣는다고 하면서 방언기도를 통해 귀신을 쫓아내고 병을 고칠 수 있다고 한다. 앞뒤가 맞지 않는 소리이다. 귀신도 축사자의 말을 알아들어야 쫓겨나든지 말든지 하는 것이다. 방언기도를 통해 귀신이 쫓겨난다면 귀신이나 마귀는 방언기도를 알아듣는다는 반증이다.

방언기도로 귀신이 나갈 수 있고 병이 치유될 수 있다. 이는 방언기도가 능력 있는 기도이기 때문에 나타난 현상이 아니라 방언의 영의 영력 때문이다. 그러나 방언기도를 통해 상대방의 귀신이 나가거나 병이 낫는다고 해도 방언기도를 계속하는 경우 방언기도를 통해 수많은 영들을 끌어들이고 깨우는 영적 행위가 활발하게 나타나므로 나의 몸과 영혼은 온갖 귀신의 만신전이 될 수 있음을 분명히 알아야 한다.

방언기도로 귀신이 쫓겨나가는 게 아니라 성도가 방언기도를 통해 귀신에게 사로잡히는 결과를 가져온다는 것을 바르게 알아야 한다.

방언은 성령의 은사가 아니다

Q 기독교신자는 귀신방언을 하지 않을까?

A 방언옹호론자들은 고린도전서 14장 2절에서 "방언은 사람에게 하지 아니하고 하나님께 하며 알아듣는 자도 없고 오직 나의 영이 비밀을 말하는 것"이라고 한다. 그러므로 귀신 방언은 결코 있을 수 없다고 항변한다.

그러나 방언옹호론자들이 방언의 유익을 위해 말하는 고린도전서 14장 2절의 말씀은 방언의 최대 유익을 말하는 것이 아니다. 오히려 영의 방언은 성령의 방언이 아니라는 반증으로 바울이 예시한 대표적 구절이다.

고린도전서 14장 2절은 언어의 장벽을 무너뜨리고 복음을 전하는 성령의 방언에서 벗어나 사람에게 하지 않고 하나님께 영으로 비밀을 말한다고 주장한 당시 고린도교회 성도들이 했던 주장을 바울이 인용한 것으로 방언의 오용을 확실하게 비판하는 대표적 구절이며 영의 방언이 얼마나 비성경적이고 무익한 것인지를 가장 분명히 밝힌 구절이다.

그러나 방언옹호론자들은 고린도전서 14장 2절을 근거로 들며 방언은 나의 영이 하나님께 비밀을 말하는 것이므로 귀신은 절대 방언을 하지 못한다고 한다. 귀신은 정말 방언을 하지 못할까? 귀신 방언은 없는 것일까?

그렇다면 불교나 무속 그리고 힌두교 등에서 하는 방언은 무엇인가? 그들이 하는 방언은 귀신 방언이고 기독교 신자들이 하는 방언은 하나같이 성령의 은사로서 방언인가?

영과 육으로 구성된 인간에게 영이 임하면 인간은 자신에게 임한 영의 성격과 힘이 나타나게 된다. 만약 인간에게 영이 임하거나 인간 안에 숨어 있던 영이 깨어나 영의 말로 인간의 몸에서 말이나 기도를 하게 되면 그것이 방언기도이다. 그러므로 영과 육으로 구성된 인간에게 영이 임하거나 영이 깨어나 말을 하면 인간은 누구나 방언을 할 수 있다. 그래서 불교신자, 힌두교신자, 무속인, 기독교인, 이단 사이비 집단 등 인간이면 누구나 방언을 하는 것이다.

이처럼 영이 사람 안에 들어왔거나 사람 안에서 깨어나 말을 하는 것이 방언일 때 만약 말을 하게 하는 영이 악한 영이라면 그 방언은 당연히 귀신방언일 것이다.

더욱이 영의 방언은 성경적 방언에서 완전히 벗어난 방언으로 정체를 알 수 없는 영들이 인간 몸에서 내는 소리이다. 이 전제가 맞다면 방언은 거의 귀신 방언일 것이다. 그렇다면 복음을 전하지 못하고 교회의 덕을 세우지 못하는 한국 기독교인들의 방언도 거의 대부분 귀신 방언일 것이다.

귀신은 사람의 몸 안에 들어오거나 몸 안에 숨어 있다가 사람의 말을 하기도 하고 심지어 동물의 소리도 낼 수 있다. 귀신이 사람 말도 할 수 있고 동물 소리도 낼 수 있다면 사람의 몸 안에서 영의 말인 방언도 당연히 할 것이다, 그러므로 귀신방언이 없다는 말은 방언옹호 목사들이 만들어 낸 사람의 계명일 뿐이다. 방언 옹호 목사들은 방언은 성령이 주신 은사이며, 귀신방언은 없다고 하므로 방언의 영이 기독교신자들을 마음껏 유린할 수 있는 영적 토양을 만들어 주었다. 그러나 기독교신자들이 하고 있는 대부분의 방언은 영의 방언으로, 성령이 주신 언어 방언은 하나도 없다. 기독교신자들이 하고 있는 대부분의 방언은 영의 방언으로 성령이 주신 언어방언은 하나도 없다. 기독교 신자들은 자신들 안에서 영이 말을 하는 방언을 하고 있는 것이다. 그렇다면 기독교신자는 자신들이 귀신방언을 할 수 있다는 경각심을 가져야 하는 것이다.

▣ 방언기도는 오래 할 수 있는가?

A 방언옹호론자들은 방언기도의 장점으로 오래, 깊이 기도할 수 있다고 한다. 그러나 방언기도를 하는 사람들의 상당수는 막상 받은 방언이 이상하고 의미가 없어 방언기도를 하지 않는 사람들이 많다. 또한 방언기도를 열심히 하고자 하는 사람들도 기도를 하다 보면 자기가 알아듣지 못하는 기도에 지쳐 기도를 포기하기도 한다.

방언기도는 엄밀히 말하면 짧은 몇 개의 단어의 반복일 뿐이다. 솔직히 말하면 녹음기의 구간 반복을 틀어 놓으면 계속해서 그 구간이 반복되듯이 방언기도 역시 같은 몇 개의 단어가 구간 반복되듯 반복되는 기도일 뿐이다.

그래서 방언을 받고 기뻐하였던 사람들 가운데 방언기도를 꾸준히 지속하는 사람도 많지 않고 방언기도를 열심히 하고자 하는 사람도 알아듣지 못하고 구간 반복을 되풀이하는 식의 방언기도를 오래 하는 사람은 극히 드물다. 더욱이 방언기도를 통해 깊은 기도로 들어가는 사람은 소수를 제외하고 거의 찾아보기 힘들 정도이다.

그러나 사역을 위해, 문제를 해결받기 위해, 은혜를 받고 성령의 능력을 받기 위해 방언기도를 의지를 들여 오래 하는 사람들도 있

방언은 성령의 은사가 아니다

다. 방언기도를 오래 하는 사람들은 방언기도를 통해 유익을 얻고자 하는 욕망이 강하기 때문에 반복되는 지겨운 기도를 열심을 내어 하는 것이다.

그러나 이들도 방언기도의 한계인 알아들을 수 없다는 것과 구간 반복식의 지루한 몇 개의 단어의 반복으로 인해 의지를 들여 기도하지 않으면 오래 하기가 쉽지 않고 의지를 들여 방언기도를 오래 한다고 해도 매일 한 시간에서 두 시간 이상 방언으로 기도하는 사람은 거의 찾아보기 힘들다. 그래서 기도가 노동이라는 신조어가 생긴 것이다.

불교나 이방종교는 기도로서 염불이나 진언을 외운다. 그들은 같은 단어를 반복하는 염불과 진언을 오랜 시간 외우며 기도한다. 이것은 기독교의 방언과 비슷한 것이다. 그들도 자신들의 기도의 내용을 알지 못하지만 반복되는 단순한 단어에 생각을 집중하며 기도할 때 오랜 시간 염불이나 진언을 외울 수 있다. 오늘날 방언기도를 오래 하는 사람들 역시 방언기도의 내용을 모르지만 같은 단어가 반복되는 소리에 집중하며 하나님께 드리는 기도라는 믿음의 확신을 가지고 기도하기 때문에 오래 하는 경우도 있다. 어쩌면 알아듣지 못하기 때문에 오래 하는지도 모른다.

그러나 어떤 마음, 어떤 방식으로 방언기도를 하든 방언기도를 오래 하는 사람은 생각보다 많지 않다. 심지어는 방언기도를 오래 하는 사람의 기도 태도를 보면 눈을 뜨고 딴짓을 하면서 기도하는 경우도 있고 방언기도를 하다가 중간에 한국말을 섞어서 기도 하기도 하며 그마저도 힘들면 방언을 하다가 찬양을 하면서 시간을 떼우기도 하는 것이 방언기도를 오래 한다는 사람들이 하는 기도의 행태이다.

그러나 방언기도를 하다가 깊은 기도에 들어가 오랫동안 기도했다고 하는 사람도 있다. 이것은 아주 예외적인 것으로 방언기도를 하는 사람마다 깊은 기도로 들어가 오래 할 수 있는 것이 아니다. 또한 한때 깊은 기도로 들어갔던 사람도 매일 깊은 기도를 할 수 있는 것이 아니다.

사람이 영적인 것에 몰입할 수 있는 것은 영들이 역사하면 가능하다. 방언기도를 할 때 깊은 기도로 들어가는 경우나 특별히 오래 기도하는 경우 방언기도를 하게 한 영이 기도자를 깊은 기도로 인도하였다고 볼 수 있다. 그러나 이것 역시 흔한 경우는 아니라는 것을 인지하여야 한다.

방언은 오래 할 수 있는 기도가 아니다. 그래서 방언의 은사를 받은 사람들 가운데 방언을 하지 않는 장롱 방언이 빈번하며 방언기도를 하고자 노력을 해 봐도 방언의 지루함과 반복됨 그리고 알

방언은 성령의 은사가 아니다

아듣지 못하는 한계로 인해 기도하는 자의 마음에 아무 열매가 없어 더 이상 기도를 지속하지 못하는 경우도 다반사이다. 또한 방언으로 오래 기도한다는 방언옹호론자들도 자신의 사역을 위해 열심을 내는 것이지 방언기도가 은혜가 넘쳐서 하는 사람은 거의 없을 것이다. 그래서 방언으로 기도할 때 찬양이나 춤 그리고 한국말 기도와 선포기도를 섞어서 기도하며 시간을 보내는 경우도 허다하고, 방언기도를 하면서 눈을 뜨고 딴짓하며 기도하는 사역자도 많고 기도 시간을 채우기 위해 버스에서 또는 차를 운전할 때, 밥을 할 때, 설거지할 때 방언으로 기도하는 사람도 있다. 이렇게 하는 방언 기도가 과연 하나님께 드리는 정상적 기도라고 할 수 있는가?

예수님께서는 마태복음 6장 7절에 "또 기도할 때에 이방인과 같이 중언부언하지 말라 그들은 말을 많이 하여야 들으실 줄 생각하느니라"라는 말씀을 통해 중언부언하면서 오래 하는 기도의 무익함을 말씀하셨다. 기도를 오래 하는 것이 좋은 것만은 아니다. 왜냐하면 기도의 주술성 때문이다.

방언기도를 오래 할 수 있다는 것은 일반화의 오류일 뿐이며 실제로 오래 하지 못한다.

Q 　잠재된 방언의 은사를 활성화시키라는 말의 허구?

A 　은사란 자연 발생적이지 않고 인위적이지도 않고 오로지 영적 존재로부터 인간에게 주어지는 초월적인 힘이다. 그러므로 은사를 주는 주체는 영적 존재이며 은사를 받는 객체는 인간이다. 그런데 방언옹호론자들은 성도들이 기독교를 믿게 되었을 때 성령이 내주하시므로 그때 성령의 은사도 잠재되어 있다고 가르치고 있다. 그리고 잠재된 은사를 성도들은 기도나 찬양, 예배와 말씀을 통해 활성화시켜야 한다고 가르치고 있다. 이 역시 은사주의자들과 방언옹호론자들이 만들어낸 사람의 계명이다.

성경에서 하나님이 은사를 주시는 목적은 교회의 유익과 덕을 세우기 위함이었다. 교회의 덕과 유익을 세우기 위해 주시는 하나님의 은사는 필요에 따라 성령께서 각 성도에게 주시는 것이고 은사를 받은 성도는 자신이 받은 은사대로 직임에 최선을 다하는 것이다. 그런데 하나님이 무슨 연유로 성도에게 은사를 주시고 은사를 성도 안에 잠재케 하는 것일까? 말도 안 되는 소리라는 것이다. 또한 잠재되어 있는 은사를 하나님이 활성화시키는 것도 아니고 성도가 자신의 기도, 말씀, 찬양, 예배 등의 영적 행위를 통해 활성화시킬 수 있다는 것이다. 하나님은 은사를 주시고 잠재시키시고 성도가 은사를 활성화하여 발현시킬 수 있다는 말이다. 도무지 앞뒤가 맞지 않는 소리이다.

　　　　　　　　　　　　　　　　　방언은 성령의 은사가 아니다

방언옹호론자들이 말하는 것처럼 성도가 예수님을 믿을 때 성도에게 은사를 주시고 잠복하게 하셨다가 성도의 노력으로 은사를 활성화시켜 발현한다는 것은 영적 존재가 주는 초월적 힘이라는 은사의 기본정의에서 완전히 벗어난 것이며 하나님이 교회공동체의 유익을 위해 은사를 주시는 목적에도 벗어나는 것이다. 은사란 다른 말로 하면 영적 존재이다. 은사적 힘을 행하는 은사적 영을 말한다. 인간이 영을 활성화시켜 은사화시킨다는 것은 말도 안 되는 것이다.

그렇다면 방언옹호론자들이 말하는 내 안에 잠재된 은사 혹은 방언의 은사를 활성화시키자는 말의 영적 실체는 무엇일까?

이것은 영 터치로 인해 일어나는 현상이다. 인간의 몸 안에는 수많은 영들이 깃들어 살고 있다. 어떤 영은 자신의 존재를 발현하여 활동하며 어떤 영은 조용히 숨어서 살고 있다. 그런데 인간의 기도나 예배, 말씀, 찬양, 안수기도나 집회 등을 통해 숨어있던 영이 터치 되어 발현되는 경우가 있다. 이를 영 터치라고 한다. 이때 터치되어 활동을 시작한 영이 만약 성도 안에서 은사적 행위를 하게 되면 마치 은사가 발현된 것처럼 보인다. 이 경우 이러한 영적 원리를 알지 못하는 목사들은 자신들이 주관한 기도나 예배, 말씀, 찬양, 안수기도, 집회 등을 통해 성도 안에 잠재된 성령의 은사가 열어졌다고 착각하는 것이다.

예를 들면 기도나 예배, 말씀이나 찬양, 안수기도나 집회를 통해 성도 안에 숨어 있던 영이 방언을 하게 되면 마치 기도나 예배, 말씀이나 찬양, 안수기도 등을 통해 방언의 은사가 활성화된 것이라고 믿는 것이다. 또한 내 안에 숨어 있던 영 가운데 예언을 할 수 있는 영이 활동한다면 일견 볼 때 잠재된 예언의 은사가 나타난 것처럼 보일 수도 있는 것이다.

방언옹호론자들이 말하는 내 안에 잠재된 은사를 활성화시키자는 이야기는 내 안에 숨어 있는 어떤 은사적 영을 터치하여 그 영이 활동할 수 있도록 영 터치 행위를 한 것이다.

방언옹호론자들이 말하는 성도 안에 잠재된 방언의 은사를 활성화시켜서 받은 방언은 하나님이 주신 성령의 은사로서 방언이 아니다. 이것의 영적 원리는 성도의 영적 행위로 성도 안에 숨어 있는 영을 깨운 것이다. 그리고 영이 말을 하면 바로 방언의 은사가 활성화된 것처럼 보이는 것이다. 이것은 전형적인 영 터치 현상일 뿐이다. 영 터치로 인해 방언이 터지는 영적 원리를 이해하게 되면 방언이 성령이 은사가 아니라는 것을 또 한 번 알게 된다.

하나님이 은사를 주시는 목적은 교회공동체의 유익을 위해서이며 방언을 주시는 목적은 언어의 장벽이 있는 자들에게 복음을 전하기 위함이다. 그런데 하나님이 성도에게 은사를 주시고 무슨 이유로 은사를 잠재시키신다는 말인가? 그리고 그것을 성도의 행위로 활성화시켜 사용하게 한다는 말인가? 그것도 교회공동체에 아무 유익도 없고 복음도 전하지 못하는 영의 방언을 말이다. 거짓이 거짓인지 모른다. 그래서 미혹이 미혹인지 모르는 것이다.

Q 방언을 통해 불행한 사건이 막아진 이유?

A　방언기도를 옹호하는 사람들은 방언기도를 통해 불행한 사건이 막아진 사례를 들면서 방언기도로 불행한 사건이 막아졌다고 놀라워하는 것을 볼 수 있다.

A 목사님은 어느 날 공연히 마음이 불안하고 초조하여 답답한 마음에 하나님께 기도를 하였다. 그래도 마음이 계속 불안하고 안정이 안 되었을 때 갑자기 방언기도가 터져 나왔다고 한다. 그래서 영문도 모른 채 간절하게 방언기도를 하였고 마치게 되었는데, 다음날 A 목사가 방언기도를 하였던 그 시간에 딸이 교통사고가 크게 났고, 차는 완전히 부서졌지만 딸은 하나도 다치지 않았다는 전화를 받게 된다. A 목사님은 딸을 보호해 주신 하나님께 감사드리며 방언기도의 위력에 대해 다시 한번 감탄을 하게 되었다는 타입의 간증을 여기저기서 볼 수 있다.

이러한 사건의 경우 방언옹호론자들이 말하는 것처럼 과연 성령께서 불행한 사건을 미리 예지하시고 방언기도를 통해 나쁜 사건을 막아 준 것일까? 아니면 다른 영적 이면이 있는 것일까?

하나님이 성도들에게 성령을 통해 방언을 주신 목적은 단 한 가지다. 그것은 의사소통이 되지 않는 사람에게 말이 통하게 하여 복음을 전하기 위함이다. 성경적 방언의 목적은 복음을 전하기 위해서 준 것이지 불행한 사건을 막기 위해 준 것이 아니라는 것이다.

그렇다면 A 목사님과 같은 사례는 어떻게 설명할 수 있을까?

사람에게는 예지 능력이 있다. 특히 영적으로 민감한 사람인 경우 예지 능력이나 영적 민감성이 더 뛰어나다. 어떤 사람은 그 사람 안에 특별한 예지의 영이나 점치는 영이 있다. 이런 사람은 점쟁이가 되든지 무당이 되든지 아니면 기독교로 들어와 예언사역자가 되기도 한다. 그리고 종교인이 아니더라도 유난히 타인의 미래를 알아맞히는 사람들이 있다. 누군가를 보면 그가 어떤 사건을 겪을 것인지 아는 경우도 있고, 또 다른 사람을 볼 때 그가 언제쯤 인연을 만나 결혼할지 아는 경우가 있다. 이 모든 것은 그 사람의 영의 민감성이기도 하지만 그 사람 안에 있는 영적 존재가 인지하여 가르쳐 주는 경우가 있다. 그래서 그런 사람을 소위 신기가 많은 사람이라고 하는 것이다.

이런 사람이 만약 누군가를 볼 때 그가 다음날 교통사고가 날 운명이라는 것을 알고 그의 교통사고를 막기위해 기도한다면 교통사고가 막아지거나 설령 난다고 해도 피해를 적게 입을 수 있을 것이다.

바로 이것이다.

사람에게 예지능력이 있다. 기독교신자들에게도 예지 능력이 있다. 그것은 인간이 영적 존재이기 때문이다. 특히 부모와 자식 그리고 형제자매는 말 그대로 같은 기운을 가진 존재들이다. 그래서 형제자매를 동기간이라고 하는 것이다. 같은 기를 가진 사람들은 서로에게 기감이 연결되기도 한다. 그래서 어떤 경우 부모님이나 자식 그리고 동기간에 대해 이상한 영적 기운을 느끼게 되는 경우도 많다. 그럴 때 그것을 느낀 사람은 자신의 부모와 자식 그리고 동기간을 위해 기도하게 될 것이다.

이처럼 A 목사님의 경우도 이유 없이 계속 불안하고 이상하게 안절부절하지 못했다는 것은 목사님의 예지 감각이 딸에게 일어날 교통사고를 막연히 감지하였을 것이다. 그리고 A 목사님이 방언을 하는 분이므로 그분 안에는 이미 방언을 하는 영이 있었을 것이다. 만약 A 목사님 안에서 방언을 하는 영이 목사님의 딸에게 벌어질 교통사고를 예지하였다면 방언의 영이 그것을 예지하고 그 사건이 벌어지는 시간대에 교통사고를 막기 위해 급박하게 방언으로 기도를 하였을 개연성이 매우 높다는 것이다.

즉, 성령이 은사로 주신 방언이 불행한 사건을 미리 막은 것이 아니라 방언의 영이 불행한 사건을 예지하고 기도하게 하여 교통

방언은 성령의 은사가 아니다

사고의 피해를 줄여 주었다고 해석을 하는 것이 비교적 정확할 것이다.

어떤 스님이 있었다. 이 스님은 "나무아미타불 관세음보살"을 늘 외우며 기도하는 스님이었다. 그런데 어느 날 스님이 버스를 타고 대관령을 넘어갈 때 마음에서 빨리 버스에서 내리라는 감동이 강하게 와서 버스를 세우고 대관령 중턱에 내렸는데 그 후 버스는 얼마 지나지 않아 낭떠러지로 굴러떨어져 승객들은 모두 세상을 떠나고 자기만 살았다고 하는 말을 들은 적이 있다. 그러면서 이 스님은 자신이 항상 "나무아미타불 관세음보살"을 기도하므로 관세음보살이 자기를 도우셔서 살았다고 감사해하는 것을 본 적이 있다.

이 스님은 자신이 "나무아미타불 관세음보살" 기도를 항상 염불했기 때문에 관세음보살이 보살펴 준 것이라고 생각하지만 실상은 그 스님 안에서 "나무아미타불 관세음보살"을 염불하게 한 영이 스님에게 감동을 주고 버스에서 내리게 한 것이라고 봐야 한다.

이처럼 이유 없는 불안이 오고 안절부절하지 못하는데 갑자기 방언기도가 터져 나왔고, 방언을 마치고 나자 얼마 후 방언기도를 한 그 시간대에 가족 중 누구에게 나쁜 일이 생겼는데 기적적으로 피해 갈 수 있었다고 하는 간증 사례는 방언을 통해 나도 모르는 영의 비밀을 하나님께 말하므로 불행한 사건을 막은 것이 아니라 내 안에 있는 방언을 하는 영이 불행한 사건을 미리 예지하고 그 사건을 막기 위해 기도한 것이라고 해석을 하는 것이 영적으로 바른 분별일 것이다.

다시 말하지만 하나님이 방언을 주신 목적은 복음을 전하기 위해 주신 것이지 불행한 사건을 막으라고 주신 것이 아니다. 그리고 방언기도를 하여 불행한 사건이 막아진 사례들은 역설적으로 방언이 영적 존재의 기도라는 반증이 되는 것이다.

방언은 성령의 은사가 아니다

Q 방언찬양의 영적 본질?

A 방언옹호론자들은 방언으로 찬양이 나올 때가 있다고 한다. 어떤 사람은 방언으로 열심히 기도할 때 영이 고양되면 방언으로 찬양이 나오는 경우가 있다고 한다. 그래서 방언찬양을 천상의 노래라고 찬미하기도 하고 심지어는 방언으로 찬송가나 복음성가를 부르는 사람도 있다.

성경적 방언의 본질은 복음을 전하는 것이다. 그러나 방언옹호론자들은 고린도전서 14장의 일부 구절을 예로 들면서 방언기도가 영으로 비밀을 말하고 자기 덕을 세우는 기도라고 항변한다. 그러나 아무리 성경을 내세워 방언을 옹호하려고 해도 방언찬양에 대해서는 그것을 지지해 줄 성경 구절이 단 한 줄도 없다. 도대체 성경에 나오지 않는 방언찬양이 어떤 이유로 기독교신자들에게 나타난 것일까?

방언으로 찬양하면 무조건 하나님이 주신 찬양의 은사라고 간주할 것인가?

성경에도 나오지 않는 방언찬양의 영적 본질은 무엇일까?

우리는 살다 보면 어느 날 나는 생각지도 않았는데 한 노래가 계속 떠오르고 나도 모르게 그 노래를 생각 속에서 부르는 경우가 있다. 그것이 가요이든, 찬송가이든, 계속 한 노래가 생각에서 불러지기도 하고, 입으로 불러 보기도 한다. 아침부터 생각나서 불렀는데 하루 종일 그 노래가 떠오르고 실제로 부르기도 한 경험이 누구나 있을 것이다. 그러나 왜 하루 종일 같은 노래가 떠오르고 그 노래가 생각나고 따라 부르게 되는지 아는 사람은 없다. 이것은 영적으로 보면 어떤 영이 내 안에서 노래를 하고 있는 것이다. 영이 노래를 떠오르게 하고 내 안에서 노래를 하는 것이며, 나로 하여금 노래를 하도록 만드는 것이다. 그래서 노래를 생각하고 따라 하게 함으로써 내 안에서 노래를 하게 한 영이 만족을 얻고 에너지를 얻게 되는 것이다.

방언찬양의 본질이 바로 이것이다.

즉, 방언찬양이란 어떤 영이 알아들을 수 없는 언어로 인간 안에서 노래를 하는 것이다. 그러므로 영이 인간 안에서 노래하는 것은 성경에는 나와 있지 않기 때문에 아무리 방언을 옹호하는 사람이라도 방언찬양에 대해서는 성경적 근거를 댈 수 없는 것이다. 그리고 위와 같은 영적 원리도 알 수 없기 때문에 막연히 방언기도가 깊이 들어가면 방언찬양이 나온다고 하는 것이다.

그리고 때로는 습득된 영의 방언으로 기존의 찬송가나 복음성가를 부르는 경우도 있다. 이것은 그 사람이 습득한 영의 방언으

방언은 성령의 은사가 아니다

로 멜로디에 맞게 노래를 하는 것이기 때문에 방언찬양이라고 말할 수 없는 것이다. 그는 기성 가요도 그의 습득된 방언으로 부를 수 있을 것이다. 그런데도 그저 방언으로 노래만 하면 방언찬양이고, 심지어는 천상의 찬양이라고 높이고 있는 것이다.

방언찬양은 성경에는 단 한 줄도 기록된 바 없는데 어느덧 성령의 은사가 되어 버렸다. 그러나 방언찬양의 영적 정체는 내 안에서 영적 존재들이 노래를 하는 것이다. 그러므로 성령이 주신 은사가 아니다. 그리고 영들이 바뀌어 가면서 노래를 하게 되면 인간이 들을 때는 마치 방언찬양이 바뀌는 것처럼 들리게 되는데. 이럴 때 사람들은 하나님이 방언찬양을 바꾸어 주셨다고 오해하게 된다.

방언찬양은 성경에 없다. 왜냐하면 영이 인간 안에서 노래하는 것이기 때문이다.

영들이 내 안에서 노래를 하면 방언찬양이고, 영들이 내 안에서 말을 하면 방언이며, 영들이 나를 잡고 글을 쓰면 영서이다. 그러므로 오늘날 방언찬양은 내 안에 들어온 영들이 노래하는 것이기 때문에 성령의 은사가 될 수 없다. 같은 이치로 내 안에서 영들이 말을 하는 방언도 성령의 은사가 될 수 없다.

방언으로 영서 쓰기?

A 　　　영서란 영이 쓰는 알 수 없는 글자를 말한다. 주로 무속인들이 점을 치거나 점괘를 받기 위해 쓰는 것이 영서이다.

　원래 글이나 음악, 그림 등 문화예술의 모든 장르에는 인간의 사상과 감정이 깃들어 있다. 이것을 다른 말로 하면 모든 창작물에는 그것을 창작한 인간의 영감이 깃들어 있다는 말이며 그것을 창작한 인간의 영적 에너지가 깃들어 있다는 것을 의미한다.

　영서란 영이 쓴 글자로 인간은 읽을 수 없다. 영이 인간의 손과 몸을 잡고 영 자신의 생각과 의도를 글로 쓴 것이 영서이다. 그래서 영서란 영이 깃든 글이라고 할 수 있다. 영이 깃든 글인 영서를 쓸 때 이미 영서를 쓰는 영은 인간 안에 있는 것이고 이 영이 자신이 원하는 것을 글로 표출하여 영서를 쓰면 그 영이 원하는 것을 해 줄 다른 영이 초혼되기도 한다. 때로는 인간이 글을 쓰며 영이 깃들게 하거나 영을 초혼할 수 있다.

　'분신사바'라는 주문이 있다. 이는 일본에서 귀신을 부르는 주술이었다고 한다. 두 사람이 마주 앉아 연필이나 볼펜 등의 필기도구를 쥐고 흰 종이 위에 주문을 외우면 펜이 움직여 글씨 비슷한 것

을 쓰는 것을 말한다.[45]

주문을 외우며 귀신을 부르니까 귀신이 와서 글을 쓴 것이다. 이를 달리 말하면 영서이다. 영은 자신을 부르면 온다. 온 뒤에는 자신을 부른 인간을 장악하기 시작한다. 영이 자신을 초청한 인간을 붙들고 글을 쓰는 것이 영서이다.

그렇다면 방언은 무엇인가? 영이 자신을 초청한 인간을 붙들고 말을 하는 것이다.

영이 인간을 붙들고 알아들을 수 없는 소리를 하면 방언이고, 영이 인간을 붙들고 알 수 없는 글을 쓰면 영서이다.

그렇다면 방언을 하며 영서를 쓴다는 것이 무엇인가?

성도들이 방언을 성령의 은사로 여기고 방언 받기를 사모할 때 성령이 오시는 것이 아니라 방언의 영이 온다. 그러나 성도는 자신에게 온 정체불명의 영이 하는 말인 방언을 성령이 주신 은사로 착각한다.

---

45) 분신사바 - 나무위키

영서를 쓴다. 이는 영이 쓰는 글이지만 성도는 하나님께 영적인 글을 쓰면서 기도를 하는 것이라고 배워서 영서를 쓰게 된다. 그러나 실상은 영을 초청하였기 때문에 이름을 알 수 없는 영이 와서 영서를 쓴 것이다. 심하게 말하면 귀신이 와서 글을 쓰게 된 것이다.

방언이든 영서든 모두 정체를 알 수 없는 영이 성도에게 임하여 하는 영적 행위이다. 방언도 영서도 모두 영의 행위이기에 매우 위험한 것이다. 그런데 일부 목사들이 성도들에게 영이 하는 말인 방언을 하면서 영이 쓰는 글씨인 영서를 쓰라고 권한다면 성도를 악령에 접신시킬 수 있는 매우 위험한 것이다.

방언은 알아들을 수 없는 영의 말이며 영서는 읽을 수 없는 영의 글이다. 방언과 영서는 성도나 교회의 유익을 위해 주시는 성령의 은사가 아니다. 이는 전적으로 영의 행위이다. 심하게 말하면 귀신의 행위이다. 그런데도 일부 목회자들이 성도들에게 정체불명의 영이 하는 소리인 방언기도를 하면서 정체불명의 영이 쓰는 글인 영서를 쓰라고 하는 것은 성도를 귀신과 접신시키고 귀신 들리게 하는 것과 다름이 없는 것이다.

오늘날 많은 기독교신자들은 하나님을 믿기 위해 교회로 왔다가 방언옹호론자들이나 영적으로 무지한 사역자들로 인해 정상적으로 보이는 귀신 들림을 당하게 되는 일이 얼마나 많은지 안타까울 뿐이다.

어디선가 누군가가 영이 하는 소리인 방언을 하며 영이 쓰는 글 씨인 영서를 쓰고 있다 그는 무당일까? 목사일까? 아님 성도일까? 무당이라면 이해가 되겠지만 기독교인이면 안 되는 것 아닌가!

Q   방언기도를 하면 부와 형통의 돌파를 가져올 수 있는가?

A   방언옹호론자들은 방언기도를 많이 하면 영적으로 높은 차원이 열리고 하나님이 방언기도에 응답하셔서 부와 형통을 가져올 수 있다고 말한다.

이 말을 깊이 생각해 보라.

기독교란 하나님이 하나님의 의지대로 인간과 세계사를 이끌어 가시는 신본주의 종교이다. 그러므로 하나님께 드리는 기독교신자의 기도는 성도가 하나님께 드리는 기도일 뿐이지 하나님께 응답을 받아 내는 종교적 수단이 될 수 없다. 이것이 기독교 기도의 본질이다.

기도란 인간이 신이나 영적 존재에게 자신의 문제를 생각이나 말로 탄원하는 영적 행위이다. 주술이란 인간이 영적 행위나 기도를 통해 영들을 조종하여 인간이 원하는 것을 얻어 내는 인본주의 영적 테크닉이다. 그러므로 말이나 생각으로 하는 기도는 때로는 영들을 조종하여 인간이 원하는 것을 얻어내는 주술 수단이 될 수 있다.

그런데 한국 기독교의 일부 목사님들은 방언기도를 통해 자신을 막고 있는 모든 문제의 장벽을 돌파하여 하나님으로부터 부와 형

방언은 성령의 은사가 아니다

통을 얻어 낼 수 있다고 한다. 이 말은 문제가 많은 성도들에게는 간절한 것이겠지만 실상은 기도라는 수단을 통해 하나님 혹은 다른 영들을 강박하여 인간이 원하는 것을 얻어 내자는 이야기와 다를 바가 없다. 즉, 기도의 주술적 특성을 이용하여 영적 존재를 강박해서 인간이 원하는 것을 얻어 낼 수 있다는 주술사의 가르침과 다를 것이 없다는 것이다.

부귀란 부를 이루어 존귀케 되는 것을 말한다. 부귀도 영적 존재가 인간에게 주는 혜택일 것이다. 그래서 큰 부자는 하늘이 낸다고 하는 것이다. 형통 또한 영들의 도움으로 인간 삶이 순조롭게 살아지는 것을 말한다. 방언기도를 하였는데 어려웠던 물질 문제가 해결되고 막혔던 문제가 해결되었던 사람들도 있었을 것이다. 이런 경우 방언을 장려했던 목사님은 방언기도를 통해 자신의 성도가 부와 형통의 돌파의 기름부음을 받아 승리하였다고 할 것이다.

그러나 성도가 방언기도를 하여 부와 형통를 얻게 된 것은 하나님이 방언기도에 응답하셔서 일어난 일이 아니다. 방언이란 영적 존재가 내 안에서 자기의 기도를 하는 것이다. 즉, 방언기도란 표면적으로는 내가 하는 것처럼 보이지만 실상은 내 안에 정체를 알 수 없는 영이 하는 영의 기도인 것이다.

그렇다면 방언기도를 통해 부와 형통의 돌파를 가져올수 있다는 말이 무슨 말인가?

　부와 형통을 얻겠다는 생각이 목사님과 성도를 지배하고 있다면 그들은 이미 부와 형통을 원하는 탐욕의 영에게 장악된 사람들이다. 그리고 탐욕의 영에게 장악된 이들이 방언으로 기도할 때 방언의 영 역시 세속적이고 탐욕적일 것이다. 그러한 세속의 영이 방언으로 기도한다면 비슷한 세속과 탐욕의 영들이 무수히 끌어당겨질 것이며, 어떤 영들은 방언을 하는 세속의 영으로부터 강박을 당하거나 성도를 미혹하기 위해 방언기도를 하는 자에게 부와 형통을 일시적으로 가져다주는 경우가 있다. 이러한 영적 이치로 방언기도를 하는 일부 성도가 부와 형통을 얻게 되는 경우가 있는 것이다. 그러나 이런 영적 이면을 알지 못하는 성도는 목사님이 가르쳐 준 대로 방언기도를 열심히 했더니 돌파가 일어나 부와 형통을 얻게 되었다고 기뻐하며 간증하는 것을 보게 된다. 그 성도는 신앙생활 내내 방언기도에 매진할 것이다.

　그러나 이러한 일의 영적 실체는 성도 안에 있는 세속의 영이 방언으로 기도하여 다른 세속과 탐욕의 영을 끌어들여 그들로 하여금 부를 끌어오고 형통을 끌어오게 한 것이다.

　성도는 일시적으로 방언기도를 통해 부와 형통을 얻을지 몰라도 온전한 기독교 신앙을 하지 못한다. 탐욕스러운 목사의 방언 타령에 속아 방언의 영이 주는 세속의 번영과 탐욕 노름에 미혹되어 잘못된 신앙을 하게 되는 영적 손실을 입는 결과를 초래할 뿐이다.

부와 형통은 하나님의 말씀대로 살아갈 때 하나님이 주시는 것이 가장 좋은 것이다. 그리고 고난 역시 하나님이 주시는 성결의 선물이며 축복이다. 성경에서 말하는 복 있는 자들이란 방언기도를 통해 부와 형통의 돌파를 얻어 내자고 밤마다 미친 듯이 알아듣지 못하는 기이한 소리로 기도하는 자들을 말하는 것이 아니다. 성경에서 복 있는 자들은 예수님이 말씀하신 산상수훈의 삶을 삶 속에서 살아가는 자들이다.

참된 목사라면 성도들에게 산상수훈적 삶의 가치와 진리를 가르치고 그러한 삶을 살아가도록 목사님이 먼저 실천하고 성도들도 살아가도록 인도할 것이다. 그러나 방언을 옹호하는 목사들은 성도들에게 방언기도를 통해 "부자 되자, 형통하자, 하늘의 불을 끌어내리자, 돌파의 기름부음을 받자, 기적이 일어난다, 문제가 해결된다, 응답이 떨어진다" 등의 말로 방언기도를 장려하고 있다. 이는 성도에게 온전한 기독교의 복음을 가르치는 것이 아니라 방언기도라는 주술 수단을 통해 성도가 원하는 것을 끌어오자는 말과 다를 것이 하나도 없다. 목사님이 교회에서 기독교 진리를 가르치지 않고 부와 형통을 얻기 위한 온갖 주술하는 행위를 가르치고 있는 것이다.

Q   세 시간 방언기도의 교묘한 속임수?

A   창세기 1장에는 하나님께서 천지와 만물 그리고 인간을 창조하시는 천지창조 이야기가 나온다. 첫날에는 빛을 창조하셨고 빛과 어둠을 나누사 빛을 낮이라 어둠을 밤이라 부르셨다. 둘째 날에는 물을 나뉘어 궁창을 하늘이라 부르셨고, 셋째 날에는 천하에 물을 한곳에 모으시고 뭍을 땅이라 모인 물을 바다라 부르셨고 땅은 풀과 씨 맺는 채소와 씨를 가진 열매 맺는 나무를 내게 하셨다. 넷째 날에 이르러는 하늘에 광명들이 있어 낮과 밤을 나뉘게 하시고, 그것들로 징조와 계절과 날과 해를 이루게 하셨다. 하늘에 두 큰 광명체를 만드사 큰 광명체로 낮을 주관하게 하시고, 작은 광명체로 밤을 주관하게 하시며 별을 만드시고, 하늘의 궁창에 두사 땅을 비추어 낮과 밤을 주관하게 하시고 빛과 어둠을 나뉘게 하셨다. 다섯째 날에는 물들은 생물을 번성하게 하라 명령하시며 큰 바다 짐승들과 물에서 번성하여 움직이는 모든 생물을 종류대로 만드셨고, 하늘의 궁창에는 새가 날으라 하시고 날개 있는 모든 새를 종류대로 창조하시고 땅으로 생물을 종류대로 내되 가축과 기는 것과 땅의 짐승을 종류대로 만드셨으며, 여섯째 날에는 하나님의 형상을 따라 남자와 여자를 창조하시고 그들에게 복을 주시며 생육하고 번성하며 땅에 충만하라, 땅을 정복하라, 바다의 물고기와 하늘의 새와 땅에 움직이는 모든 생물을 다스릴 권한을 주셨고 지면의 씨 맺는 채소와 씨 가진 열매 맺는 나무를 먹을거리로 주시고 땅의 모든 짐승과 하늘의 모든 새와 땅에 기는 모든 것에게 풀을 먹을거리로 주셨다.

방언은 성령의 은사가 아니다

이것이 하나님의 천지창조이다.

하나님의 창조사역의 핵심 원리는 하나님은 창조주이시고 하나님이 창조하신 것은 피조물이라는 것이다. 또한 각각의 피조물에는 생존과 삶의 영역이 있고 영역에서 살아가야 할 존재들의 경계가 정해져 있으며 그 경계 안에서 질서와 원칙 그리고 피조물 간에 차이가 존재하게 된다. 각각의 피조물들이 자신의 경계를 넘어 다른 피조물의 경계를 파괴할 때 하나님이 창조하신 창조질서는 무너지고 피조물은 파괴되는 것이다.

바다는 바다에 살고 땅을 넘어서는 안 되며 땅은 바다를 침범해서는 안 된다. 새는 하늘에 살고 물고기는 물에서 살며 동물은 동물의 영역에서, 식물은 식물의 영역에서 살아야 한다. 인간은 인간의 영역에서 자신의 경계와 질서 그리고 다른 피조물의 경계와 질서, 차이와 원칙을 지키고 보존하며 살아가야 하는 천지창조가 완성된 것이다.

그러므로 하나님의 창조는 존재의 창조이면서 동시에 생존을 위한 영역과 경계, 질서와 원칙 그리고 차이의 창조이다. 하나님의 창조의 세계는 모든 존재가 사는 영역과 영역의 경계 그리고 질서와 원칙과 차이가 지켜질 때 생명과 축복이 주어지는 세계이지만 영역과 경계, 차이와 질서, 원칙이 무너질 때 혼란과 파멸, 혼돈과 죽음이 찾아오는 세계가 되었음을 말해 주고 있다.

창조질서와 원리에 대한 파괴 행위를 성경은 죄라고 하고 있다.

그러나 창세기 3장에 등장한 사단으로 인해 하나님의 창조세계에 큰 문제가 생기게 된다. 즉 영적 세계에 있어야 할 사단이 하나님과 인간이 머문 에덴동산에 나타나 하와를 미혹하면서 하나님의 창조질서는 커다란 혼란을 가져오게 된다.

하나님은 창세기 2장 17절에 아담에게 선악을 알게 하는 나무의 열매를 먹지 말라고 명령하시며 그것을 먹는 날에는 반드시 죽는다고 경고하셨다. 이는 인간에게 만물을 정복하며 다스리는 축복을 주셨지만 절대 침범해서는 안 되는 경계가 있다는 것을 말씀하고 있는 것이다.

선악을 알게 하는 나무의 열매가 무엇이었기에 하나님은 그토록 경계하신 것일까?

선악과는 신과 인간의 경계를 말하고 있다. 인간이 선악과를 따먹는 것은 인간이 인간의 지위를 떠나 하나님의 세계를 침노하여 하나님의 영역인 신의 세계, 그 금기의 세계를 침범하는 행위가 된다. 인간이 선악과를 따 먹고 신이 되려고 하는 것은 신과 인간의

방언은 성령의 은사가 아니다

영역과 경계, 차이와 질서를 파괴하는 행위로 인간은 반드시 죽는 다는 것이다.

선악을 알게 하는 나무의 열매는 하나님은 창조주이시고 인간은 피조물이라는 불변의 창조 원칙의 경계인 것이다. 그러나 만약 인 간이 선악과를 따 먹는 날에는 신과 인간의 경계를 파괴한 값을 치러야 한다. 그래서 하나님은 인간에게 선악과를 따 먹지 말라고 금제하셨다. 인간에게 신이 되려고 하지 말고 신이 되려는 행위를 하지 말아야 하며 신의 세계를 들어오려는 어떠한 행위도 해서는 안 된다는 절대명령이 선악과인 것이다.

그러나 자기 지위를 떠나 하나님같이 되려 했던 사단의 미혹에 속아 인간도 자기 지위를 떠나 하나님같이 되기 위해 선악과를 따 먹고 만다.

창조의 경계와 질서 그리고 차이와 원칙을 무너뜨리는 것을 성경 은 죄라고 하였는데, 인간이 사단의 미혹에 넘어가 선악과를 따 먹 으므로 신과 인간의 경계는 무너졌고 인간은 원죄라는 씻을 수 없 는 죄악을 저지르게 된다.[46]

---

46) 윤선희, 『사단이 내민 두 개의 선악과』, 북랩

에덴동산에서 원죄를 저지른 인간은 창세기 4장에 이르러 가인이 동생 아벨을 죽이는 최초의 살인을 저지르므로 인해 하나님이 정하신 가족의 경계를 파괴하고 만다. 창세기 6장에 이르러는 영적 존재인 하나님의 아들들이 육적 존재인 사람의 딸들을 사랑하여 자기의 아내로 삼음으로 하나님이 정하신 영적 질서를 파괴하고 혼합이 되는 죄악을 저지르게 되며 노아의 홍수 사건으로 하나님의 심판을 받았음에도 불구하고 인간은 창세기 11장에 이르러 자기의 이름을 내고 흩어짐을 면하기 위해 하늘을 침범하여 땅과 하늘의 경계를 허무는 시도를 하게 된다. 이것이 바벨탑 사건이다. 하나님은 바벨탑을 쌓은 인간의 언어를 혼잡케 하여 지면에서 흩으시는 심판을 행하신다.

하나님이 보시기에 좋았던 세상은 하나님이 피조한 원래 모습대로 피조물의 영역을 지키고 질서와 원칙과 차이를 보존하며 공생하는 세상이다.

그러나 인간이 무슨 수단을 사용해서라도 하나님의 나라를 침범하여 자신이 원하는 것을 얻어 내려고 한다면 그의 수단이 아무리 좋아 보일지라도 그것은 하나님께 죄가 된다. 설령 그것이 기도일지라도 말이다.

기도가 있다. 기도의 완전한 정의는 인간이 신이나 영적 존재에게 자신이 원하는 것을 말하는 것이다. 생각으로 하면 묵상기도, 말로 하면 통성기도, 큰 소리로 말을 하면 부르짖는 기도이다. 이모든 기도는 인간이 원하는 것을 생각과 말로 신에게 기도하는 것이다. 그러나 반대로 영들이 인간 몸에서 하는 기도가 있다. 그 기도가 바로 기독교인들이 하는 방언기도이다. 사람이 사람의 말로 신에게 기도하지 않고 영들이 인간 몸 안에서 기도하게 하는 것이 방언기도이다. 그러나 기독교신자들은 이 두려운 기도를 성령이 주신 은사로 알고 있다.

기도란 인간이 생각이나 말, 행동이라는 수단을 통해 원하는 것을 영들에게 탄원하며 간구하는 것이기 때문에 영을 접촉하는 대표적 수단이다. 동시에 기도라는 수단을 통해 영들을 조종하고 강박하여 인간이 원하는 것을 얻어 낼 수 있는 주술 수단이기도 하다. 반대로 영적 존재 입장에서는 인간이 원하는 탄원적 기도에 응답해 주어 인간이 원하는 것을 만족시켜 주면서 동시에 기도응답이라는 미끼를 통해 인간을 속여 악한 영의 미혹에 빠지게 하는 수단이기도 한다. 따라서 기도란 가장 좋은 신앙행위이지만 가장 위험한 신앙행위이기도 한 것이다.

기독교의 온전한 기도란 기도를 통해 하나님께 자신의 문제를 탄원하고 하나님의 긍휼과 도움을 바라고 기다리는 것이다. 하늘을 향해 호소하는 것이다. 즉 기독교의 기도는 하나님을 조종하고 강박하여 인간이 원하는 것을 얻어내는 주술적 수단이 아니라는 것이다. 더욱이 하나님은 성도의 기도에 강박당하거나 조종당하지 않으신다. 성도의 진정한 기도는 자신의 문제를 가지고 하나님을 향해 호소하는 기도이며 하나님의 응답이 오기를 연단 속에 기다리는 것이지 하나님의 세계를 침노하여 하나님의 것을 얻어내는 주술 수단이 아니라는 것이다. 그런데 언제부터인가 기도가 하나님께 성도가 원하는 것을 얻어내는 비법처럼 가르쳐지고 있고 성도의 인생을 바꿀 수 있는 만능 키가 되어 버렸다. 기독교가 기도교로 변질되어 버린 기도 만능의 시대가 된 것이다. 그것도 방언기도를 하면 뭐든지 다 된다는 식의 가르침으로 인해 기독교인들은 방언기도를 무작정하고 있는 실정이다.

심지어 일부 목사들이 매일 세 시간 이상 방언기도를 하면 하나님께 능력도 받고, 100% 응답도 받으며 하늘의 문을 열고, 기적을 끌어오고, 부를 끌어오고, 형통을 가져오고, 문제를 해결받을 수 있다고 가르치고 있다. 이는 성도가 방언기도를 통해 기도의 바벨탑을 쌓아 하나님과 인간의 경계를 허물고 하나님의 것을 마음대로 가져올 수 있다는 말과 같은 것이다. 이교의 마법 세력들은 인간은 꿈, 믿음, 생각, 상상, 말을 통해 자기가 원하는 것을 이룰 수 있으므로 자기 운명의 주인이 될 수 있고 신과 같이 될 수 있다고 주장하였다. 이교의 마법 세력들의 펼친 인간이 신이 될 수 있다는 사상은 기독교로 들어와 4차원 영성으로 나타나게 된다. 그리

방언은 성령의 은사가 아니다

고 4차원영성은 지난 60년 동안 한국 기독교를 버젓이 지배하였다. 그러나 이제는 4차원 영성에 뒤를 이어 방언을 통해, 특히 세 시간 방언기도를 통해 성도가 원하는 것을 모두 이룰 수 있다는 방언의 세력들이 기독교를 지배하기 시작하였다. 이는 하나님같이 될 수 있다며 하와에게 선악을 알게 하는 나무의 열매를 따 먹으라고 속삭였던 마귀의 속삭임과 다를 바 없는 것이다.

하나님은 기독교신자가 100% 응답받을 것을 확신하고 불을 끌어오고 형통을 끌어오고 돈을 끌어오고 기적을 끌어오고 문제를 해결하고 모든 것을 돌파할 것을 믿고 교회나 집에서 자신도 알아듣지 못하는 방언기도를 매일 세시간 이상 기도 하는 것을 어떻게 생각하실까?

참된 목사라면 성도에게 기도의 본질을 제대로 가르쳐 주고 예수님을 따르는 삶과 기도를 할 수 있도록 인도해 주는 것이 본분일 것이다. 매일 교회에 모여 불! 능력! 형통! 돈! 기적! 기름부음! 문제 해결! 돌파 타령만 하는 목사에게 기독교 본질을 찾아보기는 매우 힘들다.

세 시간 방언기도는 이러한 문제뿐 아니라 더 심각한 문제를 내포하고 있다.

성령방언이란 복음이 반드시 전해져야 하는 방언이다. 그러나 매일 세 시간 방언기도를 하면서 복음을 전하는 사람은 단 한 사람도 없다. 왜냐하면 자신도 알아듣지 못하는 소리로 기도하는데 그 기도를 누가 알아들어 복음이 전해지겠는가?

오늘날 기독교신자들이 하는 방언기도는 정체를 알 수 없는 영이 말을 하는 기도이다. 이처럼 방언기도는 영이 하는 기도이므로 방언기도를 오래 할지라도 기도하는 성도의 삶에는 열매가 거의 없다. 또한 방언기도는 많은 영들을 초혼하여 끌어들이고 영을 깨우는 기도이므로 기도를 하면 할수록 기도하는 성도의 영과 육은 방언기도로 불러들인 온갖 영들의 만신전이 된다. 이것이 방언기도의 영적 실체인데, 만약 이러한 방언기도를 매일 하루 세 시간 이상 한다면 기도자나 성도에게 얼마나 많은 귀신이 역사하겠는가? 만약 방언을 하는 목사나 성도가 자신이 원하는 것을 얻어냈다고 해도 그들은 방언기도로 인해 온갖 귀신의 만신전이 되어 있을 뿐이다.

세 시간 방언기도로 부와 형통 그리고 기적과 응답을 끌어오자는 일부 목사들의 주장은 방언기도로 하나님과 인간의 경계를 파괴하고 하나님의 세계를 침노하여 성도가 원하는 것을 모두 얻을 수 있다는 말과 같은 것으로 결국 방언기도를 통해 성도가 자신의 운명의 주인이 되고 하나님같이 되라는 말과 다름이 없는 것이다.

방언은 성령의 은사가 아니다

이는 선악과를 따 먹은 하와의 길을 따르라는 사단의 속임수이며 방언을 통해 성도를 온갖 귀신의 만신전으로 만드는 거대한 영적 궤계이다. 기독교를 중심에서부터 파괴하는 사단의 크고 교묘한 미혹인 것이다. 이 누룩에 모두 속고 있다.

Q 랄랄라, 따따따 방언의 실체?

A　방언을 옹호하는 목사님들은 방언에 대해 성경을 왜곡하는 데 그치지 않고 성경에도 없는 방언의 유익을 만들어 방언 기도를 장려하고 있다. 도대체 무슨 이유로 성경에도 없는 온갖 방언의 유익을 만들어내는지 이해가 되지 않는다. 그 대표적인 것이 바로 랄랄라, 따따따 방언에 대한 설득이다.

　A 목사님은 랄랄라, 따따따 방언에 대해 방언은 랄랄라 방언에서 시작하여 여러 단계로 깊어지면 차츰 언어방언, 능력방언, 새노래 방언으로 이어지고 나아가 방언 통역과 예언의 단계로 발전한다고 주장한다. 이들이 말하는 언어방언이란 성령이 주시는 사람의 말인 언어방언이 아니라 영이 하는 말인 영의 방언을 유창하게 하는 것을 언어방언이라고 한다. 그러면서 랄랄라방언은 방언을 처음 받은 사람들이 하는 방언이라서 흔히 말하는 아기방언이지만 이 방언을 계속하면 믿음이 견고해지면서 랄랄라방언이 언어방언으로 바뀐다고 가르친다. 다시 강조하면 A 목사가 말하는 언어방언이란 랄랄라 아기방언이 바뀌어 어른방언처럼 유창한 영의 방언이 나온다는 의미에서 언어방언이라고 하는 것이다. A 목사는 계속해서 방언을 처음 받은 사람 중에는 랄랄라 방언을 하지 않고 유창한 언어방언을 하는 사람들도 있는데, 그것은 이미 그 사람들이 믿음에 견고히 선 사람들이기 때문에 그런 방언을 한다고 말한다. 그리고 랄랄라방언으로 믿음이 견고히 세워지면 다음으로 두

두두, 따따따방언을 하게 되는데 이것은 믿음이 성장하여 능력방언으로 바뀔 때 나타나는 방언이라고 한다.

다시 말하면 랄랄라방언은 아기방언이고 두두두, 따따따방언은 전투방언이라는 것이다. 그러면서 A 목사는 랄랄라방언이든 두두두, 따따따방언이든 모두 성령이 주시는 권세와 능력이 역사하는 방언이므로 열심히 할 것을 권한다. 그러나 랄랄라방언은 믿음을 견고히 세우는 방언이고 따따따방언은 전투방언이라는 말은 성경 어디에도 없는 방언에 대한 A 목사의 계명일 뿐이다. 도대체 알아듣지도 못하는 영의 소리에 아기방언이 어디 있고 어른 방언이 어디에 있는지, 무슨 근거로 이런 소리를 확신을 갖고 하는지 이해하기 쉬운 일이 아니다.

반면 랄랄라방언이든 따따따, 두두두방언이든 애기 방언이 어디에 있냐고 항변하는 목사님들도 있다.

B 목사님은 랄랄라, 따따따, 두두두, 바바바, 파파파 같은 방언들은 영계를 흔드는 다양한 방언으로 하나님의 오묘한 섭리로 인해 구절구절마다 영적 비밀이 내포되어 있는 신비로운 기도라고 가르친다. 그러나 구절구절마다 어떤 영적 비밀이 내포되어 있는지 말해 달라고 하면 전혀 말하지 못한다. B 목사는 자신도 구절구절마다 어떤 영적 비밀이 내포되어 있는지 모르면서 방언을 신

화화하고 있는 것이다.

C 목사님은 랄랄라방언이든 따따따방언이든 두두두방언이든 자기가 전심을 다하면 능력방언이 되는 것이고, 전심을 다하지 않으면 영적 힘이 없는 기도라고 가르치고 있다. 즉, 방언도 자기 하기 나름이라는 것이다.

D 목사님은 랄랄라, 따따따방언이 옹알거리는 방언처럼 느껴져 거부감이 생길지라도 사실은 그 단순하고 반복되는 음절의 기도가 고린도전서 14장 2절 말씀처럼 나의 영이 하나님께 비밀을 말하는 영의 기도이므로 엄청난 능력이 있는 기도이며 하늘에 상달되는 기도라고 성도들을 가르치고 있다. 그러면서 동시에 성령이 우리의 입술을 통해 기도하시므로 방언 안에서 하늘나라의 놀라운 비밀이 풀어지고 있다고 가르치고 있다. D 목사님에게 방언기도란 어떤 때는 자기 영이 하나님께 비밀을 말하기도 하고 어떤 때는 성령이 성도의 입술을 잡고 하나님께 드리는 기도가 된다. 도대체 어떤 신이 인간의 입술을 잡고 신 자신에게 기도를 하는가! 기도란 인간이 신에게 하는 종교 행위이지 신이 인간의 입술을 잡고 신 자신에게 기도하는 기도란 세상 어디에도 없다. 그리고 방언 기도를 할 때 하늘나라의 어떤 놀라운 비밀이 풀어졌냐고 물어보면 대답하지 못한다.

방언은 성령의 은사가 아니다

이와 같이 A, B, C, D 목사들의 랄랄라, 따따따방언에 대한 해석은 다 다르다. 각 목사님들의 특징은 성경에도 없는 랄랄라, 따따따방언에 대해 아무 근거 없이 자의적으로 각자 해석한 것이다. 그리고 이 근거 없는 말들을 담대히 성도들에게 전하고 있다.

도대체 랄랄라, 따따따, 두두두방언의 정체는 무엇이길래 성경에도 없는 이 해괴한 방언이 목사님들에 따라 해석도 다르고 분별도 다른 것일까? 방언을 옹호하는 목사님들은 자신이 하는 방언을 알아듣지 못한다. 성도가 하는 방언도 알아듣지 못한다. 그러면서도 성경에도 없는 랄랄라, 따따따방언에 대해 온갖 것을 갖다 붙여서 설명하는데 목사님들이 해석하는 랄랄라, 따따따 방언 해석이 왜 그렇게 유창하고 다양한 것일까! 그것은 한마디로 말하면 방언을 옹호하는 목사들도 사실은 랄랄라, 따따따, 두두두방언의 정체를 알지 못하기 때문이다. 만약 랄랄라, 따따따방언의 실체를 정확히 안다면 이 방언에 대해 이렇게 다양한 해석이 나올 수 없는 것이다. 목사님들도 모르기 때문에 자기들 멋대로 그럴듯하게 해석하는 것이고 적절히 성경을 끼워 맞추므로 성도들은 목사님들의 말도 안 되는 가르침을 그저 아멘 하고 받아들이는 것이다.

그렇다면 랄랄라, 따따따, 두두두방언의 정체는 무엇일까!

영은 말을 알아듣는 존재이면서 동시에 말을 하는 존재들이다.

말을 하는 존재인 영들도 "랄랄라, 따따따, 두두두, 파파파, 바바바"라고 말하는 게 어려운 단어를 구사하는 것보다 쉬울 것이다. 그래서 방언을 받는 대부분의 사람들이 랄랄라방언을 시작하고 후에 따따따, 다다다, 두두두방언을 하는 것이다. 그러므로 목사들이 성도들에게 방언을 터뜨려 줄 때도 랄랄라를 따라 하라고 선창하는 것이다. 목사들이 방언을 받으라며 선창할 때 어려운 방언을 한 적이 없다. 왜냐하면 성도들이 따라 하지 못하기 때문이다.

즉, 랄랄라, 따따따, 두두두, 바바바, 파파파 등 단음절의 방언은 말을 하는 영적 존재가 가장 쉽게 할 수 있는 말이기 때문에 그러한 형태의 방언이 많은 것이다. 그러므로 아무 의미도 없는 것이며 영들이 성도 몸에서 가장 빨리 방언이 나타나게 해 주기 위해 가장 쉬운 언어를 택하여 하는 것이 랄랄라, 따따따, 두두두, 바바바 파파파방언일 뿐이다.

그리고 랄랄랄방언이나 따따따방언을 하다가 다른 형태로 방언이 바뀌는 것은 방언기도나 단순한 소리는 많은 영들을 접촉하여 초혼하는 수단이므로 A 영이 방언으로 기도하다가 B 영을 불러들여 B 영이 기도하게 되면 방언이 바뀌는 것이지 믿음이 견고해지고 영적으로 성숙해져서 방언기도가 바뀌는 것은 아니다. 그리고 랄랄랄, 따따따방언을 옹호하는 목사님들의 논리대로 랄랄라, 따따따 방언이 단음절마다 놀라운 비밀이 숨겨져 있고 방언을 계속

방언은 성령의 은사가 아니다

하다 보면 능력방언, 전투방언으로 이어지고, 나아가 깊은 기도의 단계로 넘어가 영적 성숙을 가져온다면 역사상 기독교 이단들이 했던 성숙하고 유창한 방언들은 그들이 믿음이 견고하고 영적으로 성숙해서 한 방언이 된다. 그리고 목사들 가운데 소위 거짓 목사들도 매우 유창한 방언을 한다. 어떻게 설명할 것인가!

A, B, C, D 목사들의 랄랄라 따따따 방언에 대한 해석은 망상 수준이다. 사실 방언 옹호목사들이 만든 수 많은 방언의 유익들은 한결같이 망상 수준이어서 말하기도 부끄러운 것이다.

랄랄라, 따따따방언은 언급할 가치도 없는 것이다. 굳이 말한다면 랄랄라방언의 정체는 랄랄라귀신이 하는 소리이며, 따따따방언의 정체는 따따따 귀신이 하는 소리일 뿐이다. 진리의 전당이어야 할 교회에 망상 수준의 거짓이 난무하고 있다.

Q   **방언옹호목사들이 말하는 유창한 언어방언의 정체는?**

A   방언을 옹호하는 목사들은 랄랄라, 따따따, 룰룰루 등 단순한 방언을 하다가 어느 시점에 성도의 영적 성장과 믿음의 수준에 따라 방언이 언어방언으로 바뀐다고 한다. 방언옹호 목사들은 자신들이 방언으로 체험한 것들을 무조건적 진리로 받아들이고 전하고 있다.

성령의 방언이란 언어의 장벽으로 복음을 전할 수 없을 때 언어의 장벽을 허물고 믿지 아니하는 자들에게 복음을 전하는 것이다. 이는 사람이 사람에게 말을 하여 불신자를 구원하는 방언으로 이것을 사람의 말인 언어방언이라고 한다.

그런데 방언옹호목사들은 영의 방언 가운데 랄랄라, 따따따, 바바바, 타타타, 파파파방언을 하다가 이 방언이 성도의 영적 성장과 믿음에 따라 유창한 언어방언으로 바뀐다고 한다. 방언옹호목사들이 말하는 언어방언이란 영의 방언이 단순한 방언에서 유창한 형태로 바뀐 상태를 말한다. 동물의 소리가 언어가 아니듯 영의 소리인 방언도 언어가 아니다. 랄랄라, 따따따, 파파파 등이 어떻게 언어인지 이해가 되지 않는 것이다.

영의 방언이란 인간 안에서 하는 영들의 말인데 방언옹호 목사들이 영의 방언 가운데 유창한 영의 방언을 언어방언이라고 표현

     방언은 성령의 은사가 아니다

하므로 성령이 주시는 언어방언과 혼란을 가져와 영의 방언을 진짜 성령이 주신 방언으로 알게 만들어 버리는 것이다.

방언옹호목사들이 유창한 영의 방언을 언어방언이라고 하는 것은 언어도단이다. 영의 방언이 유창해도 영의 방언은 영의 방언일 뿐이지 사람의 말인 언어방언이 될 수 없다. 영의 방언은 언어로서 기능이 단 한마디도 없기 때문이다. 언어가 아닌 것을 언어라고 하는 이들의 방언에 대한 교설은 방언의 영에게 사로잡힌 결과이다. 세계 종교 역사상 신접하여 방언을 했던 무당, 마녀, 이교의 사제들, 마법사와 술사 등은 간헐적으로 방언을 하고 신의 신탁을 받는 듯한 행위를 하였지만 자신들이 하는 신의 소리인 방언에 대해 온갖 해석과 유익을 말한 적이 없다. 그런데 기독교 목사들만이 유일하게 날이면 날마다 방언으로 기도하고 자신들이 만들어 낸 망상 수준의 방언의 유익을 버젓이 말하고 있다. 방언에 대한 사람의 계명, 거짓 교설이 기독교에서 퇴출되는 날이 오길 소망한다.

Q 잠을 자고 있는데 내 안에서 방언기도를 하는 경우?

A 평소 방언기도를 많이 하는 성도가 있었다. 어느 날 밤 그는 어슴푸레 잠이 들었고 방언기도를 하고 있지 않았는데 자기 안에서 방언기도 소리가 들려왔다고 한다. 방언기도를 많이 하는 성도가 잠을 자고 있는데 자기 안에서 방언기도 소리가 들렸다는 이 말이 무엇을 의미하는 것일까?

사람의 머릿속에서는 생각이 끊임없이 떠오른다. 어떤 때는 내가 원치 않는 죄악적인 생각이 계속 떠오를 때가 있다. 그것을 떨치려 애쓰고 다른 생각을 해 보고 다른 일에 집중해서 잊어버리려고 해도 시도 때도 없이 원치 않는 생각이 끊임없이 올라올 때가 있다. 때로는 생각으로 올라오고 이미지로 나타나서 생각을 자극한다. 그리고 생각이 주는 자극을 이기지 못하여 그 생각이 원하는 대로 행동하게 만들기도 한다.

이렇게 내가 원치 않은 생각이 끊임없이 떠오르고 이미지로 자극하고 행동하게 만드는 것은 바로 그 생각의 주인이 내가 아니라 내 안에 어떤 영이 하는 영적 행위이기 때문이다.

어떤 영이 생각의 형태로 나에게 그 영이 원하는 생각을 주입시키고 생각나게 하고 자극하여 행동하게 하므로 그 생각하게 하는 영의 목적을 이루게 된다. 그리고 또다시 그 영은 자기의 욕망을

방언은 성령의 은사가 아니다

위해 인간의 생각을 자극하고 행동하게 만들어 인간에게 동일한 죄악을 반복해서 저지르게 한다.

그렇다면 끊임없이 떠오르는 생각, 그러한 생각을 자극하는 빈번한 이미지의 나타남 그리고 생각 속에 들려오는 목소리는 나의 생각, 나의 목소리가 아니라 실상은 어떤 영이 내 안에서 자신의 욕망을 실현하기 위해 끊임없이 주는 생각이며, 이미지이며, 목소리인 것이다.

방언찬양의 본질에서 언급했듯이 어떤 때는 하루 종일 같은 노래가 생각날 때가 있다. 그 노래를 좋아한 적도 없고 부를 마음도 없는데 계속해서 한 노래가 생각나고 속에서 불리어지기도 하고 직접 흥얼거리기도 한다. 어떤 때는 반나절 그러다가 마는 경우도 있고 어떤 때는 하루 종일 같은 노래가 떠오르고 생각나며 속에서 불리우기도 하고 직접 소리 내어 부르기도 한다. 이것은 내가 하는 행동이 아니라 내 안에 어떤 영이 내가 아는 노래를 부르는 것이다. 그런데 만약 그 영이 내가 모르는 영의 말로 노래를 한다면 그것이 소위 말하는 방언찬양일 것이다.

이와 같이 방언을 하지 않고 잠을 자고 있는데 내 속에서 방언기도 소리가 들려오는 것도 같은 맥락에서 설명될 수 있다. 이것은 나는 자고 있는데 내 속에서 방언을 하는 영이 계속해서 방언기도를 하고 있기 때문에 일어난 현상이다. 그렇기 때문에 나는 자고 있고 방언도 하지 않는데도 내 안에서 마치 내가 방언기도를 하고 있고 그 소리를 듣고 있는 것처럼 느끼는 것이다.

이런 경우 대부분의 방언옹호목사들은 내 영이 하나님을 사랑하여 쉬지 않고 기도하기 위해 자면서도 방언으로 기도하는 것이라고 가르친다. 이 얼마나 그럴듯한 멋진 해석인가! 그러므로 성도들은 이러한 목사들의 잘못된 분별에 속아 방언의 영이 자신 안에서 하는 온갖 거짓된 영적 행위에 무방비로 속으며 미혹당하는 것이다.

평소에 방언을 많이 했다는 것은 늘 방언을 하는 영이 활동을 하였다는 것을 의미하며 방언기도를 전혀 하지 않고 잠이 들었는데도 속에서 방언기도가 계속 들려오는 것은 내 심령이 쉬지 않고 하나님께 기도하는 것이 아니라 내 안에서 방언의 영이 쉬지 않고 방언으로 말을 하고 있는 것이다. 즉, 정체불명의 영이 어떤 노래를 하루 종일 생각나게 하고 떠오르게 하고 속에서 노래를 부르기도 하고 소리 내어 직접 부르게도 하는 것처럼 나는 어슴푸레 잠이 들었는데 방언의 영이 그 영의 말, 즉 방언으로 내 안에서 계속 무언가를 말하고 있기 때문에 나타난 현상이다.

이러한 영 분별을 통해서도 오늘날 영의 방언은 성령이 주시는

은사가 아니라 영이 내 몸에서 말을 하는 것이라는 반증이 되는
것이다.

Q   초신자가 방언을 받는 경우?

A   문제가 끊이지 않고 고통스러운 삶을 사는 사람이 있었다. 그 사람은 주변 사람들의 권유와 성도들의 전도를 통해 교회에 다니게 되었다. 그리고 구역에 배정되었는데 구역장은 문제가 많던 초신자의 이야기를 듣고 안타까운 심정으로 그를 위해 열심히 기도하였다.

그러던 어느 날 구역장은 초신자와 함께 기도를 하게 되었는데, 구역장이 초신자의 배에 손을 얹고 고통의 문제를 가져온 악한 영을 대적하며 하나님께 열심히 방언으로 기도 하였다.

구역장이 한참을 기도하고 있는데 갑자기 교회에 다닌 지 얼마 안 된 초신자에게서 방언이 터져 나왔다. 구역장은 자신의 기도를 하나님이 받아 주셔서 초신자에게 믿음을 주고 소망을 주시기 위해 방언의 은사를 주셨다며 뛸 듯이 기뻐하였고 목사님께 보고를 하여 온 교회가 함께 기뻐하였다. 그리고 초신자 역시 교회에 다닌 지 얼마 안 되는 자신에게 방언의 은사가 임한 것에 대해 놀라고 감격하며 신앙생활을 열심히 해야겠다고 결심을 하게 된다.

교회에 나온 지 얼마 안 된 초신자에게 방언이 임한 이 사건의 영적 실체는 무엇일까? 대부분의 기독교 신자들은 하나님이 구역장의 간절한 기도와 초신자의 가엾은 사정을 보시고 방언의 은사를 주셨다고 생각할 것이다. 그러나 초신자에게 방언이 임한 이 사건은 성령이 방언의 은사를 주신 것이 아니다.

그렇다면 초신자는 어떻게 해서 방언을 받게 되었는가?

이 사건의 영적 분별은 다음과 같다.

인간은 영과 육으로 구성된 존재이다. 그리고 인간의 몸에는 많은 영들이 은밀히 잠복되어 숨어 있다. 영들은 각각의 속성과 힘과 목적을 가진 실존적 존재들이다. 그런데 구역장의 기도, 즉 영을 접촉하는 수단인 기도를 초신자에게 할 때 구역장에게 역사하던 방언의 영이 초신자에게 전이되거나 초신자 안에 숨어 있던 영들 가운데 어떤 영이 터치되어 말을 하게 되는 것이 바로 초신자가 방언을 받게 되었던 것의 영적 실상이다.

그러나 초신자가 방언이 터진 경우 거의 모든 기독교신자들은 초신자에게 성령의 은사로서 방언이 임했다고 착각하게 된다.

기도는 영을 접촉하고 영적 조작을 할 수 있는 대표적 주술 수단으로, 기도를 통해 영들이 초혼되거나 숨어 있던 영이 터치되어 깨어나 말을 하는 경우가 있다. 이럴 때 대부분 기도를 받았더니 방언의 은사가 임했다고 속게 되는 것이다. 이러한 원리는 목사님께 안수를 받아 방언이 열리는 임파테이션도 같은 맥락에서 해석할 수 있다. 기도를 받고 은사가 열리는 것 역시 사역자의 기도를 통해 하나님이 은사를 주신 것이 아니라 사역자 안에 있는 은사의 영이 전이 되었거나 사역자의 기도를 통해 기도받는 자 안에 있던 은사적 영이 활동하게 되어 나타나는 현상이다. 그러나 이러한 깊은 영적 이치를 알지 못하는 대부분 성도들은 사역자의 기도를 통해 하나님이 기도받은 자에게 은사를 주셨다고 생각하게 되는 것이다.

교회에 나온 지 얼마 안 된 초신자가 은사를 받거나 방언을 받는 대부분의 경우는 사역자들의 기도나 초신자의 영적 행위를 통해 영이 전이 되었거나 숨어 있던 영이 터치되어 일어난 현상이거나 초신자가 기독교를 믿기 이전에 역사했던 영들이 마치 성령이 은사를 준 것처럼 미혹하는 유사 은사이지 성령이 주신 은사도, 방언도 아니다. 이렇게 영적 깊은 것을 아는 사람은 없다. 그러나 이런 것을 분명히 알게 된다면 오늘날 방언이 성령이 주신 방언이 아니라 영들이 말을 하는 것이라는 확실한 분별을 갖게 되고 성도 안에서 영이 말을 하는 방언이 얼마나 위험한 것인지 알 수 있게 될 것이다.

방언은 성령의 은사가 아니다

Q **술을 먹고 집회에 참석한 사람이 방언을 받는 경우?**

A 방언 받기를 사모하는 집회가 열리면 집회에 참석만 해도 방언이 터지거나 집회를 주관하는 사역자들이 방언이 임하라는 선포나 안수기도를 해줄 때 방언을 받기도 한다. 또한 집회에서 방언 받기를 간절히 사모할 때 방언이 열리는 경우도 많다. 어떤 경우는 방언에 대해 관심이 없던 사람도 그러한 집회에 참석해서 방언을 받는 경우가 있다. 방언을 추구하는 집회에서 사역자의 선포나 안수기도, 성도 자신의 간구로 방언이 터지는 경우 사역자도, 성도도 자신이 받은 방언으로 인해 감격하고 방언에 대해 관심이 없던 사람이 갑자기 방언을 받는 경우에도 그 또한 감격해하는 것을 볼 수 있다.

신앙이 하나도 없고 세상 사람과 방불한 어떤 성도가 술을 먹고 장난삼아 방언을 사모하는 집회에 참석하였다. 그 성도는 방언 받기를 사모하지도 않았고 그저 한잔하고 재미 삼아 집회에 참석한 것뿐이다. 그런데 이 술 먹은 성도에게도 방언이 임하였다. 사람들은 술 먹고 집회에 참석한 성도가 방언을 받은 것에 대해 놀라워하고 사역자들은 자신들이 주관한 집회에서 벌어진 이러한 일에 대해 하나님이 자신들의 사역을 지지하고 축복하고 있다고 굳게 믿으며 감사하게 된다. 또한 술 먹은 성도에게 방언이 임한 것은 하나님이 그에게 회개할 기회를 주시고 신앙생활을 잘할 수 있도록 도와주시려고 펼친 성령의 역사라며 자부심을 갖게 된다.

그러나 명심해야 할 것은 성령이 주시는 방언은 사람이 사람에게 말을 하여 복음을 전하기 위해 주신 것이지 성도가 사모한다고 또는 사역자의 선포기도나 안수기도를 통해 그리고 술 먹은 성도에게 정신 차리라고 주시는 것이 아니다.

술을 먹고 재미삼아 집회에 참석한 성도가 방언을 받은 것이 과연 성령이 주신 은사일까? 그리고 집회에 참석한 사람들이 사역자에게 안수기도나 선포기도를 통해 받은 방언 그리고 자신이 간구해서 받은 방언, 원치 않았는데 받은 방언이 과연 성령이 그들에게 방언을 선물로 주신 것일까?

답은 "아니다"이다. 그럼 이러한 사건은 어떤 영적 이치로 일어난 일일까?

이것을 설명하면 다음과 같다.

집회가 열렸다는 것은 집회를 주관하는 영이 배후에 있다는 것을 의미한다. 집회를 주관하는 영은 집회에 중심이 되는 사역자의 영과 같거나 사역자를 지배하는 영이기도 하다. 그러므로 집회가 추구하는 외형적 목적과 모습을 보면 바로 그 집회와 사역자를 주관하는 배후의 영을 볼 수 있다.

방언은 성령의 은사가 아니다

교회에서 목사님이 집회를 여니까 모두 성령의 집회라고 생각한다. 거기서부터 영적 오류가 시작되는 것이다. 교회이며 목사님이 집회를 연다 해도 과연 그 집회의 목적과 방향이 무엇인가에 따라 어떤 집회는 성령이 주도하는 집회가 아니라 집회를 주관하는 배후의 어떤 영이 주관하는 집회라고 판단해야 한다. 방언을 간절히 사모하는 집회가 열렸다는 것은 그 집회를 주관하는 영이 성령이 아니라 말을 하는 방언의 영이 목사님을 장악하여 집회를 연 것이다. 그러한 집회를 여는 목사치고 방언 열광자가 아닌 사람이 없을 것이다. 이것을 다른 말로 하면 그 목회자가 이미 방언의 영에 장악된 자로 자신은 방언을 성령의 은사로 굳게 믿으나 실질적으로 그 사역자는 방언귀신에게 속아서 집회를 열게 된 것이다.

이는 비록 기독교 목사가 주관하는 집회라도 그 집회의 영적 실상은 말을 하는 방언의 영이 집회와 사역자를 주관하여 집회가 열린 것이다.

사람이 어떤 곳에 가면 그곳을 장악한 영에 영향을 받는다. 이것이 영적 이치이다. 이처럼 방언의 영이 주관하는 집회에 가게 되면 그 집회에 참석한 사람들은 모두 자신들은 성령이 주관하는 집회에 참석했다고 생각하지만 실상은 정체를 알지 못하는 방언의 영의 영적 영향력하에 놓이게 된다.

방언의 영이 집회와 사역자를 장악하여 집회를 열었고 사람들이 집회에 참석할 때 방언의 영과 비슷하거나, 방언의 영보다 영이 약한 자, 그리고 방언을 간절히 사모하는 자들에게 방언의 영은 쉽게 침입하여 그들에게 들어가 방언을 터뜨려 준다. 이런 연유로 집회에서 사역자에게 기도받은 자, 방언을 사모하며 기도한 자, 방언을 사모하지 않았는데 갑자기 방언이 임한 자, 심지어는 술 먹고 장난삼아 집회에 참석한 자들까지 방언을 받게 되는 것이다.

모든 만물과 공간 그리고 사람에게는 특정한 영들이 공존한다. 사람을 만난다는 것은 그 사람에게 역사하는 영을 만나는 것이며 공간에 들어간다는 것은 그 공간의 영을 만나는 것이다. 그리고 집회에 참석한다는 것은 집회를 주관하는 영을 만나게 되는 것이며 집회를 여는 사역자는 이미 집회를 열게 한 영에게 장악된 사람들이다. 그런 사역자에게 기도를 받는 것은 집회를 장악한 영에게 기도를 받는 것과 같은 것이다.

그러므로 방언을 사모하고 은사를 추구하고 기름부음을 말하는 집회에서 사역자에게 방언을 받기를 위해 안수기도 받은 자, 방언을 사모하며 기도한 자, 방언을 사모하지 않았는데 갑자기 방언이 임한 자, 심지어는 술 먹고 장난삼아 집회에 참석한 자까지 방언을 받는 것은 성령의 은사로서 방언을 받은 것이 아니라 방언의 영이 주관한 집회에 참석하였기 때문에 방언의 영이 그들에게 임하여

　　　　　　　　　　　　　방언은 성령의 은사가 아니다

방언, 즉 영이 말하는 행위를 터뜨려 준 것이다. 성령의 방언이란 언어의 장벽이 있는 사람들에게 언어의 장벽을 무너뜨리고 복음을 전하여 불신자를 구원하는 것이다. 그런데 이미 기독교를 믿고 있고 언어소통이 되는 사람들에게 무엇 때문에 언어가 불통되는 (영의) 방언을 주시겠는가! 이들은 이미 기독교신자가 아닌가! 그리고 언어가 동일한 사람들 아닌가!

  영적 세계는 우리가 아는 것과 다르다. 올바른 분별을 통해 더이상 방언귀신에게 속아서는 안 된다. 방언귀신에게 속아서는 안된다는 것은 방언을 옹호하는 목사들에게 속아서는 안 된다는 뜻이다. 왜냐하면 방언의 영은 방언을 옹호하는 목사와 사역자를 통해 미혹하기 때문이다.

Q   방언기도를 할 때 잡생각이 자주 드는 이유는?

A   방언기도를 하다 보면 생각 따로, 입 따로, 움직일 때가 많다. 즉, 생각은 다른 생각을 하면서 입으로는 습관적으로 방언기도를 하고 있는 것이다. 그리고 방언기도를 할 때 아무리 집중을 하려도 해도 집중이 안 되고 머리로는 계속 다른 생각이 올라와 기도가 힘들 때가 적지 않다.

방언기도를 할 때 잡생각이 드는 이유는 무엇일까?

답은 간단하다, 방언기도를 못 알아들으니까 잡생각이 드는 것이다,

못 알아듣는데 잡생각이 드는 것이 문제일까? 아니다! 못 알아듣는데 잡생각이 드는 것은 극히 정상이다. 오히려 알아듣지 못하는 방언기도를 하면서 기도에 몰입을 했다고 하는 사람들이 더 비정상적인 사람들이다.

이방종교에서는 신인합일을 하기 위해 명상을 하는 사람들이 있다. 이들은 명상이 깊은 단계로 들어가면 자아와 이성이 사라지고 초자아가 되는 의식상태에 이르게 된다고 한다. 이때 가이드 영이라는 영적 존재가 우주로부터 와서 자신과 합일할 때 명상을 하는 자신은 우주와 하나가 되는 신적 존재로서의 평화와 영원을 느낀다고 한다. 그러므로 명상을 할 때 잡생각을 없애기 위해 호흡기도

를 하며 만트라라는 짧은 단어를 반복해서 말을 한다. 호흡기도와 더불어 만트라에 집중을 할 때 어느덧 자신은 사라지고 우주와 하나가 되어 신인합일이 된 자신만이 남게 된다는 것이다.

이를 영적으로 해석하면 말이 좋아 명상하며 신인합일적 존재가 된 것이지 명상을 하며 호흡기도를 하고 만트라를 외우며 정신 줄 놓게 되었을 때 가이드 영이라고 불리우는 정체불명의 영과 접신한 것이고, 접신한 상태에서 무당들처럼 육체의 한계를 벗어나 황홀경 상태에 빠진 것뿐이다.

그렇다면 방언기도를 통해 몰입이 되고 영적으로 높은 차원으로 나갈 수 있으며 모든 자기 생각을 버리고 오직 하나님께만 몰입할 수 있다고 하는 방언옹호론자들은 신인합일 강신자들이 했던 것처럼 방언의 영이 주는 방언 소리에 정신줄을 놓고 자기 이성과 마음을 몰입시켜 그 영이 주는 영적 감각과 현상을 느끼는 실질적 접신 상태에 들어간 것이다. 그런데도 자신들이 방언을 통해 하나님과 깊이 교제하고 있다고 착각하고 있는 것이다.

방언기도를 할 때 잡생각이 드는 것은 극히 정상이다. 왜냐하면 알아듣지 못하는 말에 잡생각이 안 드는 게 오히려 이상한 것이다. 알아듣지 못하는 방언을 하면서 몰입하여 하나님께 깊이 나아갔다는 사람들은 엄밀히 따지면 명상을 하면서 초자아로 가기 위해 호흡기도와 만트라를 하며 접신을 도모한 이방 종교인들처럼 자기 방언을 듣고 방언의 영이 주는 감각을 느끼며 방언의 영이 일으킨 영적 현상에 접신한 것이다.

방언은 성령의 은사가 아니다

Q **방언기도는 나의 영이 비밀을 말하는 것인가?**
성령이 기도하는 것인가?

A 방언옹호론자들은 고린도전서 14장 2절을 내세워 방언기도는 나의 영이 하나님께 비밀을 말하는 것이라고 한다. 그러면서 동시에 방언기도는 성령이 나의 입술을 잡고 하나님께 드리는 기도라고 한다.

방언기도가 어떤 때는 나의 영이 비밀을 말하기도 하고 어떤 때는 성령이 나의 입술을 잡고 하나님께 드리는 기도라는 것이다.

비밀이란 상대방에게 절대 말할 수 없는, 내가 숨겨야 할 어떤 것이다. 그런데 나도 알지 못하는 영의 비밀이 있을 수 있을까? 하나님께 나의 영의 비밀을 말한다면 방언을 말하는 나는 최소한 나의 영의 비밀을 알아야 하는 것 아닌가? 자신의 영의 비밀도 알지 못하면서 날마다 방언으로 하나님께 자기의 영의 비밀을 기도한다고 믿으며 하는 기도를 정상적인 기도라고 할 수 있는가? 방언기도는 십 년 이상 매일 세 시간씩 한다 해도 자기 영의 비밀을 아는 자가 없다.

또한 기도란 인간이 신에게 드리는 신앙 행위인데 성령이 인간의 입술을 잡고 인간이 알아들을 수 없는 소리로 하나님께 기도를 하고 있다고 한다. 이상한 일을 넘어 괴기스럽기까지 한 말이다. 성령이 인간의 입술과 혀를 잡고 하나님께 기괴한 영의 말로 기도를 하고 있다는 전대미문의 가르침이 전해지고 있는 것이다.

나의 비밀을 아는 사람은 오직 나와 하나님뿐이다. 그러므로 내가 기도하지 않아도 하나님은 이미 내 인생, 살아왔던 모든 삶을 알고 계시고 앞으로 살아갈 모든 삶도 알고 계신다. 그리고 내 비밀은 내가 아는 것이 비밀이다. 내 육체든, 혼이든, 영이든 모두가 나다. 내가 모르는 나의 비밀은 세상에 어디에도 없다. 그런데 나의 영은 왜 그렇게 나도 모르는 비밀이 많아서 날마다 알아듣지 못하는 방언을 통해 나의 과거, 현재, 미래를 모두 알고 계시는 전능하신 하나님께 기도하고 있는 것일까! 도무지 말도 안 되는 사람의 계명이 난무하고 있는 것이다.

신약시대의 바리새인과 서기관들은 율법을 상세하게 설명하고 지키려는 열심으로 사람의 계명을 만들어 내었다. 그러나 오늘날 방언옹호론자들은 방언을 위해 온갖 목사의 방언계명을 만들어 내고 있다. 그들이 기독교의 목사인지 방언교의 목사인지 분간이 힘들 정도이다.

성령이 주신 방언은 사람에게 복음을 전하여 불신자를 구원하는 것이지 기도하는 자가 자기도 모르는 영으로 비밀을 말하는 것이 아니다.

방언은 성령의 은사가 아니다

방언옹호론자는 어떤 때는 방언기도는 나의 영이 하나님께 비밀을 말하는 것이라고 하고 어떤 때는 성령이 나의 입술을 잡고 하나님께 기도하는 것이라고 한다. 자기 입맛에 따라 이랬다저랬다 하는 것이다. 방언옹호론자들의 이러한 주장은 자신들이 하고 있는 방언이 성령의 방언이 아님을 스스로 자인하는 것이다.

방언기도가 정말 나의 영이 하나님께 비밀을 말하는 것인지, 성령이 나를 위해 내 입술을 잡고 하나님께 기도를 하는 것인지, 한 가지만 분명히 말해야 할 것이다. 그러나 실상은 방언기도는 나의 영이 하나님께 비밀을 말하는 것도 아니고 성령이 내 입술과 혀를 잡고 하나님께 기도하는 것도 아니다. 방언기도는 나에게 접신된 영이 하는 기도일 뿐이다.

Q   방언으로 성경을 읽으라고?

A   5살짜리 아기가 있다. 아기는 한국말도 익숙지 않고 영어도 전혀 알지 못한다. 그런데 아기를 위해 할머니가 영어 동화책을 사 주었다. 아기는 영어를 모르지만 자기 나름대로 한국어와 영어를 한답시고 알아듣지 못하는 말을 섞어 영어 동화책을 읽는다. 아기의 가족들은 아기가 사랑스러워 동영상을 수시로 찍어 놓을 것이다.

40살 된 어른이 있다. 이 어른은 국어사전을 펼쳐 놓고 무슨 뜻인지 알 수 없는 방언을 주절거리며 국어사전을 읽고 있다. 그러면서 방언으로 국어사전을 읽으면 읽을수록 국어의 깊은 의미를 알게 되어 기쁘다고 하면서 주변 사람에게 국어사전을 펼쳐 놓고 한 줄 한 줄 방언으로 읽으라고 권한다. 그러면 국어에 대해 큰 유익을 얻을 것이라고 말한다.

이런 짓을 하는 40살 된 어른이 있다면 사람들은 그를 비정상적인 사람 혹은 미친 사람으로 알고 경계하며 피할 것이다.

그런데 한국교회 일부 목사님들이 방언으로 성경을 읽으라고 한다. 그러면 영적 유익이 많다는 것이다. 방언으로 성경을 읽으면 처음에는 힘들지만 방언은 사람에게 하지 아니하고 하나님께 나의 영이 비밀을 말하는 것으로 영적 소통이 가능하기 때문에 방언으

     방언은 성령의 은사가 아니다

로 성경을 꾸준히 읽다 보면 하나님과 영적 소통이 가능하여 성경에 감추어진 하나님의 놀라운 비밀을 알게 되고 성경의 심오한 진리가 깨달아진다는 것이다.

성경은 역사상 가장 많이 팔린 책이다. 성경이 역사상 가장 많이 팔린 책일 수는 있지만 성경을 완독해서 읽기란 쉽지 않다. 그것은 성경이 하나님의 말씀이라도 고대 근동과 이스라엘의 지리적, 역사적, 종교적 배경을 알아야 하고 또 신약성경의 서신서의 경우는 서신서를 쓴 사도들의 마음과 합치하는 수준이 되어야만 그 말씀이 온전히 자기 말씀이 되는 것이다. 또한 4복음서의 예수님의 모든 교훈 역시 기록된 말씀을 너머 성령이 그 말씀의 깊이를 조명해 줄 때 예수님의 모든 것이 심령에 새겨지는 것이다.

그러므로 성경은 읽기 쉬운 책이 아니고 이해하여 자기 것으로 만들기 쉬운 책은 더더욱 아니다.

그렇지만 성도는 하나님의 은혜를 구하면서 성경을 꾸준히 읽어야 하고 공부해야 하는 것이다. 그러면 하나님께서 필요하신 대로 성도에게 성경을 통해 큰 은혜를 베풀어 주실 것이다.

제대로 된 목사라면 성도들에게 성경을 바르게 가르치고 성도들이 모르는 것이 있다면 언제든지 설명해 줄 수 있어야 한다. 그리고 성경을 통해 말씀하시는 하나님의 뜻과 섭리를 깨달을 수 있도록 도와주어야 한다.

성령이 주신 방언은 사람에게 말을 하여 복음을 전하는 것인데 방언옹호 목사들은 불신자에게 복음을 전할 생각은 하지 않고 기존 신자들에게 알아듣지 못하는 방언으로 성경을 읽으라고 하고 있다. 이들이 날마다 양산해 내는 방언에 대한 이들의 방언교 교리는 이해가 불가하고 혼란스럽기 짝이 없지만 기독교 성도들에게 그저 수용되고 있다. 목사가 성경에 대해 바른 길잡이 역할을 하는 것이 아니라 자기도 못 알아듣는 방언을 하면서 방언으로 영서를 쓰고, 방언으로 성경을 읽으라는 종교 역사에 다시 없을 기이한 짓을 하는 것이다. 방언옹호 목사들의 이러한 행위는 마치 40살 어른이 방언으로 국어사전을 읽었더니 은혜가 충만하고 국어에 대해 새로운 안목이 생겼다고 하는 것과 같은 것이다.

세상 사람들은 방언으로 국어사전을 읽으면 국어에 대한 이해가 깊어진다고 하는 40살 어른을 만난다면 그를 비정상으로 생각하고 피할 것이다. 그리고 40살 어른의 행위가 더 심해지면 정신병원에 입원시켜 관리할 수 있다. 그런데 기독교신자들은 방언으로 성경을 읽으라는 목사들의 해괴망측한 말에 아멘으로 화답하고 있고 일부 신자들은 열심히 실천하고 있다.

방언을 옹호하는 목사들은 방언으로 성경을 읽으면 성경에 감추

방언은 성령의 은사가 아니다

인 하나님의 놀라운 비밀과 섭리가 알아진다고 한다. 그러나 방언으로 성경을 읽자는 목사들이 강대상에서 선포하는 말씀은 하늘의 문을 여는 법, 불을 끌어오는 법, 기적을 가져오는 법, 능력을 받는 법, 부와 형통을 받는 법, 문제를 해결받는 법, 재정의 축복받는 법, 돌파의 기름부음 받는 법, 백 프로 응답받는 법 같은 말밖에 없다. 이것이 그들이 방언으로 성경을 읽었더니 얻은 열매들이다. 좋은 나무에 좋은 열매가 맺히고 나쁜 나무에 나쁜 열매가 맺힌다.

Q 아무리 노력해도 방언을 받지 못하는 이유?

A 신앙생활을 오래 하며 진심으로 하나님을 섬기고 성실하게 교회에 봉사하면서 방언의 은사를 사모한 사람들 가운데 방언의 은사를 받지 못한 성도들이 있다. 이들은 교회에 온 지 얼마 안 되는 초신자가 방언을 받거나 인격이 별로 안 좋은 성도가 방언을 받을 때마다 도대체 왜 자신은 방언을 받지 못하는지 답답하기만 하였다.

인내하고 기다리면 언젠가 하나님이 방언의 은사를 주시겠지 하며 소망을 잃지 않고 꾸준히 기도했지만 방언의 은사는 오지 않았다. 남들 다 받는 방언기도를 자신만 받지 못하는 이유를 알고 싶었지만 목사님이나 전도사님은 인내를 가지고 꾸준히 기도하면 언젠가 방언의 은사를 받을 것이라고 위로할 뿐이지 도무지 그 이유를 알지 못하였다. 그래서 자신이 하나님께 온전치 못한 삶을 산 것은 아닌가 회개도 해 보고 하나님 앞에 바르게 살려고 노력을 해 보아도 도무지 방언의 은사는 오지 않았다. 이런 상황에서 어떤 성도는 포기하지 않고 여전히 방언의 은사를 사모하지만 어떤 성도는 방언의 은사 받기를 포기한다.

무슨 이유로 어떤 사람은 방언을 받고 어떤 사람은 방언을 받지 못하는 것일까? 하나님이 은사를 주시는데 차별이나 인간이 알 수 없는 어떤 기준이 있는 것일까?

방언은 성령의 은사가 아니다

방언을 받지 못한 사람은 왜 방언을 받지 못했을까?

어떤 집단이든 그 집단을 장악한 영이 있다. 그런데 영들은 자신과 영적으로 파장이 비슷하거나 자기보다 영이 약한 사람이나 아니면 자기를 간절히 원하는 사람 가운데 영이 들어가기 쉬운 사람에게 침입하여 영적 조작 행위를 할 수 있다. 그러나 영을 받기를 소망한다고 해도 영적 본질에서 영과 파장이 다르거나 성도의 영이 강하면 그 집단을 장악한 영이 성도에게 침입하여 성도의 영을 조작하지 못한다. 이 말은 역설적으로 영적 현상이 잘 일어나지 않는 성도가 은혜를 받지 못한 성도가 아니라 오히려 영적으로 강하고 깨끗하여 영적 조작을 잘 당하지 않는 성도라는 것이다.

이처럼 성도가 방언을 사모하며 오랫동안 기도를 해도 방언을 받지 못하는 이유는 그 성도에게 신앙적 문제가 있어 방언의 은사를 받지 못하는 것이 아니라 그 교회 또는 집회에 역사하는 방언의 영과 그 성도의 영이 영적으로 다르고 성도의 영이 강하고 깨끗하기 때문에 방언의 영이 그 성도에게 들어가기가 쉽지 않고 들어가서 방언을 일으키는 영적 조작 행위를 쉽게 할 수 없기 때문에 비록 성도가 방언을 사모한다고 해도 방언이 임하지 않는 것이다.

방언을 받지 못한 성도는 자신을 자책하고 답답해하지만 영적 실상은 방언을 받지 못한 성도가 영이 강하고 깨끗하기 때문에 방언을 받지 못한 것이다.

① 영은 자기를 사모하는 자 가운데 영적 성향이 비슷하거나 약한 성도에게 쉽게 들어간다. 그리고 들어가서 그 영이 원하는 대로 영적 조작 행위를 한다.
② 영은 자기를 거부하거나 관심이 없는 성도일지라도 영의 목적에 따라 그에게 들어가 그 영이 원하는 대로 영적 조작을 하여 영적 현상을 일으킬 수 있다.
③ 사모하는 자가 그 영과 영적 성향이 다르거나 그 영보다 강하면 들어가지 못하고 영적 조작을 못하기 때문에 영적 현상을 일으킬 수 없다 그래서 강한 영을 가진 성도에게는 영적 현상이 잘 일어나지 않는다.

일반적으로 영적 현상이 잘 일어나지 않는 성도는 은혜를 받지 못한 성도로 판단하고 영적 현상이 잘 일어나는 성도는 은혜받은 성도로 알고 있다. 그러나 오히려 영적 현상이 잘 일어나지 않는 성도가 영이 강하고 깨끗한 사람이고 역설적으로 은혜를 잘 받는 성도는 영이 약하고 탁한 사람이라고 할 수 있다.

오늘날 방언은 성령이 주시는 은사가 아니라 영이 인간에게 들어가 말을 하거나 인간안에서 숨어 있던 영이 말을 하는 것이다.

방언은 성령의 은사가 아니다

그러므로 교회나 집회에 역사하는 방언의 영이 자기를 사모하는 성도나 혹은 사모하지 않거나 관심이 없는 성도일지라도 방언의 영보다 성도들의 영이 약하면 성도들에게 들어가거나 그들 안에 잠복된 영을 활동시켜 영이 말하는 영적 현상인 방언을 야기시킨다. 이런 이유로 초신자가 교회에 오자마자 방언을 받는 것이며 술 먹은 성도가 방언을 받는 것이며 인격이 나쁜 사람도 방언을 받는 것이며 애도, 어른도 쉽게 방언을 받는 것이다. 그러나 기독교신자들은 이러한 영적 이치를 알지 못하므로 교회에서나 다른 집회에서 자신에게 방언이 임하면 그저 하나님이 성령의 은사로 방언을 주셨다고 감격해하는 것이다.

반면 교회나 집회에 역사하는 방언의 영이 자기를 사모하는 성도든, 관심 없는 성도든, 혹은 방언을 거부하는 성도든, 방언의 영보다 영이 강하고 깨끗한 성도에게는 들어가지 못하므로 방언현상을 일으키지 못한다. 이럴 때 겉으로 보기에는 바른 신앙을 하고 경건한 삶을 산 성도가 방언의 은사를 간구해도 방언의 은사가 오지 않는 것처럼 보이게 되는 것이다.

오늘날 방언은 영이 인간에게 들어와 알아들을 수 없는 말을 하거나 인간 안에 숨어 있던 영이 깨어나 알아들을 수 없는 말을 하는 것이다. 그렇기 때문에 방언을 받는다는 것은 정체불명의 영이 침입했거나 몸에서 활동하기 시작했다는 것을 의미하며 방언을 한다는 것은 영이 몸에서 말을 하는 것을 뜻한다.

이제는 실망하고 낙심할 것이 없다. 방언을 받지 못한 성도가 영적으로는 방언의 영에게 영적 조작을 당하지 않은 영이 깨끗하고 강한 자들이기 때문이다. 이들은 방언을 받지 못한 것 때문에 의기소침할 것이 아니라 오히려 방언의 영으로부터 자신을 지켜 주셔서 방언을 받지 않게 해 주신 하나님께 감사해야 할 사람들이다.

방언을 받으려는 것은 위험한 짓이다. 무엇 때문에 방언의 영에게 온갖 영적 조작을 당하려고 방언의 영을 초청하는가!

방언은 성령의 은사가 아니다

Q 목사님이 가르쳐 준 대로 할렐루야를 외치면 방언 은사를 받을 수 있나?

A 방언을 옹호하는 목사님이나 사역자들 가운데 성도에게 방언 받는 법을 가르치며 방언을 전수하는 사람들이 있다. 은사는 성령이 주시는 것인데 목사가 방언의 은사를 주는 것이다. 이것은 성령의 일을 침범하는 월권적 행위인데도 일부 목사들은 되지도 않는 방언 받는 법을 자랑스럽게 가르치고 있다.

방언을 옹호하는 A 목사님은 기도한 것은 받은 줄 믿으라는 하나님의 약속을 붙잡고 방언을 주실 것을 믿고 목사님을 따라 할렐루야를 계속 반복하면 방언을 빠르게 받을 수 있다고 한다. 그리고 더 빨리 확실히 받기 위해서는 자신의 죄를 회개하고 믿음으로 할렐루야를 반복해서 외치면 어느 날 혀가 말리면서 방언이 임한다고 가르친다. 할렐루야는 "너희들아! 여호와를 찬양하라"라는 뜻인데 졸지에 방언 받는 수단이 되어 버린 것이다.

B 목사님은 하나님은 사도행전 2장에서 보듯 사람을 통해 방언을 전수하시고 훈련을 통해서도 방언을 주시므로 그저 자신의 혀가 움직이는 대로 방언을 시작하라고 한다. 방언을 하기 위해 혀를 내 의지대로 주장하지 말고 성령께서 사용할 수 있도록 랄랄라, 할렐루야 등 내가 발음하기 편한 단어를 반복해서 사용하라고 한다. 그 이유는 내 혀를 마음대로 쉽게 움직일 수 있도록 풀어 주

기 위해서라고 한다. 다만 단순한 단어라도 혀가 빨리 움직이게 하기 위해 느리게 하지 말고 빠르게 하라고 하면서 목사님이 먼저 랄랄라를 선창하거나 바바바, 다다다 등을 선창하여 성도들이 그 단어를 따라 하도록 유도한다. 반복된 단어를 빠르게 되풀이할 때 내 혀가 내 의지대로 움직이지 않고 다르게 움직이는 것을 느낄 수 있으며 혀가 스스로 진동되는 것을 느낄 수 있다고 한다. 그리고 이것이 과연 성령께 방언의 은사를 받는 것인가? 라는 의심을 버리고 믿음을 가지고 매일 반복해서 연습을 하다 보면 방언을 받게 된다는 것이다.

그러면서 성령이 직접 주시는 방언이든, 배우고 훈련하여 습득된 방언이든, 혼자 집에서 터득한 방언이든, 방언이면 무조건 기도 생활이 즐거워지고 방언을 통해 하나님과 가까워진다고 방언의 유익을 말하고 있다. 그 이유는 방언이 하늘에서 온 것이기 때문이라는 것이다. 성령이 주신 방언은 하늘로부터 온 것이 맞다. 복음을 전하는 것이기 때문이다. 그러나 목사들이 전수하는 방언은 목사에게서 온 기이한 방언일 뿐이다. 복음을 전하는 성령방언을 하는 목사와 신자는 단 한 명도 없다. 그러면서 목사에게 배우고 훈련한 방언을 어떻게 하늘로부터 온 것이라고 하는지 이해할 수 없다. 이에 더해 B 목사님은 사단은 하나님과 멀어지게 하기 위해 방언을 못 하도록 방해한다고 하면서 성도는 사단의 방해를 뚫고 하나님께 가까이 나아기 위해 방언으로 반드시 기도해야 한다고 강권

방언은 성령의 은사가 아니다

한다.

B 목사님은 오순절에 성령이 오셔서 표적으로 주신 방언을 마치 제자들이 훈련하고 노력하여 받은 것처럼 호도하며 성도들을 가르치고 있는 것이다.

대표적인 방언옹호론자인 C 목사님은 방언을 받지 못한 사람들은 의심하지 말고 C 목사님, 자신이 하라는 대로 따라만 하면 방언을 받을 수 있으니 좌절하거나 낙심하지 말고 자신이 하라는 대로 실천하라고 가르친다.

그러면서 방언을 하게 되면 영적 에너지가 충만해지고 다른 은사도 열리고 돈도 들어오고 명예가 생기고 기적도 일어나는 등 방언은 너무 좋은 은사이니 목사님이 하라는 대로 하여 반드시 방언을 받으라고 한다. 그러면서 할렐루야 할렐루야를 의심하지 말고 따라 하라고 한다. 그러면 혀가 꼬이며 말리기 시작하고 할렐루야를 계속 반복해서 하면 어느 순간 할렐루야가 다른 방언으로 바뀌며 본격적으로 방언을 할 수 있다고 주장하고 있다.

성도가 할렐루야를 외쳐서 받은 방언이 과연 하나님이 주신 방언이냐고 물으면 영의 세계에도 지름길이 있는데 자신이 가르쳐 주는 대로 할렐루야를 외쳐 방언을 받는 것은 영의 세계에서 방언을 받는 지름길이므로 괜찮다고 성도를 안심시킨다. 방언에 대한 목사의 방언 교리 창조가 한계를 넘어서고 있는 것이다.

 C 목사님은 성도에게 혀가 꼬이는 대로 자신을 맡기며 의심하지 말고 계속 할렐루야를 외치면 방언이 100% 임한다고 하면서 자신이 먼저 할렐루야를 선창하며 성도들에게 할렐루야를 큰 소리로 반복해서 따라 하도록 독려한다. 그때부터 온 교회가 미친 듯이 할렐루야를 외쳐 대기 시작한다.

 유명한 D 사모가 있다. 그녀는 성도들이 방언을 쉽게 받을 수 있는 방법이 있다고 말한다. 그녀는 방언을 받기 위해서 성도들에게 먼저 회개할 것을 권한다. 그리고 방언을 받기 원하면 당장 받을 수 있다고 한다. 입을 다물고 있으면 아무 말도 못 하지만 입술을 열어야 말을 하듯 방언 역시 입 다물고 안 하면 못 하니까 입을 열고 아무 소리나 내어 보라고 한다. 간절한 마음으로 할렐루야를 비롯하여 아무 소리나 하고 한번 해서 안 되면 두 번 하고, 두 번 해서 안 되면 세 번 하는 등 꾸준히 하다 보면 반드시 방언을 받을 수 있다고 한다.

 방언옹호론자들이 성도들에게 가르친 방언 쉽게 받는 법에는 공통점이 있다.

방언은 성령의 은사가 아니다

① 하나님께 자신의 죄를 회개하고 방언 받기를 사모하라.

② 입을 다물고 있으면 아무 말도 못 하니 입술을 떼어 아무 말이나 하라.

③ 방언을 구하면 받은 줄로 믿어야 한다.

④ 할렐루야 혹은 랄랄라, 룰루루 등 단순하고 말하기 편한 단순 단어를 방언이 될 때까지 반복해서 해야 한다.

⑤ 혀가 스스로 움직일 수 있도록 내 의지를 내려놓는다.

⑥ 방언도 인위적으로 받을수 있으니 영의 성장을 위해 의심하지 마라.

⑦ 마귀는 성도가 방언 받는 것을 가장 싫어하니 이렇게 인위적으로 받는 방언도 의심하지 말고 신뢰해야 한다.

이렇게 하면 누구나 방언을 쉽고 빠르게 받을 수 있다며 방언을 전수하고 있다. 방언을 옹호하는 방언교 목사들…이들의 가스라이팅이 도를 넘어선 것이다.

① 방언의 사전적 의미는 사람들의 지방 언어 혹은 사투리이다.

② 방언의 성경적 정의는 복음이 전해질 수 있도록 사람 간에 의사소통을 가능하게 하는 성령이 주신 언어방언이다

③ 은사에 대한 정의는 다음과 같다. 은사란 자연 발생적이지 않고 인위적이지 않고 영적 존재가 사람에게 주는 초월적인 특별한 힘이다.

이것이 사전적 방언과 성경적 방언 그리고 은사에 대한 온전한 정의이다.

그렇다면 오늘날 방언옹호론자들이 방언을 성도들에게 가르치는 것이 얼마나 한심한지 알 수 있다.

그들은 랄랄라, 따따따 등 이상한 단음절을 방언이랍시고 성도에게 따라 하라고 가르치고 있다. 그리고 복음을 전해야 하는 방언의 본질에서 벗어나 복음은커녕 자기도 못 알아듣는 소리를 반복해서 하면 영이 확장되고 온갖 축복이 쏟아진다는 소리를 하고 있다. 동시에 은사란 영이 인간에게 주는 것인데 목사가 성도들에게 랄랄라, 따따따를 하면 혀가 꼬이면서 방언이 임한다고 하며 목사가 방언의 은사를 주고 있다. 이는 은사의 정의에서 벗어나도 한참 벗어난 것이다. 그리고 더욱이 "너희여! 여호와를 찬양하라"는 의미의 할렐루야를 방언 받는 수단으로 만들고 있다.

그러나 가끔 할렐루야나 따따따, 랄랄라를 반복하다 보면 방언 소리가 바뀌고 방언 비슷한 것을 하게 되는 경우가 있다. 이는 목사들이 전수한 방법이 방언을 쉽게 받는 방법이기 때문에 일어난 일이 아니다. 할렐루야나 랄랄랄, 따따따를 반복하다 보면 그 소리의 주파수에 영들이 끌려들어오거나 그 반복되는 소리에 몸 안에 영들이 터치 되어 영이 말을 하게 되면 마치 할렐루야나 랄랄라,

방언은 성령의 은사가 아니다

따따따를 하다가 방언이 터지고 방언이 바뀐 것처럼 보이는 것이다. 그리고 습관적 언어의 반복으로 인해 영들을 불러들이고 깨워서 영들이 말을 하게 하므로 마치 방언기도가 바뀌는 것 같은 현상이 일어나는 것처럼 보이기도 한다.

이런 영적 이치로 인해 방언옹호 목사들이 하라는 대로 했더니 진짜 방언이 터지고 터진 방언이 바뀌는 것처럼 보이는 것이다. 이는 방언을 빨리 받는 비법으로 인한 것이 아니라 방언 받기를 사모하며 단음절의 단어를 반복해서 하는 행위를 통해 방언의 영이 초혼되어서 일어난 것이다. 이는 방언의 영의 장난질에 놀아나는 것이며, 그것을 영적으로 무지한 목사들과 사역자들이 성도들에게 방언이랍시고 가르치고 있는 실정이다. 그들은 방언에 대해 비판하는 사람들을 사단의 앞잡이, 성령을 훼방하는 자라고 비난한다. 그러나 성령이 주시는 은사를 자신들이 줄 수 있다고 하는 그들이야말로 신성을 모독하는 자들이며 은사를 주시는 성령을 훼방하는 자들이며 더욱이 귀신방언을 성령의 은사라고 가르치며 그것을 성도들에게 받게 하는 것은 스스로 방언의 영의 앞잡이라는 것을 자인하는 것이다.

이방종교에서도 방언은 나타난다. 그것은 대부분 광신적 집회에서 지도자나 신자들이 신과 접신했을 때 그들의 입에서 신의 소리가 나오는 것이다. 그럼에도 그들은 신자들에게 방언을 가르치지 않는다. 왜냐하면 그것은 신접했을 때 그들의 몸 안에 들어온 영이 하는 소리라는 것을 알기 때문이다. 그런데 이러한 위험한 방언을 교회에서 해서는 안 된다고 가르쳐야 할 목사들이 할렐루야를 선창하며 방언 받는 법을 가르치는 세계 종교 역사에 다시 없을 부끄럽고 수치스러운 일이 벌어지고 있다.

Q 방언기도를 하면 백 프로 응답을 받나?

A 방언옹호론자들 가운데 일부 사역자는 방언기도는 백 프로 응답을 받는 기도라고 한다. 그들이 이렇게 주장하는 근거는 딱 하나이다. 방언기도가 하나님의 뜻대로 하는 기도라서 그런다고 한다. 자신이 무엇을 기도하는지 모르면서 하나님의 뜻대로 기도한다고 하는 발상이 어떻게 나왔는지 의아스러울 뿐이다.

만약 방언기도가 백 프로 응답을 받아 낼 수 있다면 방언기도가 하나님보다 우월한 신적 존재일 것이다. 왜냐하면 하나님은 성도의 방언기도대로 행하는 존재로 전락하기 때문이다.

주술이란 인간이 꿈을 이루기 위해 믿음을 가지고 그 꿈에 대해 생각하고, 구상화하고, 이룬 것처럼 반복해서 말하고, 이룬 것처럼 행동하며 여러 가지 비방과 방술을 사용하고 영들을 조종하여 인간이 원하는 것을 영들로부터 얻어 내는 것이다.

기도란 하나님께 드리는 대표적 신앙행위이지만 영적으로는 영을 접촉하는 수단으로 영들을 조종하고 달래고 협박하여 인간이 원하는 대로 행동하게 만들 수 있는 주술 수단이기도 하다. 그래서 영들이 인간이 원하는 것을 해 주면 인간 입장에서 기도응답을 받았다고 하는 것이다.

기도와 주술의 개념을 알아야 한다. 방언기도가 하나님께 백 프로 기도 응답을 가져온다는 말을 영적으로 해석하면 방언기도가 하나님을 주술의 대상으로 삼아 백 프로 인간이 원하는 것을 얻어 내는 주술 비법이 되는 것을 말한다. 그러나 하나님은 사람이나 영적 존재가 행하는 주술이나 마술에 조종당하거나 강박당하지 않으시고 오히려 그러한 악을 징벌하시는 분이시다.

발람은 메소포타미아의 유명한 술사였다. 그는 유브라데 강가 브돌 사람, 브올의 아들로 그가 얼마나 대단한 주술사였는지 그가 저주하면 저주한 대로 이루어졌고 축복하면 축복한 대로 이루어졌다.

저주하면 저주한 대로 이루어졌고 축복하면 축복한 대로 이루어졌다는 이 말이 영적으로 무엇을 의미하는 것일까? 이것은 발람이 저주를 하면 그 말에 어떤 영이 끌려와 발람이 원하는 대로 저주적 행동을 해준 것을 말한다. 그리고 발람이 축복하면 그 축복의 기도와 기원에 어떤 영이 끌려와 발람의 기도대로 축복적 행위를 해 준 것이다. 즉 발람은 주술사로 영들을 맘대로 부리는 자였고, 발람의 뜻대로 영들이 행동하게 만들 수 있는 영력이 강한 주술사였던 것이다. 발람이 원하는 대로 영들을 행동하게 할 수 있으므로 발람이 원하는 것은 마치 백프로 응답받는 것처럼 보이는 것이다.

방언은 성령의 은사가 아니다

이것이 바로 백 프로 기도응답의 영적 현실이다. 백 프로 기도응답을 받으려면 기도하는 자가 자기 마음대로 영을 부릴 수 있어서 영들이 기도자가 원하는 대로 행동하게 만들 수 있는 영력이 있을 때 가능한 것이다. 즉, 영을 조종할 수 있는 가장 큰 영력을 지닌 주술사가 될 때만이 가능한 것이다.

그러나 대단했던 주술사 발람도 하나님 앞에는 그의 주술과 사술이 먹혀들지 않았다. 이것을 다른 말로 하면 발람의 기도는 하나님께 발람의 기도대로 응답받을 수 없다는 것을 의미한다. 왜냐하면 발람이 하나님을 조종할 수 없기 때문이다. 오히려 발람이 하나님의 뜻에 순종하여 이스라엘을 축복하게 된다.

만약 오늘날 방언옹호론자들과 그들이 하는 방언 기도가 백프로 응답을 받으려면 하나님을 비롯한 모든 영적 존재를 완전히 굴복시켜 자신들의 방언기도대로 행동하게 만들어야 한다. 일부 영들은 방언기도에 조종당하여 방언기도가 원하는 대로 하겠지만 하나님께는 통하지 않는 일이다.

그러므로 방언기도는 하나님 뜻대로 하는 기도이므로 백 프로 응답받는다는 말은 시작부터 틀린 말이다. 방언기도가 백 프로 응답받는 기도라면 방언기도가 주술사의 주술적 기도라는 것을 자인하는 것이다. 그러나 방언옹호론자들은 이러한 영적 이치를 알지 못하고 자신들의 상상에서 나오는 소리를 마음대로 하고 있다.

성경의 인물들은 거의 대부분 기도 응답을 받지 못하였다. 아브라함도 100세에 하나님에 의해 아들을 받았지 기도로 받지 않았다. 다윗은 밧세바에게서 낳은 아들이 죽어 갈 때 기도를 하였지만 아기는 살지 못하였고 세례요한 역시 마케루스 감옥에서 예수님께 사람을 보내어 도움을 청했지만 응답을 받지 못하였다. 예수님 역시 겟세마네 동산에서 땀방울이 핏방울이 되도록 간절히 십자가의 고난의 잔을 피해 가게 해 달라고 기도했지만 응답받지 못하고 하나님의 뜻대로 되길 원한다고 하셨다. 바울도 자신 몸의 연약함에 대해 치유를 기도하였지만 네 은혜가 네게 족하다는 응답을 받았을 뿐이다.

그런데 방언기도가 무엇이길래 방언기도를 하면 백 프로 응답을 받을 수 있다고 하는지 이해할 수 없는 일이다.

더욱이 방언기도란 하나님의 뜻대로 하는 기도가 아니다. 오늘날 방언이란 정체를 알 수 없는 영들이 방언을 사모하는 기독교 신자들 안에서 말을 하는 것이다. 이러한 방언이 하나님의 뜻대로 하는 기도이겠는가! 방언은 영들이 기독교 신자의 몸을 잡고 떠드는 정체불명의 영의 지껄임에 불과한 것이다.

방언은 성령의 은사가 아니다

이러한 방언기도에 백 프로 기도응답을 바라는가? 백 프로 기도응답이 와도 문제 아닌가!

Q   방언을 비판하면 성령훼방죄를 범하는 것인가?

A   기독교에는 방언을 옹호하는 사람도 있고 방언을 비판하는 사람도 있다. 방언을 옹호하는 사람도 그 나름대로 옹호의 논리가 있고 방언을 비판하는 사람도 그 나름대로 방언을 비판하는 논리가 있다.

그런데 방언을 비판하는 사역자들의 설교나 강의에는 많은 비난의 댓글이 달린다. 그 대표적인 것이 방언을 비판하는 사역자는 성령을 훼방하는 자이며, 성령훼방죄로 인해 하나님께 심판을 받을 것이라는 것이다.

방언은 성령이 주시는 귀한 은사인데 방언의 은사를 비난하거나 마귀가 주는 것이라고 하는 말에 격분하여 그러한 비판을 하는 목사님들이나 사역자를 성령을 훼방한 죄인으로 낙인 찍고 있는 것이다.

방언을 비판하면 정말 성령훼방죄를 범한 것일까?
진정 성령훼방죄를 범하는 자들은 누구일까?

성령훼방죄는 성경 세 곳에 기록되어 있다.

마태복음 12장 31-32절 "그러므로 내가 너희에게 이르노니 사

방언은 성령의 은사가 아니다

람의 모든 죄와 훼방은 사하심을 얻되 성령을 훼방하는 것은 사하심을 얻지 못하겠고 또 누구든지 말로 인자를 거역하면 사하심을 얻되 누구든지 말로 성령을 거역하면 이 세상과 오는 세상에도 사하심을 얻지 못하리라"

마가복음 3장 28-29절 "내가 진실로 너희에게 이르노니 사람의 모든 죄와 무릇 훼방하는 훼방은 사하심을 얻되 누구든지 성령을 훼방하는 자는 사하심을 영원히 얻지 못하고 영원한 죄에 있으니라"

누가복음 12장 10절 "누구든지 말로 인자를 거역하면 사하심을 받으려니와 성령을 모독하는 자는 사하심을 받지 못하리라"

예수님이 말씀하시는 성령훼방죄는 목사님들마다 해석이 분분하지만 대략의 해석은 다음과 같다. 성령훼방죄는 성령의 뜻을 알고서도 고의나 악의로 죄를 짓는 것이다. 성령은 진리의 영으로서 예수님의 모든 것을 알게 하시고 생각나게 하시고 깨닫게 해주시는 분이므로 예수님을 믿는 사람은 이미 진리의 영이신 성령께 순종한 자들이므로 예수님을 믿는 기독교인들에게는 성령훼방죄가 없다는 것이다.

이미 기독교인이 된 사람들은 성령을 훼방하는 자들이 아니라 성령의 뜻에 순종하는 자들이므로 기독교 신자들에게는 성령훼방 죄가 없다는 말씀이다.

성령이 오신 목적은 다음과 같다.

요한복음 14장 26절 "보혜사 곧 아버지께서 내 이름으로 보내실 성령 그가 너희에게 모든 것을 가르치고 내가 너희에게 말한 모든 것을 생각나게 하리라"와 사도행전 1장 8절 "오직 성령이 너희에게 임하시면 너희가 권능을 받고 예루살렘과 온 유대와 사마리아와 땅끝까지 이르러 내 증인이 되리라 하시니라"에 잘 나와 있다. 이와 같이 약속된 성령은 오순절에 제자들에게 임하여 방언이라는 특별한 표적을 통해 예수님의 복음을 세상에 전하는 사역을 시작하셨다.

성령이 방언을 주신 목적은 불신자들에게 복음을 전하기 위함이었다. 그런데 기독교신자들은 정체를 알 수 없는 영을 초혼하여 그 영들이 자신의 입술을 잡고 방언으로 기도하게 하고 있다.

방언기도를 옹호하는 목사님들과 기독교신자들은 성령의 전인 자기 몸을 성령이 아닌 정체를 알 수 없는 영들에게 내어 주고 그 영들이 자기 몸에서 말하게 만들고 있다. 즉, 자기 몸을 성령의 전으로 내어준 것이 아니라 방언기도를 통해 불러들인 영들로 가득

방언은 성령의 은사가 아니다

한 악령의 만신전으로 내어 준 것이다.

그렇다면 이러한 온전치 못한 방언을 사단의 미혹이며 귀신 짓이라고 가르치는 사역자들이 성령을 훼방하고 있는지 아니면 정체불명의 영들이 하는 방언을 성령이 주시는 은사라고 가르치며 심지어는 목사가 방언을 인위적으로 전수하고 성도들은 목사의 가르침대로 이상한 말을 방언의 은사로 하고 있다면 누가 성령훼방죄를 짓고 있는 것인지 묻지 않을 수 없다.

성령을 훼방하고 있는 존재는 방언기도를 비판하는 사역자들이 아니라 성경이 가르치는 성령 방언을 왜곡하고 정체불명의 영들이 하는 소리를 성령의 방언으로 오해하며 성령에게 드려야 할 자신의 마음과 육체를 방언을 통해 온갖 악령의 만신전으로 만들어 버린 방언옹호 목사들과 성도들이야말로 성령을 훼방하는 것은 아닌지 반성해야 한다.

Q 방언을 할 때 나타나는 영적현상의 실체?

A 방언을 받았던 사람들의 대부분은 어떤 영적 현상들을 체험한 후에 방언을 받거나 아니면 방언을 받은 후 자신이 생각하지 못했던 영적 현상을 체험한다. 방언이 임할 때는 반드시 어떤 영적 존재와 접촉하고 그 영적 존재가 성도의 몸 안에 들어올 때부터 성도는 그 영적 존재의 말을 대신하게 된다. A는 잠자리에 들었을 때 방에는 바람 같은 세차고 강한 소리가 있었고 불의 혀들로 가득 찼다고 하였다. 그는 두 달 후 목사님께 기도를 받은 후 방언을 하였다고 한다. 불과 바람은 오순절에 성령의 임재현상이었으며 오순절 당시 제자들은 바로 방언을 받고 다른 사람들에게 복음을 전하였다. 그러나 A는 불과 바람의 영적 현상을 체험한 지 두 달 후에 목사님의 기도를 통해 방언을 받았지만 다른 사람에게 복음을 전하지 못하였다. 그가 받은 방언은 영의 방언이었기 때문이다. A는 자신이 받은 방언을 성령의 은사라고 믿겠지만 두 달 전 그의 방안에 가득했던 바람 같은 세찬 소리와 불의 혀로 상징되는 현상은 A에게 강력한 어떤 영이 들어왔음을 뜻한다.

그리고 두달 후 방언을 받은 것은 목사님의 기도를 통해서 방언을 받은 것인지 아니면 두 달 전 자신의 방에 임한 영이 뒤늦게 역사한 것인지 알 수는 없지만 어쨌든 A에게 강한 어떤 영이 들어왔고 두 달 후 A는 방언을 하게 된 것은 사실이다. A가 하게 된 방언은 성령이 은사로 주신 방언이 아니라 사역자의 기도 혹은 두 달 전 들어온 영들이 일으킨 방언일 것이다. 이처럼 영적 현상이 있고

방언은 성령의 은사가 아니다

방언이 나타나든지, 아니면 방언이 나타난 후에 영적 현상이 일어난다. 즉, 방언이 중심에 있는 곳에는 많은 영적 현상이 일어난다는 것이다. 이것이 무엇을 의미하는가?

어떤 사람들은 기독교인의 모임에서 향기를 맡았을 때 방언을 하였다고 한다. 또 많은 사람들은 방언을 하면서 육체에 진동이 일어나고 경련을 체험하였으며 넘어지고 소리 질렀다고 한다. 그리고 어떤 사람은 예수님을 보았고 전기가 관통하는 것을 체험하였다고 한다. 환상 중에 나타난 예수님이 손을 내밀자 커다란 전기적 충격이 임했다고 한다. 이처럼 사람들은 방언을 받기 전 혹은 방언을 받은 후에 바람이나 불, 전기, 진동, 경련, 빛, 열감과 냉감, 향기, 환상, 치유, 예수님 같은 신적 존재의 현현, 입신, 천국 여행 등의 영적 체험을 하게 된다.[47]

이와 같은 방언에 대한 체험으로 인해 사람들은 방언은 성령이 주신 귀한 은사라고 믿고 소중히 여기게 된다. 그러나 성령의 방언은 갈릴리 출신 제자들이 배워 본 적도 없고 말해 본 적도 없는 다른 나라 사람들의 언어로 말을 하여 복음을 전하는 것이었지 온갖 영적 현상을 일으키는 영적 행위가 아니었다. 방언으로 인한 영적 체험은 성령이 주신 것이 아니다. 이는 방언을 하든 안 하든 영들이 인간에게 접신되었을 때 일어나는 영적 현상일 뿐이다. 이를

---

47) R.그로마키, 「현대방언 운동의 연구」

달리 말하면 방언을 하기 전 혹은 한 후에 일어난 영적 현상들은 성령의 놀라우신 기적과 표적이 아니라 영적 존재가 들어오거나 몸 안에 숨어 있던 영이 깨어나 인간 육체 안에서 일으키는 다양한 영적 현상이라는 것이다. 이는 인간이 방언을 하지 않아도 영들과 접신되면 일어나는 영적 현상일 뿐이라는 것이다. 다만 방언도 영이 인간에게 들어오거나 인간 몸에서 깨어나 활동하는 영의 접신 상태이므로 방언을 하기 전이나 방언을 한 후에 인간의 육체에 이렇게 다양한 영적 현상이 일어나는 것뿐이다. 그리고 방언이 나타나기 전 혹은 방언이 나타난 후에 사람들에게 바람이나 불, 전기, 진동, 경련, 빛, 열감과 냉감, 향기, 환상, 치유, 예수님 같은 신적 존재의 현현, 입신, 천국 여행 등의 체험을 하게 되는 것은 방언이 성령이 주신 은사가 아니라 방언의 영이 하는 기도라는 것을 입증한다. 왜냐하면 방언을 하기 전, 후로 영들이 일으키는 온갖 영적 현상이 나타나기 때문이다.

또한 이는 기독교신자에게만 있는 현상이 아니라 모든 인간에게 영이 접신되면 나타나는 영적 현상이다. 그러므로 타 종교인들에게도 동일한 현상이 나타나는 것이다.

기독교 신자에게 영적 존재가 나타나거나 임하여 불, 향기, 바람, 진동, 경련, 쓰러짐, 뒹굶, 술 취한 듯 비틀거림, 전기적 충격, 빛의 환상, 병 고침, 예수님의 현현과 계시 그리고 천국 여행과 입신 등의 현상이 나타나고 방언이 나타나는 것은 성령이 주시는 방언과 성령이 주신 영적 현상이 아니라 귀신이 기독교신자에게 접신하여 일으키는 온갖 영적 현상일 뿐이다. 기독교신자들은 이를 성령이 주신 방언, 성령의 주시는 기름부음 혹은 예수님의 현현 그리고 진짜 천국 여행이라고 속는 것이다. 이것이 사단이 방언을 중심으로 하여 온갖 영적 현상을 일으키고 그 거짓 영적 현상을 성령이 주신 것처럼 믿게 하여 기독교인을 거짓 신앙으로 끌고 가려는 거대한 궤계인 것이다.

성령이 주신 방언은 사람에게 말을 하여 복음을 전하는 방언이며 불신자를 위한 표적이다. 그러나 기독교인들이 하고 있는 영의 방언은 방언을 받기 전 혹은 받은 후에 많은 영적, 육적 현상을 가져온다. 이것은 방언의 영이 성도에게 접신하여 일으키는 다양한 영적 현상일 뿐이다. 방언을 하기 전 그리고 방언을 받고 난 후 다양한 영적현상이 일어나는 것이 기독교인들이 하고 있는 방언이 성령이 주신 방언이 아니라는 또 다른 반증이 되는 것이다. 한국말로 순적히 드리는 기도에는 이러한 영적 현상이 거의 나타나지 않는다.

Q   방언 받는 법은 접신하라는 말과 같다?

A   방언옹호론자들은 성도들에게 방언을 받기 위해 꼭 해야 할 것들을 가르친다. 그것은 일단 회개하고 마음을 정결케 하여 하나님께서 방언의 은사를 주시기를 간절히 사모하라고 한다. 여기까지는 그럴듯한 이야기이다. 그런데 그다음에는 한국말로 기도하기를 멈추고 자신이 원하는 것을 마음속으로 구상화하고 자신의 혀를 성령께 굴복시키고 자기에게 익숙한 어떤 말도 하지 말고 오직 몸과 마음, 생각을 예수님께 집중하고 아무 판단도, 생각도 하지 말고 짧은 문장의 단어를 계속해서 외치라고 한다. 그 짧은 문장의 단어가 어떤 의미를 갖는지도 생각하지 말고 그저 계속 외치라고 한다. 그러면 성도가 그렇게 기도하거나 목사님들이 안수기도를 할 때 방언이 실제로 임한다고 한다. 그리고 어떤 이들은 목사님들이 가르친 대로 어떤 말을 반복하였을 때 방언을 하기도 하고 환상을 보기도 하고 글자 모양의 밝은 빛을 보기도 하였다고 한다.

이렇게 하면 방언을 받을 수 있다고 가르치는 목사들이 너무 많다. 그들은 성도에게 무서운 말을 하고 있는 것이다. 이들은 자신들이 성도들을 얼마나 위험에 빠뜨리고 있는지 모르고 있다. 이들이 성도에게 방언 받기를 가르치는 방법은 성경에는 없는 것이다. 성경은 성도들에게 기도할 때 아무 판단도 하지 말고 생각도 하지 말고 그저 예수님에게만 집중하고 같은 말을 반복해서 하라고 한 적이 없다. 그리고 오순절에 제자들은 성령이 주권적으로 주신 방언을 받은 것이지 제자들이 같은 말을 반복해서 방언을 받은 사람

방언은 성령의 은사가 아니다

은 하나도 없으며 방언을 하면서 환상을 보거나 빛을 본 사람도 하나도 없다. 왜냐하면 오순절의 성령 방언은 불신 이방인들의 나라 말로 복음을 전하는 것이기 때문이다.

방언옹호론자들이 성도들에게 방언 받는 방법으로 가르치는 것은 온갖 기독교적 용어로 포장되어 있어도 그 실상은 이방종교에서 명상을 하며 호흡기도를 하고 만트라 주문을 읊으며 신과 접신하는 수단을 가르치는 것과 비슷하다. 이방종교에서는 신과 합일하기 위해 이성과 지혜를 내려놓고 아무 생각도 없고 의식도 없는 무아지경에 이르면 신과 접신하여 신과 합일할 수 있다고 믿는다. 그들이 신과 합일하기 위해 사용하는 것이 호흡 기도와 만트라라는 짧은 말을 반복해서 하는 것이다. 그들은 생각을 완전히 내려놓고 신과의 접신을 위해 호흡기도와 만트라를 반복할 때 신인합일을 하는 영적 체험을 하게 된다는 것이다.

이것이 이방종교의 신인합일을 위한 수단이다. 그런데 기독교 방언옹호론자들이 성도들에게 한국말로 기도하지 말고 혀를 성령에 굴복시키어 자기에게 익숙한 어떤 말도 하지 말고 오직 몸과 마음, 생각을 예수님께 집중하고 아무 판단도 아무 생각도 하지 말고 짧은 문장의 단어를 계속 외치면 방언을 받을 수 있다고 하는 것의 실상은 이방종교에서 신적 존재와 접신하기 위해 하는 것과 똑같은 것이다. 기독교 목사가 성도에게 하나님에 대해 온전히 가르칠 생각을 하지 않고 귀신의 말인 방언을 받게 해주기 위해 성도에게 방언의 영과 접신하는 방법을 가르치고 있는 것이다. 이러한 방언 옹호자들의 행태는 무지를 넘어서 죄악이다. 이들로 인해 얼마나 많은 성도들이 영적 파멸로 인도되는지 모른다.

▣ 방언은 4차원의 기도인가?

Ⓐ 방언옹호론자들은 한국말 기도는 3차원의 기도이고 방언기도는 4차원의 기도라고 한다.

4차원 영성은 조용기 목사님이 주창하신 사상이다. 4차원 영성의 핵심은 성도는 물질계인 3차원에 사는 존재이지만 꿈, 믿음, 생각, 구상화, 말, 행동이라는 4차원적 영적 요소들을 갖고 있는데 성도는 4차원적 요소인 꿈을 품고 그 꿈이 이루어질 것이라는 강력한 믿음을 가지고 이루어질 것을 반복해서 생각하고 이루어진 것처럼 그림을 선명하게 그리고 이룬 것처럼 반복해서 말을 하고 행동하면 4차원에 계신 하나님이 성도의 4차원적 믿음의 기도를 들으시고 응답해 주셔서 성도는 자신이 원하는 것을 3차원에서 이루고 살 수 있다는 영성을 말한다. 그러나 안타깝게도 조용기 목사님의 사차원 영성은 기독교의 영성이 아니라 고대로부터 현대에 이르기까지 마법사들이 했던 이교의 마법 행위이다.

주술이 있다. 주술은 인간이 꿈, 믿음, 생각, 구상화, 말이라는 수단으로 영들을 조종하여 자기가 원하는 대로 응답하도록 하는 것이다. 이것은 말만 좀 다르지 4차원 영성과 똑같은 말이다.

마법이 있다. 마법이란 생각은 원소를 결집해서 물질을 만들어

낼 수 있으므로 인간은 자신이 원하는 것을 간절하게 반복하여 이룬 것처럼 생각하면 자신이 원하는 것을 이룰 수 있다는 것이다. 마법의 실체 역시 영적으로 해석하면 인간이 자신의 꿈을 이루기 위해 간절하고 반복적으로 그 꿈이 이루어질 것을 생각하면 생각이라는 영적 접촉 수단을 통해 인간의 생각에 조종당한 영이 인간이 원하는 것을 해 주는 것이다. 이는 실질적으로 주술과 같은 것이며 조용기 목사님의 4차원 영성과 똑같은 말이다. 주술이나 마법이나 조용기 목사님의 4차원 영성은 마법에서 태어난 일란성 쌍둥이가 한 명은 마법세계에 살고 한 명은 기독교로 들어와 기독교인 양 살고 있는 것으로 영적으로는 같은 것이다.

오컬트 신비술이 있다. 오컬트 신비술사들은 구상화를 통해 자기가 원하는 것을 다 이루며 살 수 있다고 한다. 이것을 오컬트 구상화라고 부르는데 이것은 내가 원하는 것을 내가 생각한 대로, 상상한 대로 나의 현실이 되게 한다는 것이다. 이 역시 주술이나 마법처럼 영들을 조종하여 자기가 원하는 대로 행동하게 만드는 이교술사의 비법일 뿐이다.

뉴에이지가 있다. 뉴에이지는 우주는 힘이며 스스로 존재하는 신으로서 에너지체인데 우주 에너지 안에 깃든 우주의 정신이 우주 에너지를 결합하여 만들어 낸 것이 현재 우리가 살고 있는 우주와 자연 만물, 인간이라는 것이다. 그래서 뉴에이지 신봉자들은 우주와 자연, 인간 등 존재하는 모든 것은 하나에서 기원한 일체라고 하는 것이다.

우주의 정신이 우주 에너지를 결합하여 물질화시킨 것이 우주와 만물과 자연 그리고 인간이므로 모든 만물에는 우주정신과 우주 에너지가 깃들어 있고 인간 역시 우주정신과 우주 에너지로 구성된 존재라고 주장하고 있다.

그러므로 인간은 자신 안에 있는 우주정신인 꿈, 믿음, 생각, 구상화, 말로 우주 에너지를 결집시켜 자신이 원하는 것을 현실로 만들 수 있다고 한다. 그래서 인간은 자기 운명의 주인이고 나아가 인간이 신이라고 주장하는 것이다.

이것은 다른 말로 하면 주술과 마법 그리고 오컬트 구상화 세력의 주장과 똑같은 말이다. 말이 좋아 우주정신이 우주 에너지를 결합하여 자신이 원하는 것을 얻어 낼 수 있다고 하지만 이것의 영적 실체는 우주정신으로 대변되는 인간의 꿈, 믿음, 생각, 구상화, 말, 행동이라는 주술적 수단을 통해 영들을 조종하여 인간이 원하는 것을 하게 만드는 것에 불과하다.

그러므로 주술, 마법, 오컬트 구상화, 뉴에이지의 인간 정신력의 힘, 그리고 조용기 목사님의 4차원 영성은 똑같은 것이며 이들의 영적 실체는 인간이 꿈, 믿음, 생각, 구상화, 말, 행동이라는 영적 행위를 통해 영들을 접촉하고 조종하여 인간이 원하는 대로 행동하게 만들어서 인간이 원하는 대로 살 수 있다는 것으로 이는 주술마법으로 통칭될 수 있으며, 인간이 신이라는 인본주의적 이교주의의 핵심 사상인 것이다.

조용기 목사님을 비롯하여 4차원 영성가들은 3차원에 있는 성도가 4차원적 요소인 꿈, 믿음, 생각, 구상화, 말, 행동으로 기도하면 하나님이 성도의 4차원적 기도에 응답하신다고 한다. 그러나 이 응답의 영적 실체는 하나님이 성도의 4차원적 기도에 응답하신 것이 아니라 3차원에 있는 성도가 꿈, 믿음, 생각, 구상화, 말, 행동이라는 주술 수단을 사용하여 3차원의 영들을 접촉하고 조작하여 영들로부터 인간이 원하는 것을 하게 만든 것이다. 즉, 영적 존재의 에너지 변동을 일으켜 인간과 만물의 실존에 변화를 일으키는 영적 조작 행위를 한 것이다. 다시 말하면 주술 행위를 열심히 했더니 영들이 영적 조작을 당해 성도가 원하는 대로 행동한 것이다. 이것이 마치 조용기 목사님의 말대로 4차원적 꿈과 믿음, 생각, 구상화, 말을 실천하였더니 하나님께 기도 응답을 받은 것처럼 보이는 것이다. 그러나 4차원 영성의 영적 정체는 주술 마법을 행한 것이며 4차원 영성은 자신을 기독교의 사상으로 포장했지만 실질적으로 교회와 성도들에게 주술 마법의 비법을 가르친 것이다. 주술 마법의 영들이 얼마나 교묘히 기독교인들을 속였는지…. 깊은

방언은 성령의 은사가 아니다

영 분별이 되지 않으면 쉽게 알 수 없는 영적 영역인 것이다. 4차원 영성의 영적 본질은 마법 주술이었으며, 4차원 영성의 확장은 마법 주술의 기독교화였다고 하여야 한다. 그러나 한국 기독교는 지난 60년 동안 마법 주술과 같은 4차원 영성을 방치하거나 추종하였다.

이런 영적 배경하에서 한국말 기도는 혼의 기도이며 3차원의 기도이고 방언기도는 4차원 기도라는 방언옹호론자의 말은 전혀 이치에 맞지 않은 말이다. 한국말 기도는 기도자가 알아들으며 하는 기도이고 방언기도는 기도자가 전혀 알아듣지 못하는 정체불명의 영의 말일 뿐으로 이 땅에서 하는 3차원 기도일 뿐이다.

모든 기도에는 주술성이 있어서 영을 접촉하며 생각이나 말이라는 기도수단을 통하여 영들을 조종하고 인간이 원하는 대로 행동하게 만들 수 있다. 그렇게 해서 기독교신자가 자신이 원하는 것을 얻어 내게 되면 하나님께 기도 응답이 왔다고 생각하지만, 상당 부분의 기도 응답은 기도의 주술성 때문에 영들이 조작당하여 성도의 기도대로 행동한 경우가 많다는 것을 생각해야 한다.

더욱이 방언기도란 기독교신자가 하는 것처럼 보여도 실상은 기독교신자 안에 있는 정체불명의 영이 말을 하는 것이므로 더 많은 영적 접촉이 일어나고 많은 영들을 초혼하여 불러들이고 신자 안에 숨어 있는 영들을 깨워서 영적 조작과 활동이 일어나게 하는 힘이 있기 때문에 방언기도를 통해 영들로부터 성도가 원하는 것을 얻어 낼 때도 있고 많은 영적 현상을 체험할 때도 있다. 그런 경우 성도는 방언이 성령이 주신 은사이기 때문에 방언을 통해 영적 유익을 얻었다고 생각하지만 실상은 방언기도의 주술적 성격으로 영들을 불러들이고 깨워서 많은 영들이 기독교신자의 영과 육에서 활동하게 하므로 빚어진 영적 현상인 것이다.

따라서 방언기도는 4차원 기도가 아니라 영들과 인간이 공존하는 3차원에서 영들을 가장 잘 끌어들이고 활동하게 하여 영적 조작을 일으킬 수 있는 대표적 기도이다. 이를 달리 말하면 영을 가장 잘 조작할 수 있는 3차원의 대표적 주술적 기도라는 것이다.

그러므로 한국말 기도는 3차원의 기도이고 방언기도를 4차원의 기도라고 하는 말은 영적 이치와 원리를 전혀 알지 못하고 하는 말에 불과한 것이다.

마법 주술은 4차원 영성의 탈을 쓰고 60년간 기독교를 지배하였다. 그리고 그 영향력은 지금도 여전하다. 그런데 언제부터인가 방언이 4차원 영성의 뒤를 이어 기독교를 지배하는 새로운 세력으로 등장하였다. 기독교 신자들은 지난 60년 동안 마법 주술이 기독교화된 4차원 영성에 철저히 속았다. 그러나 이제는 방언을 성령의

방언은 성령의 은사가 아니다

은사로 완벽하게 속고 있다. 성도를 미혹하는 핵심에 일단의 목사 그룹이 있다. 한 그룹은 4차원 영성으로, 한 그룹은 방언으로…… 한 그룹은 기름부음으로…… 어찌해야 할지 모를 일이다.

Q 방언은 하늘의 언어인가?

A 방언옹호론자들은 방언을 하늘의 언어라고 한다. 방언은 하나님이 주신 은사이며 방언을 통해 나의 영이 하나님께 비밀을 말하고 성령이 내 입술을 주장하여 나를 위해 기도하는 기도이기 때문이라고 한다. 그래서 방언기도를 하면 영이 열리고 하나님의 마음이 느껴지는 감격을 느낀다고 한다. 비록 방언을 못 알아듣고 랄랄라, 따따따 방언을 한다고 해도 거기에는 신비한 능력과 오묘한 뜻이 담겨 있으니 실망하지 말고 하늘 언어인 방언기도를 열심히 해야 한다고 한다.

중요한 것은 성령이 주신 방언은 언어가 소통이 되지 않는 자들에게 복음을 전하는 사람의 언어였다. 즉 성령이 주신 방언은 땅의 사람들의 언어였지 하늘의 언어가 아니었다.

그런데 기독교신자들이 하는 방언은 복음을 전하기는커녕 자신도 알아듣지 못하는 영의 방언이다. 이는 영들이 성도의 몸 안에서 하는 기이한 기도이다. 더욱이 기독교인이 하는 방언은 이미 기독교를 믿는 기독교신자들이 언어가 소통이 되는 교회에 다니면서 언어의 장벽을 만들고 복음도 전하지 못하며 믿지 않는 사람들에게 미쳤다는 소리를 듣는 기도이다. 이는 성령이 주신 방언의 본질에서 완전히 벗어난 이교적 방언일 뿐이다. 이러한 방언은 기독교신자도, 불교신자도, 힌두교신자도, 무속인도 심지어 영이 인간 안

방언은 성령의 은사가 아니다

에서 말을 하면 인간은 누구나 할 수 있는 방언이다.

　기독교신자가 방언을 하면 그 방언은 하늘언어이고, 다른 종교 신자가 하면 악령의 방언인가? 아니라는 것이다. 둘 다 영들이 인간 안에서 말을 하는 영적 현상일 뿐이다.

　기독교신자들의 방언은 정체를 알 수 없는 영들이 방언을 사모하는 기독교신자에게 들어오거나 깨어나 말을 하는 것이므로 하늘의 언어가 아니라 정체불명의 영적 존재의 말이라고 해야 맞는 것이다.

　성경에 기록된 모든 기도는 사람이 자국어로 하나님께 드린 기도였다. 아브라함의 기도, 이삭의 기도, 야곱의 벧엘과 얍복강에서의 기도, 모세의 기도, 여호수아의 기도, 기드온의 기도, 마노아의 기도, 삼손의 기도, 한나의 기도, 사무엘의 기도, 다윗의 기도, 솔로몬의 기도, 엘리야의 기도, 엘리사의 기도, 히스기야의 기도, 예레미야의 기도, 다니엘의 기도, 요나의 기도, 야베스의 기도, 하박국의 기도, 에스라와 느헤미야의 기도와 마리아의 기도, 예수님의 기도등 성경의 모든 기도는 사람이 간절히 하나님께 자국어로 드린 기도였지 방언으로 기도한 적은 단 한 번도 없다. 또한 사도 바울이 누구보다 방언을 많이 말하였다고 한 것은 방언기도를 많이 했다는 것이 아니라 많은 외국어를 구사하였다는 것을 말하고 있다.

　말썽 많고 문제 많았던 고린도교회 일부 교인들이 했던 방언기도 외에는 성경 어디에도 방언으로 기도하였다는 말은 없으며 성경에 모든 기도는 자국어로 하나님께 간절히 드린 기도였다. 심지어는 성경에 등장하는 천사들도 방언을 한 적이 없었고, 하나님의 뜻을 계시할 때도 인간이 이해할 수 있는 인간의 언어나 꿈, 환상, 상징으로 계시하였고 말하였다. 그런데 방언옹호론자들은 하늘 존재인 천사도 하지 않은 기이한 방언을 하늘 언어라고 하고 있다.

　예수님께서는 마태복음 6장 7절에 "또 기도할 때에 이방인과 같이 중언부언하지 말라 그들은 말을 많이 하여야 들으실 줄 생각하느니라"라는 말씀을 통해 주문이나 진언을 오래 하는 이방인들의 기도를 본받지 말라고 하셨다. 그러나 기독교인들이 하고 있는 방언은 마치 이방인의 기도나 주문 혹은 진언처럼 같은 단어가 반복되는 기도일 뿐이다.

　진정한 하늘언어는 성경이다. 그리고 진정한 하늘의 기도는 마음을 다해 전심으로 하나님께 드리는 기도이며 나아가 예수님이 가르쳐 주신 주기도문이다. 이렇게 성경과 주기도문 그리고 자신의 모국어로 드릴 수 있는 기도가 있는데 뭐 때문에 자신도 알아듣지 못하는 영들의 기괴한 소리를 하늘언어라고 하는지 알 수 없는 일이다. 방언을 하늘의 언어라고 하는 자들은 방언의 영들이 기도를 통해 주는 음성이나 감동을 하나님으로 알고 그저 감격해 한다. 귀신을 하나님으로 알고 귀신을 하나님으로 전하고 있고 귀신의 말을 하늘 언어로 칭하고 있는 것이다….

창세기 11장, 온 땅의 언어가 하나이고 말이 하나였을 때 사람들이 바벨탑을 쌓아 하늘에 닿게 하려 하자 하나님께서 하나였던 인간의 언어를 혼잡케 하시고 그들을 흩으시는 심판을 하신다. 하나님이 바벨탑을 쌓은 인간들을 심판하여 언어를 혼잡케 하시는 심판을 베푸셨을지라도 그들의 언어는 사람의 언어였다. 그런데 기독교 신자는 사람이 어찌하여 영들의 말을 기도라고 하는지 알 수 없는 일이다. 방언은 하늘의 언어가 아니다.

Q 방언으로 기도할 때 다양한 육체 현상이 나타나는 이유가 무엇인가?

A 방언기도를 하는 사람 가운데 방언기도를 시작하면서부터 알 수 없는 이상한 육체 현상이 일어나는 것을 체험하는 사람들이 많다. 그들은 방언기도를 하면서부터 자신의 육체에 일어난 이상한 현상에 대해 놀라워하기도 하고 두려워하기도 하며 방언을 옹호하는 목사님들에게 자신들이 체험한 육체 현상에 대해 질문을 하는 것을 보게 된다.

방언기도를 하는 사람 중 일부는 방언기도를 하면서 강력한 진동이 임했다고 하였고 명치 부분이 싸한 느낌이 들기도 하고 손끝이 찌릿거리거나 등이 뜨겁다고 한다. 또 어떤 성도는 머리 뚜껑이 열리는 듯하고 머리에서 바람 같은 것이 불고 전기가 지나가는 것 같고 머리가 없는 것처럼 뻥 뚫린 느낌도 든다고 하였다. 물이 쏟아지는 것 같고 냉감과 열감을 느끼기도 하고 머리에서 발끝까지 전기가 관통하기도 하며 머리나 손에 압력이 오기도 하고 쪼이는 현상이 오기도 하고 눈이 아프거나 어지럽다고도 한다. 핑 도는 현기증 현상이 나타나기도 하고 몸이 무겁고 늘어지거나 입술이 마비되는 느낌, 신체의 일부가 마비되는 느낌이 오기도 하고 입이 커지거나 손이 커지는 느낌이 들며 손이 불에 활활 타는 듯한 현상이 일어나기도 하고 입에서 갑자기 짐승 소리나 이해할 수 없는 괴성이 나오기도 한다고 한다.

방언을 옹호하는 목사는 방언기도 시 육체에 나타나는 현상에 대해 방언기도를 통해 하나님의 영광과 임재가 나의 영과 혼을 지배하여 기름부음이 충만히 흐르면 내 생각, 내 의지대로 육체를 컨트롤할 수 없고 오직 성령이 나의 육체를 다스리기 때문에 나타나는 현상이라고 한다. 또한 방언을 하며 신유사역이나 축사사역을 할 때 사역자의 손에 전기나 불이 찌릿거리면서 전기와 불이 기도받는 자에게 흘러가기도 하는데 이것은 성령의 강력한 기름부음이 사역자를 통로로 하여 기도받는 자에게 흘러가는 현상이라고 설명한다. 반대로 성령에 의해 악한 영이 드러나서 쫓겨 나갈 때도 육체에 많은 현상이 나타날 수 있으니 그러한 현상이 성령으로부터 온 것인지 악령으로 온 것인지 잘 분별해야 한다고 한다.

도대체 방언기도를 하는데 육체에 왜 이런 현상이 일어나는 것일까? 기도를 한 것이 아닌가? 하나님께 기도를 하였는데 왜 이렇게 다양한 육체 현상이 일어난 것일까?
이러한 현상은 성령이 주시는 것일까? 악령이 일으키는 현상일까?
아니면 성령의 역사를 통해 악령이 드러나는 현상일까? 모두 다일까?

교회 예배에 참석하고 찬양하며 성경말씀을 읽거나 기도를 하는 평범한 신앙생활에서는 위에 언급한 육체 현상이 거의 나타나지 않는다. 그런데 방언기도를 하고 나서부터는 알 수 없는 이상한 현상들이 육체에 나타나기 시작하는 것이다. 무슨 이유가 있는 것일까?

또한 방언기도를 많이 하는 기독교 성도에게만 이러한 육체 현상이 나타나는 것이 아니라 이방종교에서도 방언으로 기도하는 이교의 사제들이나 신도들에게도 동일한 육체 현상이 나타나는 것은 어떻게 설명할 것인가? 도대체 방언기도를 할 때 인간의 육체에 많은 현상이 나타나는 이유는 무엇인가?

방언이란 사전적 정의로는 말이라는 뜻이다. 그리고 성령 방언은 복음을 전하기 위해 성령이 택하신 특별한 표적으로서의 사람의 언어이다.

그러나 오늘날 방언이란 인간이 알 수 없는 이상한 소리를 하면서 기도하는 것을 의미한다. 이것을 다른 말로 하면 영의 방언이라고 한다. 그런데 무슨 이유로 다양한 육체현상은 자국어로 기도할 때는 나타나지 않는데 영의 방언을 할 때 주로 나타나는 것일까? 이것이 무엇을 의미하는 것일까! 만약 방언옹호론자들의 말처럼 방언이 나의 영이 하나님께 비밀을 말하고 자기의 덕을 세운다면 이런 육체현상은 일어날 수 없는 것이다. 그런데 영의 방언을 하면 거의 대부분의 사람들이 전에 겪어 보지 못한 다양한 육체현상을

방언은 성령의 은사가 아니다

체험하게 된다. 그 이유가 무엇일까?

　방언이란 정체를 알 수 없는 영이 인간 몸에 들어오거나 인간의 몸에 숨어 있던 영이 깨어나 영들이 인간의 몸에서 기도 혹은 말을 하는 것이다.

　방언을 하는 영이 인간의 몸에 들어오거나 깨어날 때 인간의 몸은 그 영들의 힘과 속성이 반영되는 육체적 현상이 나타날 수 있다. 즉, 원래 물이었는데 그 물에 설탕을 집어넣으면 물이 고유의 성질에서 벗어나 설탕 맛을 내게 되는 것과 같은 이치이다. 영이 인간에게 들어오거나 인간의 몸에서 깨어나 말을 하면 방언의 영의 행위로 인해 인간의 육체는 예전의 육체가 아니라 영적 존재가 발현되는 민감한 육체가 되고 방언을 통해 많은 영들을 접촉하여 끌어당기고 어떤 경우는 인간 몸에 숨어 있던 많은 영들이 깨어나 활동하게 되므로 방언을 하는 모든 종교인들의 몸과 영은 영들이 활동하는 영들의 만신전이 되게 된다. 그때 영들이 활동하며 일으키는 현상과 영들의 에너지가 인간의 영과 육체에 충돌하면서 인간의 몸에도 다양하게 영적, 육적 현상이 나타나게 된다. 이것이 방언기도를 하고 나서부터 육체에 다양한 현상이 일어나는 영적 원리가 되는 것이다. 그러므로 기독교신자, 불교신자, 힌두교신자, 무속인 등 방언을 많이 하는 자들에게 공통적으로 이러한 육체현상이 일어나는 것이다.

따라서 방언기도를 할때 육체에 다양한 현상이 나타나는 것은 성령이 일으키신 현상이 아니며 악한 영이 축출되면서 나타나는 현상도 아니다. 방언을 통해 역사하는 많은 영들의 상호 작용으로 나타난 영적 현상이 육체에 반영되어 나타난 것이다.

육체에 바람이 불고, 진동이 일어나며 경련이 오고 뜨거운 열감을 느끼고 냉감을 느끼며 전기가 찌릿거리고 어지럽기도 하고 토할 것 같고 마비가 오고 웃음이 터져 나오고 격정적인 눈물이나 감정이 일어나고 향기 등이 느껴지는 육체 현상은 방언기도를 통해 들어온 영들이 일으킨 영적 현상과 힘의 작용을 내 육체가 느끼고 내 육체 에너지와 충돌하면서 생기는 현상인 것이다.

이럴 때 어떤 사람은 이것을 성령의 기름부음현상이라고 속고 어떤 사람은 이것은 악령의 표출이므로 잘 분별하자고 하는 것이다.

방언기도를 시작하면서 나타난 많은 육체 현상은 성령이 주신 것도, 악령의 표출도 아니다. 방언의 영이 기도라는 수단을 통해 다양한 영들의 목적, 생각, 감정 그리고 에너지를 발산한 것이 성도의 영과 육체의 에너지와 부딪쳐 일어난 현상일 뿐이다. 이를 달리 말하면 정상적인 상태의 귀신 들림이라고 할 수 있다. 정상적인 상태의 귀신 들림이란 귀신 들린 것 같지 않지만 실상은 영과 접신된 상태를 말하는 것이다. 자국어로 기도할 때는 육체 현상이 거

방언은 성령의 은사가 아니다

의 나타나지 않는다. 왜냐하면 인간의 마음과 말로 하나님께 기도하기 때문이다. 그러나 방언으로 기도할 때는 거의 육체적, 영적 현상을 체험한다. 이것이 영의 방언이 성령이 주신 은사가 아니라 방언의 영이 역사하여 영들을 조종하는 주술적 기도라는 것을 반증한다. 그런데도 이러한 방언기도를 계속할 것인가!

Q 방언이 기독교신자들에게 많이 나타나는 이유?

A 영적 현상이 있다. 영적 현상의 정의를 아는 것은 너무도 중요하다. 영적 현상이란 인간에게 영이 임하여 그 영의 속성과 목적 그리고 감정과 에너지가 인간에게 나타나는 것이 바로 영적 현상이다. 그러므로 영과 육으로 구성된 인간은 누구든지 예외 없이 영적 현상을 체험할 수 있다. 그런데 이러한 영적 현상은 일반인들보다 종교인들에게 많이 나타난다. 그것은 종교인들이 일반인들보다 영을 접촉하는 영적 행위를 많이 하기 때문이다.

또한 영적 현상은 열광적인 종교인들과 종교 집회에서 더욱 많이 나타난다. 그것은 그 종교의 신이 집회에 기름을 부어서 나타나는 현상이 아니라 열광적인 종교인들이 벌이는 집회가 조용하고 신중한 신자들과 그들의 모임보다 영을 더 많이 접촉하고 활동하게 하기 때문이다.

방언이란 기독교신자들만이 하는 특별한 것이 아니라 모든 종교인들에게 나타나는 영적 현상이다. 그 이유는 영이 인간에게 임하여 말을 하거나 인간 안에서 영이 깨어나 말을 하면 이것이 바로 방언이기 때문이다. 이러한 이유로 영의 접촉이 많은 모든 종교인들에게서 방언이 더 많이 나타나는 것이다.

그런데 방언이 유독 기독교인에게 더 많이 나타나는 이유는 무

방언은 성령의 은사가 아니다

엇일까?

영적 존재는 자기의 목적을 이루기 위해 인간에게 들어가려고 한다. 영적 존재와 에너지 파장이 맞는 자들에게 들어갈 수 있고 또한 영을 사모하고 수용하려는 인간에게 쉽게 들어갈 수 있다. 왜냐하면 영을 사모하는 것은 곧 영을 부르는 것이기 때문이다. 그러므로 영을 받기를 간절히 사모하며 기도하거나 영을 초혼하는 집회를 열거나 영이 전이되도록 기도를 해 주는 종교적 행위를 통해 종교집단의 구성원들에게 쉽게 들어갈 수 있다.

불교나 다른 이방종교에서보다 기독교신자들에게 유독 방언이 많이 나타나는 이유는 기독교신자들이 방언을 성령의 은사로 믿기 때문에 가장 쉽게 침입할 수 있고 기독교신자들이 방언를 사모하고 방언 받기를 간절히 원하기 때문에 쉽게 들어갈 수 있다. 또한 방언을 받은 많은 기독교교회와 신자들이 방언으로 기도를 하기 때문에 기독교에는 방언의 영과 영적 에너지 파장이 비슷한 교회와 목회자 그리고 성도들이 많이 존재하므로 그들의 영적 행위를 통해 에너지 파장이 비슷한 다른 성도들에게 들어갈 수 있다. 또한 예배, 기도, 찬양, 종교집회 등은 자신이 믿는 신을 찬미하는 신자의 종교 행위이지만 영적으로는 영을 초혼하는 수단이 된다. 기독교 신자들은 하나님의 임재와 기름부음을 간구하는 집회와 방언 받기를 사모하는 예배나 집회 등을 무수히 열므로 종교집회나 안수기도를 통해 방언의 영이 기독교신자에게 쉽게 들어갈 수 있다. 이러한 이유로 방언은 모든 인간, 좁게는 종교인들에게 많이 나타나지만 기독교인들에게 더 많이 나타나는 것이다. 기독교신자들은 방언을 성령의 은사로 오해하여 간절히, 너무도 간절히 방언을 사모하므로 방언의 영이 쉽게 기독교신자에게 들어가 편하게 방언으로 기도할 수 있는 것이다.

이러한 영적 이치를 아는 기독교신자는 없다.

만약 이러한 영적 이치를 바로 알게 된다면 방언의 영을 성령의 은사로 알고 초혼하려는 기독교신자는 하나도 없을 것이다.

기독교신자에게 방언이 유독 많이 나타나는 것은 기독교신자들이 타 종교인들보다 많이 방언의 영을 초혼했기 때문이다. 성령이 주신 방언은 사람의 말을 하여 복음을 전하는 것이다. 그런데 한국 기독교인들은 영의 말을 성령이 주신 은사로 속아 방언기도를 하고 있다.

기독교신자는 성령이 아닌 다른 영들을 무수히 받아들여 더러운 영이 하는 기도에 자기 입술을 내어 주고 있는 것이다. 지금까지는 모르고 방언을 할 수 있었겠지만 이것이 이해가 된다면 더 이상 방언을 해서는 안 된다. 그리고 방언을 옹호하고 방언의 유

방언은 성령의 은사가 아니다

익을 말하며 방언을 장려하는 목사들에 대해 바른 영 분별을 해야 한다.

Q 방언기도 시 영적 전이가 기계적으로 일어나는 이유는?

A 영적 전이는 상대방의 영이나 영의 힘 혹은 감정이나 고통 등을 전이 받는 것을 말한다.

영적 전이는 예배, 말씀, 기도, 찬양 등 일상적인 종교생활을 할 때는 영적으로 민감한 사람이 아닌 이상 쉽게 일어나지 않는다. 그 런데 많은 사람들이 방언기도를 시작하고 나서부터는 예전에 느끼 지 않았던 영적 체험을 하고 육체에도 많은 현상을 체험하게 된다. 더욱이 방언기도를 하면서부터 상대방의 영이나 영의 힘, 감정, 고 통 등이 자신에게 전이되는 영적 전이를 체험하게 된다. 더 심각한 것은 방언기도를 시작하고 또 많이 하면 할수록 영적 전이를 더 예민하게 느끼고 영적 전이가 기계적으로 일어난다는 것이다.

방언기도 시 영적 전이라는 기이한 현상을 겪은 성도들은 목사 님이나 신앙선배들에게 방언기도를 할 때 왜 영적 전이가 일어나 는지 물어보면 대부분 돌아오는 말은 신유 은사가 임해서 그런 것 이라고 하면서 신유 은사를 받았다며 축하해 준다.

그러나 방언기도를 하며 영적 전이를 체험케 되는 사람은 타인 을 위해 기도를 하였는데, 타인의 문제나 고통, 감정을 느끼는 것 에 대해 많이 괴로워하며 더 이상 방언으로 타인을 위해 중보기도

방언은 성령의 은사가 아니다

를 하지 않으려 한다. 또 신유 은사를 받은 것이라고 주변에서 말하지만 다른 종교인들도 타인을 위해 기도할 때 타인의 고통과 감정이 전가되어 고통을 겪는다는 말을 들으면 이것은 기독교의 신유 은사가 아니며 타인을 기도해 주는 종교인들이 공통적으로 겪는 영적 전이 현상이라는 것을 알고 많은 갈등을 하게 된다.

영적 전이는 왜 일어나는 것일까?

영적 전이는 영이 둔감한 사람이나 영력이 매우 강한 사람에게서는 잘 일어나지 않지만 중보기도 시 상대방의 영과 접촉하면서 상대방에게 역사하는 영의 생각이나 감정, 힘을 느끼고 심한 경우 상대방에게 역사한 영이 완전히 전이되어 상대방은 호전되고 좋아지는데 기도한 본인은 상대방의 고통을 고스란히 짊어지는 것을 말한다.

생각, 감정, 상상, 말, 행동은 영을 접촉하는 수단으로 영적 전이를 일으킬 수 있다. 그러므로 생각, 감정, 상상, 말을 동반하는 중보기도 행위는 상대방의 영과 접촉할 수 있는 강력한 수단이 되므로 영적 전이를 잘 일으킨다.

그리고 영이 하는 기도인 방언기도는 영적 전이를 거의 기계적으로 일으킨다.

방언기도는 기도인데 무슨 이유로 영적 전이를 기계적으로 일으키는 것일까?

목사님들에게 배우기를 방언기도는 성령이 주신 기도의 은사이며 나의 영이 하나님께 비밀을 말하며 나의 덕을 세우고 나의 영을 새롭게 하는 매우 유익한 기도이며, 영적 능력이 있는 기도라고 배웠다. 그래서 나를 위해서 또는 고통 속에 있는 같은 교회 성도를 위해 하나님께 기도를 하였다. 분명히 나는 하나님께 기도를 한 것인데 왜 나는 방언기도를 하면 상대방의 고통과 문제를 기계적으로 느끼는 것일까? 그렇다면 역설적으로 방언기도가 하나님께 기도드려지는 것이 아니라 우리가 알 수 없는 다른 영적 이면이 있는 것은 아닐까?

상대방을 위해 방언으로 중보기도를 할 때 상대방의 고통과 문제를 기계적으로 느끼는 영적 전이를 겪는다는 것은 방언기도를 통해 상대방의 영과 접촉했다는 것을 의미한다. 즉, 방언기도가 하나님께 상달된 것이 아니라 상대방의 영과 접촉을 한 것이다. 방언기도를 통해 나의 영과 육체가 기도를 받는 상대방에게 역사하는 영의 감정, 생각, 고통의 영적 에너지를 끌어들이고 충돌하였기 때문에 방언기도를 하면 기계적으로 상대방의 감정이나 고통을 전이받아 느끼게 되는 것이다. 이처럼 방언기도를 하면 영적 전이가 거의 기계적으로 일어나는 현상을 통해서도 방언기도가 하나님께

방언은 성령의 은사가 아니다

영으로 비밀을 말하며 하늘로 올라간 것이 아니라 이 땅에서 상대방의 영과 접촉하는 주술 수단이라는 것을 반증하게 된다. 따라서 방언기도를 하면 영적 전이가 기계적으로 일어나는 현상을 통해서도 방언이 성령이 주신 은사가 아니라 내 안에 들어온 어떤 영이 말이라는 수단을 사용하여 영들을 조작하는 주술적 수단이라는 것을 알 수 있다.

방언기도를 통해 영적 전이가 기계적으로 일어나는 것은 방언기도가 성령의 은사가 아니라 영들이 하는 기도로 방언을 통해 중보 상대방에게 역사하는 영과 접촉하여 상대방의 감정과 고통과 영적 에너지를 느끼고 심한 경우 완전히 전이를 받게 하는 주술적 기도이기 때문에 방언으로 기도하면 영적 전이가 거의 기계적으로 일어나는 것이다.

Q 은사에 대해 기록된 성경과 방언의 관계?

A　　바울이 쓴 서신서 가운데 로마서 12장 6-8절, 에베소서 4장 11-12절, 고린도전서 12장 8-10절과 고린도전서 12장 28-30절에 은사에 대해 언급하고 있다.

① 로마서 12:6-8

"우리에게 주신 은혜대로 받은 은사가 각각 다르니 혹 예언이면 믿음의 분수대로,

혹 섬기는 일이면 섬기는 일로, 혹 가르치는 자면 가르치는 일로, 혹 위로하는 자면 위로하는 일로, 구제하는 자는 성실함으로, 다스리는 자는 부지런함으로, 긍휼을 베푸는 자는 즐거움으로 할 것이니라"

로마서 12장 6-8절은 은사에 대해 언급하고 있으나 방언의 은사에 대해서는 침묵하고 있다.

② 에베소서 4:11-12

"그가 어떤 사람은 사도로, 어떤 사람은 선지자로, 어떤 사람은 복음 전하는 자로, 어떤 사람은 목사와 교사로 삼으셨으니 이는 성도를 온전하게 하여 봉사의 일을 하게 하며 그리스도의 몸을 세우려 하심이라"

에베소서 4장도 방언에 대해 언급하고 있지 않다.

③ 고린도전서 12:9-10, 고린도전서 12:28-30

고린도전서 12장 9-10절 "다른 사람에게는 같은 성령으로 믿음을, 어떤 사람에게는 한 성령으로 병 고치는 은사를, 어떤 사람에게는 능력 행함을, 어떤 사람에게는 예언함을, 어떤 사람에게는 영들 분별함을, 다른 사람에게는 각종 방언 말함을, 어떤 사람에게는 방언들 통역함을 주시나니"

고린도전서 12장 28-30절 "하나님이 교회 중에 몇을 세우셨으니 첫째는 사도요 둘째는 선지자요 셋째는 교사요 그다음은 능력을 행하는 자요 그다음은 병 고치는 은사와 서로 돕는 것과 다스리는 것과 각종 방언을 말하는 것이라 다 사도이겠느냐 다 선지자이겠느냐 다 교사이겠느냐 다 능력을 행하는 자이겠느냐 다 병 고치는 은사를 가진 자이겠느냐 다 방언을 말하는 자이겠느냐 다 통역하는 자이겠느냐"

바울은 로마서에 열거한 은사 목록에서도, 에베소서 4장에 열거한 은사 목록에서도 방언에 대해 언급하고 있지 않고 오로지 고린도전서 12장, 은사장에서만 방언을 은사로 언급하고 있다.

바울이 고린도전서 12장에서만 방언을 은사로 언급하는 이유는 고린도교회에서 방언의 은사가 남용되고 오용되었기 때문에 잘못된 은사 사용을 바로잡기 위해 방언을 언급한 것으로 볼 수 있다.

영으로 하나님께 비밀을 말한다며 방언기도를 가장 많이 했던 고린도교회는 가장 문제가 많은 교회였다. 고린도교회는 심각한 당파와 파벌주의, 근친상간이라는 성적 타락과 윤리의 붕괴, 세상 법정에서 벌이는 소송 문제, 음행, 우상에 대한 무절제한 태도, 교회 질서를 혼란케 하는 여신도들의 문제, 가난한 자를 무시하는 성찬, 방언의 오용 그리고 육체의 부활을 의심한 교회였고 후에 바울의 사도권도 부인했던 교회였다.

만약 방언옹호론자들의 말처럼 방언이 하나님께 영으로 비밀을 말하고 놀라운 기름부음이 흘러넘치며 새로운 영으로 자기 덕을

방언은 성령의 은사가 아니다

세워 자신을 새롭게 건축하고 풍성한 영적 열매를 맺으며 하나님
의 마음을 알고 많은 기적과 형통을 가져오는 기도라면 고린도교
회가 저렇게 문제가 많은 교회가 되지 않았을 것이다. 그러나 고린
도교회는 초대교회에서 가장 문제가 많았고 성령의 은사가 임하기
에 부적합한 교회였으며 성령의 열매를 찾아보기 힘든 교회였다.

　기독교신자들이 하는 방언기도는 고린도교회가 했던 방언과 맥
을 같이한다. 수많은 기독교인들이 방언으로 기도하지만 한국교회
는 달라지는 게 없고 시간이 갈수록 문제가 늘어나고 있다. 한국
사회도 많은 사회적 문제에 봉착해 있다. 그리고 방언을 하는 기독
교신자들에게 선한 열매를 찾기가 쉽지않고 더욱이 복음을 전하
지 못하고 교회공동체에 아무 유익도 없다. 바울은 로마서 12장
6-8절, 에베소서 4장 11-12절, 고린도전서 12장 8-10절과 고린도전
서 12장 28-30절에 은사에 대해 언급하고 있다. 그러나 한국 기독
교 신자들이 하고 있는 방언은 바울이 열거한 은사 목록에 없는
방언이다.

Q 방언기도를 많이 하면 성령의 임재가 흘러넘친다?

A 방언기도를 옹호하는 사람들은 방언기도를 많이 하면 그 현장과 집회에 성령의 임재와 기름부음이 충만하게 나타난다고 한다. 그리고 실제로 방언기도와 함께 하는 자칭 성령집회나 은사집회에는 성도들에게 다양한 영적 현상이 나타나기도 한다.

방언을 중심으로 미국의 아주사집회에서 시작된 전통적 오순절 운동에서부터 2000년대 신사도운동까지 공통적으로 쓰러뜨림, 진동, 경련, 입신, 웃음, 전기에 감전된 느낌, 성령 춤, 방언, 방언 찬양, 짐승처럼 울부짖거나 행동하는 현상이 나타났고 이러한 현상은 방언을 중심으로 하는 한국 기독교 은사주의 계통에서도 동일하게 나타났다.

미국의 은사주의 계열의 사역자들이나 이것을 모방한 한국 은사주의 계통의 목사님들은 자신들의 집회에서 나타난 이러한 영적 현상에 대해 성령의 임재와 기름부음이 흘러넘쳤기 때문에 나타난 축복이라고 평가한다.

이들은 자신들의 집회에 나타난 영적 현상을 성령이 역사하는 것으로 보았던 것이다. 그리고 방언기도를 많이 했기 때문에 성령의 기름부음이 충만하게 나타났다고 말한다.

방언은 성령의 은사가 아니다

과연 오순절주의, 은사주의, 신사도운동류의 광란의 집회와 이를 모방한 한국 기독교 집회에서 나타난 광란의 집회 현상이 성령의 임재를 사모하며 방언기도를 많이 했기 때문에 나타난 성령의 사역일까!

이들의 집회에는 한결같이 비슷한 현상이 나타났다.

- **방언이라는 괴이한 소리**
- **쓰러짐**
- **술 취한 듯 비틀거림**
- **혀가 풀려서 웅얼거림**
- **강력한 전기 자극을 경험하는 현상**
- **발광하면서 괴성을 지름**
- **울음**
- **진동과 경련**
- **금이빨**
- **금가루**
- **미친 듯이 웃어 대는 웃음**
- **부르짖으며 내는 짐승 소리와 같은 울음**
- **짐승 소리를 내는 것**

성령이 임하신 곳에는 회개와 감사, 평안과 축복 그리고 회심과 경건이 있을 것이다. 그러므로 방언집회를 통해 나타난 위와 같은 현상은 성령으로 인해 나타나는 현상이 아니다. 그러면 왜 방언기도를 중심으로 하는 은사주의 계통의 집회에는 한결같이 저런 영적 현상이 벌어지는 것일까! 집회가 열린다는 것은 집회를 주관하는 영적 존재가 배후에 있다는 것을 의미한다. 그리고 집회를 주관하는 영이 사역자와 집회를 동시에 주관하여 집회가 열리게 되는 것이다.

아주사에서 시작된 전통 오순절 계열과 은사주의, 신사도운동 그리고 이들을 따르는 한국 기독교 집회에서 나타나는 현상들은 모두 한결같이 위의 언급한 광란의 집회 현상이 되풀이되고 있다.

왜 이들 집회에는 시공간을 초월하여 한결같이 이런 모습의 집회 현상이 되풀이되는 것일까?

위에 언급한 현상들은 영적 현상이 나타난 것이기 때문이다. 즉, 위의 언급된 현상들은 인간에게 저급한 영들이 임했을 때 인간 누구에게나 나타나는 현상이다. 집회는 다수의 회중이 참석한 것이므로 수많은 영들도 그곳에 함께 하고 영들이 인간에게 임하면 위에 언급한 다양한 영적 현상이 나타나게 되는 것이다. 그러므로

방언은 성령의 은사가 아니다

시공간과 종교를 초월하여 많은 종교집회에는 동일한 집회 현상이 나타나는 것이다. 따라서 오순절운동 계통, 은사주의와 신사도운동 등에서 나타난 집회의 현상은 성령의 역사가 아니라 다수의 회중이 모인 곳에서 수많은 영들이 인간에게 임하여 일어나는 영적 현상일 뿐이다. 그래서 어느 종교 집단이 집회를 해도 거의 비슷한 현상들이 나타나는 것이다.

그런데 이러한 집회의 중심에는 방언기도가 있다. 그러나 대부분 사역자나 성도들은 방언기도를 많이 하면 집회 가운데 성령의 임재와 기름부음이 충만하게 임하여 성령의 임재를 나타내는 온갖 현상이 나타난다고 착각한다. 그러나 사실은 집회와 사역자를 주관하는 영과 다수의 성도들의 방언기도를 통해 많은 영들이 초혼되고 끌어당겨져 영적 활동을 하므로 많은 영들이 그곳에 모인 회중들에게 역사하므로 집회에 참석한 다수에게서 많은 영적 현상이 나타난 것뿐이다. 그리고 이러한 현상에는 집회를 통해 감정을 해소하려는 인간 군상의 감정 해원도 있기에 다양한 현상이 나타나는 것이다.

즉, 방언을 중심으로 하는 집회에서 다양한 영적 현상이 나타나는 것은 방언기도를 통해 성령의 기름부음이 흘러 넘쳐 나타난 현상이 아니라 회중의 영적 행위와 방언기도를 통해 온갖 잡귀를 초혼하고 잡귀들의 활동을 강화시켜 일으킨 영적 현상일 뿐이다.

그러나 이런 영적 이치를 알지 못하는 대다수 기독교 사역자들은 방언기도를 중심으로 하는 자신들의 집회에서 여러 영적 현상이 나타나면 성령의 기름부음으로 인해 나타난 성령의 역사라고 생각하는 것이고 그래서 그 거짓된 행위를 더 열심히 하는 것이다. 착각은 자유이지만 착각이 일으키는 미혹의 대가는 너무 큰 것이다. 방언의 영의 행위를 성령사역으로 은폐하여 많은 기독교신자들을 미혹의 덫에 빠지게 하기 때문이다.

성도가 방언기도를 하면 성령이 오셔서 다양한 능력과 권세를 주신다는 발상 자체가 옳지 못한 것이다. 성령은 성령의 주권대로 하시는 것이다. 방언기도를 많이 하면 성령의 임재와 기름부음이 넘치는 것이 아니라 온갖 귀신의 임재와 기름부음이 넘치는 것이다. 그래서 방언을 중심으로 하는 역사상 모든 집회에서 나타난 영적 현상이 그토록 난장판인 것이다.

방언은 성령의 은사가 아니다

Q 방언기도가 통역이 되는 것처럼 보이는 영적실체는 무엇인가?

A 성령이 주신 방언은 사람의 말이다. 그래서 성령이 주시는 방언 통역의 은사도 언어소통이 되지 않는 사람의 말을 통역하는 은사를 말하는 것이다. 성경은 알아들을 수 없는 영의 말을 방언으로 정의한 바 없고 동시에 영의 방언을 통역하라고 한 적이 없다. 그러나 방언옹호론자들은 고린도전서 12장과 14장을 근거로 방언기도는 성령의 은사이며 통역이 가능한 기도이며 통역을 하기 위해서는 하나님께 통역의 은사를 구해야 한다고 한다. 그리고 실제로 방언을 하시는 분들 가운데 많은 분들이 방언기도를 하면서 통역을 하는 것처럼 행동하기도 한다.

과연 방언은 통역이 가능한 것일까? 알아들을 수 없는 소리에 불과한 영의 방언은 인간이 통역할 수가 없다. 방언옹호론자들은 고린도전서 14장 2절 "2방언을 말하는 자는 사람에게 하지 아니하고 하나님께 하나니 이는 알아 듣는 자가 없고 영으로 비밀을 말함이라"는 말씀을 전가의 보도로 삼아 방언의 유익을 자랑한다. 만약 이들의 말처럼 방언이 영으로 비밀을 말하는 것이라면 방언을 통역한다는 것은 앞뒤가 맞지 않게 된다. 비밀은 감추는 것이다. 자기 영이 자기도 모르게 하나님께 비밀을 말하고 있는데 방언을 통역하여 자기 영의 비밀을 만천하에 공개할 일은 없는 것이다. 감추려고 못 알아듣게 비밀을 말하는데 그것을 통역해서 알게 한다는 것은 이치에 맞는 소리가 아니라는 것이다. 그리고 방언은 사람의 말이 아니라 영의 소리, 영의 말이기 때문에 근원적으로 통역이 될 수 없는 것이다.

그런데 누군가가 방언기도를 할 때 그 기도가 한국말로 들려와 무슨 기도를 하는지 알게 되었다는 사람이 있다. 어떤 사람은 누군가가 방언기도를 하면 무슨 기도를 하는지 이미지가 떠올라 기도의 내용을 알 수 있다고 하는 사람도 있다. 그리고 어떤 사람은 다른 이의 방언기도를 들으면 저절로 그 내용을 알게 된다고 하는 사람도 있다. 이들은 기도 후 상대방에게 혹시 이런 일이 있지 않았냐고 물으면 상대방이 놀라며 그것은 나만이 아는 것인데 어떻게 알았냐고 하는 것을 보면서 자신이 상대방의 방언을 통역한 것에 놀라며 방언통역이 정말 있다고 고백하는 사람들도 있다.

누군가의 방언기도를 들었을 때 그 방언기도의 내용을 알게 되는 것이 정말 방언 통역의 은사가 임하여 알게 된 것인지 아니면 다른 영적 이면이 있는지 살펴보아야 한다.

어떤 사람들은 타인을 볼 때 그 사람이 품고 있는 마음과 생각을 알아내는 사람도 있고 그의 범죄를 알아내는 사람도 있다. 그리고 상대방의 미래를 알게 되는 사람도 있다. 사람들은 이런 사람들을 점쟁이 혹은 신기가 많은 사람이라고 한다.

방언은 성령의 은사가 아니다

점쟁이나 신기가 있는 자들이 타인의 생각, 죄악, 행동, 미래를 알아맞히는 것은 그들 안에 있는 점치는 영이 타인의 생각, 죄악, 미래를 알아맞히는 것이다. 점치는 영이 용할수록 더 잘 맞히고 확실히 아는 것이다. 그래서 용한 점쟁이, 용한 무당 소리가 나오는 것이다.

누군가의 방언기도를 들었을 때 그 내용을 알아듣는 것은 성령에 의해 방언이 통역이 되어서 일어난 현상이 아니다. 그것은 타인의 방언기도의 내용을 알게 된 사람이 기독교인일지라도 그 성도 안에 점치는 영이나 무속의 영이 있어서 상대방의 방언기도의 내용을 아는 것이다. 그러나 기독교신자는 자신이 방언 통역의 은사를 받아 방언기도를 통역한 것으로 착각하게 된다.

타인의 방언기도를 들었을 때 그 내용을 알게 되는 것은 성령이 방언 통역의 은사를 주신 것이 아니라 방언을 알아듣는 자 안에 처리되지 않은 점치는 영이나 무속의 영이 있어서 그 영들이 가르쳐 주는 것임을 인지해야 한다. 성령이 주시는 방언 통역의 은사는 소통이 되지 않는 사람의 말인 외국어가 통역되는 은사를 말하는 것이지 영의 말인 방언 통역을 말하는 것이 아니다. 그러므로 누군가의 방언기도 내용이 알게 된다면 성령이 방언 통역의 은사를 주셔서 방언 통역을 한다고 생각하지 말고 자신 안에 점치는 영이 있음을 알고 회개하고 축귀해야 한다.

Q   방언의 은사는 주신 자와 받는 자 외에는 알 수 없다 고 하는 말의 허구?

A   방언의 은사는 주신 자와 받는 자 외에는 알 수가 없다고 한다. 이러한 주장이야말로 영의 방언이 성경적 방언이 아닌 것을 자인하는 말이다. 성령이 주신 방언은 언어의 장벽이 있는 사람들 간에 의사소통이 가능하게 되어 복음을 전하는 것인데, 주신 자와 받는 자 외에는 알 수 없다면 이 방언은 성경적 방언에서 벗어난 방언임을 자인하는 것이다. 더욱이 오늘날 영의 방언은 어떤 영이 준 것인지 모르는 방언이다. 그래서 영의 방언은 방언을 받은 자도 자신이 무슨 말을 하는지 모르며 심지어 자신안에 어떤 영이 들어와 방언으로 기도하고 있는지조차 모른다. 그가 아는 것은 자신이 방언을 하고 있다는 사실밖에 없다. 한심한 방언인 것이다. 이런 한심한 방언을 주신 자와 받는 자 외에 아무도 모른다고 하면서 미화하는 것은 이해가 불가한 것을 너머 이상한 일이다.

기독교인들이 하는 방언을 준 존재는 성령이 아니라 기독교인에게 정체불명의 영이 들어갔거나 기독교인 안에 숨어 있던 정체불명의 영이 깨어나 그 영들이 말을 하는 것이다. 그러므로 만약 방언옹호론자들의 말처럼 방언은 주신 자와 받는 자 외에는 알 수 없다고 한다면 기독교신자들에게 방언을 주신 자는 정체불명의 영이고 받은 자는 정체불명의 영이 준 방언을 성령의 은사라고 속고 있는 기독교 목사들과 신자들이다.

방언은 성령의 은사가 아니다

⬛ Q 방언을 금하는 것은 성령을 제한하는 것인가?

Ⓐ 방언을 옹호하는 사람들은 방언에 대해 비판을 하면 비판한 사람을 향해 성령훼방죄를 저지르고 성령을 제한하는 자라고 정죄한다. 하나님이 방언을 주신 목적은 단 하나이다. 언어의 장벽이 있는 믿지 아니하는 자들에게 복음을 전하기 위해서였다. 여기서 벗어나는 방언은 성령이 주신 방언이 아니다. 이것을 근거로 방언 비판론자들은 성경적 방언에서 벗어난 오늘날 방언을 거짓이라고 비판하고 있다. 그런데 방언을 옹호하는 자들은 성경을 왜곡하고 성경적 근거도 없는 방언의 유익을 만들어 성도들을 잘못된 신앙으로 인도하면서도 자신들이 하고 있는 방언을 비판하면 성령훼방죄를 저지른다고 한다.

방언의 실체는 방언을 사모하는 기독교인에게 영이 들어가 말을 하거나 영이 터치되어 말을 하는 것이다. 그러므로 오늘날 방언은 성령의 은사가 아니라 정체불명의 영이 기독교인에게 접신되어 벌이는 행위이다. 결론적으로 말하면 방언을 하는 자들은 성령으로 인해 하는 것이 아니라 악령에 의해 방언을 하고 있는 것이다.

그렇다면 잘못된 방언을 비판하고 참된 성경적 방언을 가르치는 자들이야말로 진정한 성령사역자이며 성령의 인도하심을 받는 자들이다. 반면 목사가 방언을 터뜨려 주고 방언에 대해 온갖 거짓 유익을 가르치고 방언귀신이 성도 안에서 기도하게 만드는 방언옹호론자들의 행태야말로 하나님 앞에서 버젓이 성령훼방죄를 저지르는 것이다.

성령을 제한할 수 있는 존재는 이 세상에 하나도 없다. 방언은 방언 귀신이 성도에게 접신되어 하는 소리이므로 해서는 안 된다고 하는 것이 어떻게 성령을 제한하는 것인가? 자칭 성령사역자 혹은 방언옹호론자들은 자신들의 사역을 비판하면 성령을 제한한다고 비판한다. 성령은 사람에게 제한되지 않는다.

방언은 성령의 은사가 아니다

Q 같은 방언이라도 여러 가지 통역이 있을 수 있다?

A 방언옹호론자들은 다양한 방언의 유익을 성도에게 가르치기 때문에 방언에 대한 수 많은 사람의 계명, 목사의 계명이 만들어지고 있다. 심하게 말하면 은밀하게 기독교 신흥 이단 방언교가 창설되었고, 방언교 교리들이 만들어지고 있는 것이다. 방언 통역만 하더라도 어떤 이는 방언 통역이 가능하다고 하고 어떤 이는 성령 안에서 하는 기도이므로 통역이 필요 없다고 하는 이들도 있다.

심지어는 동일한 방언이 사람마다 다르게 통역되는 문제를 해결하기 위해 같은 방언일지라도 통역은 여러 가지로 나올수 있다고 말하는 사람도 있다.

이것은 마치 랄랄라, 따따따 단순 방언에 구절구절마다 하나님의 놀라운 섭리와 뜻이 있으니 실망하지 말고 열심히 기도하라고 독려하는 것과 같은 말도 안 되는 소리이며 방언기도에는 하나님이 특수 장치를 해 놓아 마귀는 절대 알아듣지 못하고 하나님밖에 모른다는 말과 맥을 같이 할 정도로 말도 안 되는 소리이다.

같은 방언이라도 여러 가지 통역이 있을 수 있다는 방언옹호론자들의 궤변은 한 사람의 생년월일을 가지고 여러 점쟁이에게 점괘를 구할 때 점괘가 각각 다르게 나오는 것은 당연하다고 하는 궤변과 같은 것이다. 어떤 점쟁이가 한 사람의 사주일지라도 여러 점쟁이마다 점괘가 다르게 나올 수 있다고 주장한다면 그 점쟁이를 제대로 된 점쟁이로 인정하기 어렵고 그가 점을 제대로 치지 못하면서 사람들을 속이고 있다고 생각할 것이다.

한 사람의 방언을 놓고 여러 사람의 통역이 모두 다르게 나온다고 하는 것은 한국인 열 사람이 개 짖는 소리를 듣고 아침, 점심, 여름, 겨울, 태풍, 아파트, 낙엽, 갈비, 떡국, 장미로 다양하게 통역할 수 있다고 하는 것과 같다. 얼마나 한심한 이야기를 대놓고 하는 것인가! 방언옹호론자들은 한 사람의 방언을 놓고 여러 사람이 통역을 하면 통역이 모두 다르게 나올 수 있다고 한다. 맞는 말이다! 왜냐하면 방언은 원래 통역을 할 수 없는 것이기 때문이다. 스스로 방언이 통역이 되지 못한다는 것을 증명하고 있는 것이다.

방언은 성령의 은사가 아니다

Q 방언기도를 할 때 혀가 절제되는 않는 이유?

A A 목사는 처음 방언을 받았을 때 혹은 방언기도를 열심히 할 때 뜨거운 불이 임하여 방언기도를 도저히 멈출 수 없었고 자기 혀를 통제할 수 없었다고 한다. 그는 성령이 너무나 강력히 역사해서 자기의 혀를 통제하지 못하고 성령이 행하시는 대로 맡길 수밖에 없었고 그렇게 수 시간을 기도한 적이 있다고 한다. 그리고 그러한 현상은 기도할 때 간헐적으로 나타났다고 하면서 성령이 강권하시는 방언기도를 멈추지 말라고 한다. 또한 그는 자신의 경험을 들어 외국에 나갔을 때 그곳의 전도를 위해 기도하자 갑자기 방언이 그 나라 언어로 나온 적도 있었다고 한다.

과연 이러한 현상은 성령이 역사하신 것일까!

이러한 현상을 체험한 A 목사는 자기의 체험으로 인해 방언에 대해 깊은 신뢰를 갖게 되고 열심히 기도를 하게 된다. 그러나 이러한 일은 영적으로 깊이 분석해야 바른 분별을 할 수 있다. 지금 A 목사에게 일어난 일들은 성령이 방언을 주신 것이 아니라 방언을 하게 하는 영이 너무나 강력하게 역사한 것이다. 그래서 방언을 받은 어떤 다른 사람보다 더 강한 영적 현상이 일어나게 된 것이다. 이는 성령이 역사한 것이 아니라 방언의 영이 A 목사를 방언의 영을 전파하는 선봉으로 삼기 위해 성령의 은사로 가장하여 누구보다 강력하게 역사한 것이다. 예를 들어 일본어로 전도할 수 있게 해 달라고 했을 때 일본어 비슷한 방언이 나온 것은 겉으로 볼 때는 마치 성령이 역사한 것처럼 보이지만 실상은 A 목사가 간절하게 방언을 원했기 때문에 방언의 영이 그가 원하는 일본어 타입의 방언을 하게 해 준 것이라고 볼 수 있다. 그리고 그는 자기가 일본어로 방언기도를 했다고 하지만 그가 정말 일본어로 방언기도를 했는지 그의 방언을 알아들은 일본 사람은 하나도 없다. 그리고 주목할 것은 방언을 하는 사람은 방언을 할 때 자신이 하던 방언을 계속한다. A 목사가 일본에서 일본어 방언을 했다면 그 후 A 목사는 방언기도가 바뀌지 않는다면 계속 일본어 방언을 해야 한다. 그런데 A 목사는 일본에서만 일본어 비슷한 방언을 하였지 그 후로는 자신이 기존에 했던 아무도 알아듣지 못하는 영의 방언을 하고 있다. 자신이 했던 방언에 대한 반성과 통찰이 없는 것이다.

A 목사가 체험한 이러한 현상은 A 목사에게 방언의 영 가운데 강하고 큰 영이 임했기 때문에 혀를 절제할 수 없었던 것이고 A 목사가 간절히 외국어 방언을 원하자 방언의 영들이 그가 원하는 대로 유사 외국어를 말하게 해준 것이다. 그러나 A 목사는 자신이 하였던 유사 외국어 타입의 방언을 하나님의 역사라고 생각한 것이다. 이렇게 방언의 영들이 A 목사를 완벽하게 속이면서 A 목사는 방언전도사가 되어 방언을 전파하는 데 앞장서게 된다. A 목사는 목사로서 성경을 제대로 가르칠 생각은 안하고 자신이 악령에게 속은 방언과 기름부음이라는 영적 행위를 성령의 행위로 가르

치며 거기에 맞게 성경도 적절하게 왜곡하면서 성도를 미혹하는데 앞장서게 된다. 겉으로 볼 때 신실하고 경건해 보이는 A 목사는 오늘도 방언을 찬미하는데 자신의 모든 사역의 에너지를 바치고 있다. 그는 하나님께 잘하려는 열심이 있었지만 실상은 방언의 영에게 속아 방언의 영에게 충성하고 있는 것이다. 영적 세계란 이렇게 깊은 미혹의 덫이 있다.

Q 방언을 하는 자는 영이 거듭난 자인가?

A 방언옹호론자들은 방언을 하는 자들은 영이 거듭난 자라고 말한다. 도대체 무슨 근거로 이런 소리를 하는지 모를 일이다. 영이 거듭나는 것은 성령으로 거듭나는 것이지 방언으로 거듭나는 것이 아니다. 성령이 방언을 주신 것은 복음을 전하기 위해 표적으로 주신 것이지 방언을 통해 성도의 영을 거듭나게 하려고 주신 것이 아니다. 방언옹호론자들은 오순절에 성령이 임하시고 성령으로 충만하게 된 사도와 120문도들이 방언을 받게 된 것을 근거로 방언을 받은 것이 성령세례를 받은 것이므로 그때 영이 거듭난 것이라고 말하는 듯하다. 그러나 중요한 것은 오순절에 성령이 임하여 주신 방언은 언어방언(사람의 말)이었지 오늘날 방언옹호론자들이나 기독교인들이 하는 영의 방언(영의 말)이 아니었다. 방언옹호론자들은 자기들이 하는 영의 방언을 오순절 성령방언으로 착각하여 방언을 받는 것이 영이 거듭나는 것이라고 오해하는 것이다. 여러 번의 착각이 얽힌 것을 분별하지 않고 그것을 진리로 받아들이고 있는 것이다.

방언옹호론자들은 방언이 임하여 방언기도를 한다는 현상밖에 모른다. 방언의 영이 어떻게 임하고 어떤 행위를 하며 어떤 결과를 가져오는지 모르고 그저 방언기도를 통해 자신이 체험한 영적 유익을 전파하며 방언교의 교리를 만들어내고 스스로 추종한다. 그러나 자신이 체험한 영적 유익이 방언의 영이 쳐 놓은 미혹의 덫일 수 있다는 영적 깊이가 전혀 없다.

방언은 성령의 은사가 아니다

방언이란 인간 몸 안에 영이 들어오거나 인간 몸 안에 숨어 있던 영이 깨어나 그 영들이 인간 몸에서 말을 하는 것이다. 극단적으로 말하면 작은 접신이 된 것이다. 그리고 접신된 영들이 인간 몸 안에서 말을 하는 것이 방언이다.

영들이 성도에게 접신되어 성도의 몸에서 말을 하고 있다면 그것을 경계하고 해서는 안 된다고 가르쳐야 할 목사들이 오히려 방언을 하면 영이 거듭난 자라는 말을 하고 있는 것이다. 성도의 영이 거듭나는 것은 성령에 의해 거듭나는데도 방언옹호 목사들은 성령을 받아 방언을 하는 것이니 방언을 하는 것은 영이 거듭나는 것이라고 강변하는 것이다. 자신들이 하는 방언이 영의 방언이라는 것을 전혀 인식하지 못하고 있는 것이다. 만약 방언을 받은 것이 영이 거듭난 것이라면 방언을 가장 많이 했던 고린도교회가 왜 그토록 문제가 많은 교회였는지 생각해 봐야 한다. 고린도교회를 보더라도 방언을 받은 것이 영이 거듭난 것이라는 방언옹호론자들의 말은 이치에 맞지 않는 것이다.

영이 거듭난 자는 성령으로 인해 거듭난 자로 성령의 인도를 받고 궁극적으로는 삶에서 성령의 열매를 맺는 성화의 길로 연단된 자들이다. 방언기도는 누구도 알아듣지 못한다. 일 년을 해도, 십 년을 해도, 백 년을 해도, 천 년을 해도 알아듣지 못하는 것이 방언기도이다. 못 알아듣는데 어떻게 영이 거듭날 수 있는지 방언옹호론자들은 대답해야 할 것이다. 방언은 내 영이 거듭난 것이 아니라 접신이 된 것이다. 방언은 접신된 영이 말을 하는 것이다. 이래도 방언을 하는 것이 영이 거듭난 것이라고 말하겠는가!

Q 방언으로 기도하는 사람치고 정신병자가 없다?

A 오늘날 방언옹호론자들이 만들어 낸 방언교 교리 가운데 가장 어처구니가 없는 것 중 하나가 방언기도를 하는 사람치고 정신병자가 없다는 주장이다. 정신병자란 정신이 온전치 못한 사람을 말한다. 그 뜻은 정상적인 감정과 생각 그리고 행위를 하지 못하고 정상적인 범주를 벗어난 감정과 사고체계, 행동을 하는 사람을 뜻한다. 이러한 정신병자는 세상에서 관리가 가능하고 정신병원을 통해 의료적 도움을 받을 수 있으며 매우 극심한 경우 폐쇄 병동에서도 관리가 가능하다.

만약 어떤 사람이 식당 앞에 전시해 놓은 음식물 모형의 조형물을 먹으면서 정말 맛있다고 한다면 그를 정상으로 생각할 수 없을 것이다. 그리고 어떤 사람이 사과 모형의 조형물을 먹으면서 달고 아삭하고 맛있다고 한다면 그 사람을 비정상으로 생각할 것이다.

그런데 방언 기도는 일 년을 기도해도, 십 년을 기도해도, 백 년을 기도해도 기도하는 사람도, 기도를 듣는 사람도 전혀 알아듣지 못하는 기도이다. 고대로부터 현대에 이르기까지 인간 역사에 방언을 말한 어떤 사람도 자기가 했던 방언기도의 내용을 아는 사람은 단 한 사람도 없었고 타인이 하는 방언기도의 내용을 아는 사람도 단 한명도 없었다. 그런데 어떤 사람이 방언기도에 대해 말하길 "방언기도는 영으로 비밀을 말한다 / 자기 덕을 세운다 / 하나님의 뜻을 알 수 있다 / 방언으로 기도하면 부와 형통의 돌파를 가져온다 / 문제가 해결된다 / 하늘에 올라가 불을 끌어올 수 있다 / 기적을 이끌어 낸다 / 100% 응답을 받을 수 있다 / 랄랄라 따따라 방언에는 구절구절마다 놀라운 비밀과 뜻이 숨어 있다 / 방언에는 하나님이 특수 장치를 해 놓아 마귀는 절대 못 알아듣는다 / 방언은 나의 영과 성령이 하는 기도이다 / 방언기도는 영적 깊은 곳으로 인도한다 / 방언기도는 우주의 부정적인 파동을 파괴한다 / 방언기도를 하면 영계가 맑아진다 / 방언기도를 하면 예수님의 말씀에 동의하는 것이다 / 방언기도는 성령과 코드를 맞출 수 있다 / 방언기도는 하나님의 비전과 권능을 부어 준다 / 방언기도는 사랑과 회복과 섬김의 기도이다 / 방언기도를 통해 하늘의 신령한 것이 풀어진다 / 방언기도는 사명을 깨닫게 해 준다 / 방언기도는 아기방언으로 시작하였다 어른방언으로 성장한다" 등등 자신도 못 알아듣는 방언기도에 대해 이와 같은 주장을 한다면 그 사람은 정상인의 모습을 한 정신병자일 것이다. 방언옹호론자들은 방언으로 기도하는 사람치고 정신병자가 없다고 한다. 그러나 역설적으로 방언기도를 옹호하는 사람치고 제정신인 사람도 없다. 정신병자와 방언옹호론자의 차이점은 정신병자는 사람들이 경계하며 사회적, 국가적으로 관리가 가능하지만 방언옹호론자들은 기독교에서 목사로, 영성가로 행세하며 성도를 미혹하는데도 관리가 불가능하며 정신이상 수준을 측정하기가 어려워 망상 수준도 용납이 된다는 것이다.

방언은 성령의 은사가 아니다

Q 방언은 성령이 성도의 입술을 잡고 드리는 기도인가?

A 방언을 옹호하는 사람들은 방언이 하나님께 자기의 영으로 비밀을 말한다고 하면서 대단한 영적 유익이 있는 것처럼 가르친다. 그러므로 방언이 기도하는 자도 못 알아듣고, 듣는 자도 못 알아듣는 것에 대해서는 기도의 대상이 하나님이시기 때문에 하나님만 알아들으시고 받으시면 된다고 한다. 그러면서 어떤 때는 방언기도는 나의 힘과 능력으로 하는 기도가 아니라 성령께서 나의 입술을 잡고 말하시는 것이므로 설령 방언을 말하는 자가 자신의 기도를 이해하지 못하고 다른 사람들이 그 뜻을 모른다고 해도 시험에 들지 말라고 한다.

방언옹호론자들은 어떤 때는 방언은 자기의 영이 하나님께 비밀을 말한다고 하다가 어떤 때는 성령이 나의 입술을 잡고 하나님께 기도하시는 것이니 아무 염려 하지 말고 방언기도를 하라고 한다.

성령은 하나님이시다. 성령은 하나님의 깊은 곳까지 통달하신 분이시다. 그런데 성령이 왜 인간의 입술과 혀를 붙잡고 성령의 뜻을 삼위일체 하나님께 기도를 해야 하는 것일까?

이들의 혼란스러운 논리는 역설적으로 방언이 나의 영이 비밀을 말하는 것을 스스로 부정하고 있으며 성령이 인간의 입술을 잡고 하나님께 기도하며 하나님은 성령의 뜻을 아신다는 주장이 옳지 못함을 스스로 반증하고 있다.

나의 영이 비밀을 하나님께 말했다면 한 가지라도 말해 주었으면
좋겠다. 그리고 성령이 하나님이신데 성령이 무엇이 부족해 인간의
혀를 잡고 괴상한 소리를 내며 하나님께 성령의 뜻을 전하고 있고
전능하신 하나님은 그 복잡한 과정을 거쳐야만 사람의 비밀도, 성
령의 뜻도 아시는 것인지 가르쳐 주었으면 좋겠다. 그리고 내 입술
을 잡고 기도하신 성령의 기도 내용이 무엇이었는지 아는 게 있으
면 말해 주었으면 좋겠다.

한샘에서 단물과 쓴물이 동시에 나올 수 없듯이 방언이 어떤 때
는 영의 비밀을 말하고 어떤 때는 성령이 성도의 입술을 잡고 하나
님께 기도할 수 없는 것이다.

무화과가 감람열매를, 포도나무가 무화과를 맺을 수 없듯이 성
령의 방언은 복음을 전하는 것이며 영의 방언은 영들이 성도 안에
서 말을 하는 것이다. 그런데 복음을 전하라고 방언을 주신 성령
이 무슨 이유로 성도의 입술을 잡고 영의 방언으로 하나님께 기도
를 드린다는 것인지 방언 옹호 목사들에게 묻지 않을수 없다.

방언옹호론자들은 방언을 하는 자들은 정신병자가 하나도 없다
고 주장하였다. 그러나 이들의 주장을 들어보면 멀쩡한 사람도 정

신을 이상하게 만들어 버린다. 자기도 제대로 모르는 것을 진리라고 가르치고 있다.

Q 방언은 하나님으로부터 났기 때문에 절대 사라지지 않는다?

A 방언옹호론자들은 사도행전 5장을 들어 베드로와 사도들이 복음을 전하다 옥에 갇혔을 때 대제사장들은 그들을 죽이려 했으나 모든 백성에게 존경받는 율법 교사인 가말리엘이 일어나 대제사장과 관원들에게 이들의 사상과 소행이 사람으로부터 났으면 무너질 것이요 만일 하나님께 났으면 그들을 무너뜨릴 수 없겠고 오히려 하나님을 대적하는 자가 될까 하니 베드로와 사도들을 상관하지 말라고 권한 것을 예로 들면서 방언이 사람으로부터 났으면 없어질 것이나 방언이 하나님으로부터 난 것이라면 없앨 수 없다고 주장한다.

방언은 없어질 수 있을까? 절대 없어지지 않는다. 만약 없어지지 않는다면 방언옹호론자들의 말처럼 방언이 하나님으로부터 났기 때문에 없어지지 않는 것인가? 아니다.

방언은 절대 없어지지 않는다. 왜냐하면 방언이 하나님께로서 난 것이 아니라 온갖 귀신으로부터 유래한 것이기 때문이다. 방언은 인간에게 영이 들어가거나 인간 몸에 잠복해 있던 정체불명의 영이 인간 몸에서 말을 하는 것이다. 그러므로 귀신 혹은 영적 존재가 이 세상에 존재하는 이상 방언은 절대 사라지지 않는다.

방언은 성령의 은사가 아니다

다시 말하지만 방언은 사라지지 않는다. 그것은 하나님으로부터 났기 때문이 아니라 귀신으로부터 났기 때문이다. 그러니까 고대로부터 현대에 이르기까지 모든 종교 그리고 신접한 자들에게서 방언이 나타난 것이다. 그런데 이러한 악령의 방언을 기독교신자들이 교회에서 성령의 은사를 받았다고 믿으며 하고 있다.

Q 이방종교의 방언은 기독교의 방언을 모방한 마귀방언 인가?

A 방언을 옹호하는 자들은 이방 종교인들도 방언을 하는 것에 대해 기독교인의 방언은 성령이 주신 방언인데 그것을 마귀가 모방한 것이 이방종교의 방언이라고 한다. 너무나 교묘한 교설이라서 영적으로 깊은 분별이 없으면 모두 속아 넘어가는 논리이다. 마치 조용기 목사님이 4차원 영성을 주창했을 때 뜻있는 사람들이 4차원 영성이 이교적 행위가 아니냐고 비판을 하자 조용기 목사님이 하나님의 것을 이교에서 가져다 쓴 것이라고 주장한 것과 같은 맥락이다. 사실은 4차원 영성이 이교의 마법 주술의 비법을 가져다 쓴 것임에도 말이다.

방언을 기독교인이 하면 성령방언이고 이방 종교인이 하면 마귀방언이라고 하는 것은 잘못된 것이다. 방언은 사람에게 영적 존재가 들어오거나 사람 안에 잠복한 영적 존재가 깨어나 활동하면서 영적 존재의 말을 하는 것이다. 그러므로 영과 육으로 구성된 인간에게 영이 들어오거나 몸에서 영이 깨어나 말을 하면 방언이므로 모든 인간은 방언을 할 수 있다. 다만 종교인들이 영적 존재와 접촉을 많이 하므로 일반인들보다 종교인들에게 많이 나타나는 것이고 기독교인들이 타 종교인들보다 방언을 더 많이 사모하고 간구하므로 방언이 더 많이 나타나는 것이다. 더욱이 방언옹호론자들은 마귀는 방언을 알아듣지 못한다고 하였다. 마귀가 방언을 알아듣지 못하는데 어떻게 마귀가 방언은 하는지 묻지 않을 수 없다. 이들의 논리는 제대로 된 것이 하나도 없다.

방언은 기독교인이 하면 성령방언이고 타 종교인이 하면 마귀방언인 것이 아니라 기독교인이든 타 종교인이든 인간이 영과 접신되었을 때 사람의 몸에서 접신된 영이 말을 하는 영적 현상이며 행위일 뿐이다. 이러한 영 분별에 바로 선다면 기독교인들이 하는 방언은 성령방언이 아니라 악령에 접신되었다는 것을 의미하며 기독교인들은 방언으로 하나님께 기도한다고 믿지만 영적 실상은 악령의 말을 대언하고 있는 것이다. 이것이 오늘날 기독교인들이 하고 있는 방언의 영적 실체이다. 얼마나 두려운 일인가!

Q   방언이 믿지 아니하는 자들을 위한 표적이라는 궤변

A   바울은 고린도전서 14장 22절 "그러므로 방언은 믿는 자들을 위하지 아니하고 믿지 아니하는 자들을 위하는 표적이나 예언은 믿지 아니하는 자들을 위하지 않고 믿는 자들을 위함이니라"며 방언은 믿지 아니하는 자들을 위한 표적이라고 하였다. 어떤 신학자는 고린도전서 14장 22절은 성령 방언의 본질을 말하는 핵심이라고 하였다. 바울이 22절에 말한 믿지 아니하는 자들을 위한 표적으로서의 방언은 영의 방언이 아니라 언어 외국어방언이었다. 그것은 오순절에 제자들이 15개국 디아스포라 유대인들에게 복음을 전할 때 언어의 장벽을 허물고 소통되도록 성령이 주신 언어방언이었다. 그러므로 성령이 주시는 진짜 방언은 언어방언(사람의 말)이며 믿지 아니하는 자들을 위한 방언이므로 표적이라고 한 것이다. 이를 통해 수 많은 불신 이방인들이 예수님을 믿게 되었다.

그러나 고린도교회 교인들은 이미 기독교를 믿는 사람들이 방언을 하였다. 그것도 의사소통이 되는 언어방언이 아니라 영의 방언을 하였던 것이다. 그리고 고린도교회 교인들의 영의 방언은 믿지 아니하는 자들에게 표적이 되기는커녕 미쳤다는 소리를 들었고 교인들 사이에도 언어의 장벽을 세워 언어의 소통이 되지 않는 야만적 소리였다.

오늘날 방언옹호론자들은 영의 방언이 믿지 아니하는 자들을

방언은 성령의 은사가 아니다

위한 표적이라고 한다. 그들은 방언을 통해 기사와 이적 그리고 치유가 나타나므로 믿지 아니하는 자들이 방언기도의 놀라운 능력을 체험하여 복음을 받아들인다고 주장하고 있다.

그러나 방언을 하면서 얼마나 기사와 이적과 치유가 나타났는지 의문이며 설령 나타났다고 해도 그것은 기사와 이적이 나타나 믿지 아니하는 자들이 복음을 받아들인 것이지 방언기도를 듣고 복음을 받아들인 것은 아닐 것이다.

답은 간단하다. 광화문 사거리에 수많은 사람들이 모인 단상에 올라가 방언으로 기도해 보라! 과연 믿지 아니하는 자들이 그 소리를 듣고 복음을 받아들이겠는가! 아니면 그 이상한 방언을 따라 하면서 조롱하겠는가? 답은 뻔하지 않은가! 방언은 세상에 내놓기도 부끄러운 것이다. 타 종교인들은 신접하였을 때 가끔 방언을 한다. 바울은 방언을 믿지 아니하는 자들을 위한 표적이라고 하였는데 이미 기독교를 믿고 있는 한국 기독교인들은 시도 때도 없이 방언을 한다.

그리고 목사들은 자신의 체험을 교리화하여 방언의 유익을 가르치고 심지어 방언을 배우라고 종용하며 몇 시간을 영의 방언으로 기도를 인도한다. 바울은 방언은 믿지 아니하는 자들을 위한 표적이며 예언은 믿는 자들을 위한 표적이라 하였다. 그런데 믿는 자들을 위한 표적인 예언에는 관심이 없고 이미 기독교를 믿고 있는 기독교 신자들이 믿지 아니하는 자들을 위한 표적인 방언만 하고 있다. 그것도 성령의 언어방언은 한마디도 못 하고 그 누구도 알아듣지 못하는 영의 방언을 하면서 말이다.

방언이 예수님의 약속이라고?

A   방언옹호론자들 가운데 일부 사역자는 방언이 예수님이 약속하신 방언이라고 한다. 그들은 예수님이 마가복음 16장 17절에 믿는 자에게 따르는 다섯 가지 표적 중에 새 방언을 말씀하셨으며 사도행전 1장 5절에는 "요한은 물로 세례를 베풀었으나 너희는 몇 날이 못 되어 성령으로 세례를 받으리라"는 말씀을 근거로 성도가 방언을 받는 것은 성령세례를 받는 것이며 예수님이 마가복음 16장 17절에 말씀하신 새 방언을 하는 것이니 예수님이 약속하신 방언을 금하지 말고 열심히 해야 한다고 주장한다.

방언옹호론자들의 이러한 주장은 오순절에 성령이 주신 언어방언(사람의 말)과 고린도교회의 영의 방언(영의 말)에 대한 분별이 없이 성경에 방언이란 단어만 나오면 자기들 유리한 대로 방언을 해석하는 데서 오는 오류이다.

예수님이 약속하신 새 방언은 사도행전 1장 8절 "오직 성령이 너희에게 임하시면 너희가 권능을 받고 예루살렘과 온 유대와 사마리아와 땅끝까지 이르러 내 증인이 되리라 하시니라"는 예수님의 약속을 이루기 위해 오순절에 성령이 오셔서 120명의 제자들에게 주신 언어 방언(사람의 말)이었다. 성령이 주신 언어방언은 예루살렘과 온 유대와 사마리아와 땅끝까지 예수님의 복음을 증거할 수 있도록 제자들에게 주신 표적이었다. 이는 제자들이 해 본 적도 없고 배워본 적도 없는 15개국 디아스포라 유대인들의 말로 복음을 전하는 것이었다. 그리고 15개국 디아스포라 유대인들은 자기의 난 곳 말을 듣고 복음을 받아들여 교회공동체의 일원이 되는 언어방언(사람의 말)이었다. 그래서 표적인 것이다. 이것은 예수님이 약속하신 새 방언의 성취였다. 따라서 예수님이 약속하신 새 방언은 복음을 증거하기 위해 성령이 주신 언어방언 즉 사람의 말이었지 정체불명의 영이 하는 고린도교회와 오늘날 기독교인들이 하는 (영의) 방언이 아니라는 것이다.

그러나 방언옹호론자들은 방언이란 단어만 나오면 자신들의 주장에 모든 것을 끼워 해석하는 오류를 범하고 있으며 심지어는 성경과 다른 가르침을 전하여 성도들을 미혹시키고 있다. 기독교신자들이 하고 있는 방언은 예수님이 말씀하신 적도 없고 약속하신 적이 없는 정체불명의 영이 하는 말 또는 기도일 뿐이다.

방언은 성령의 은사가 아니다

Q 방언기도를 열심히 하면 하나님의 뜻을 자동적으로 알 수 있는가?

A   방언옹호론자들은 방언기도를 통해 하나님의 뜻을 자동적으로 알게 된다고 한다. 이들은 방언기도를 하는 사람은 정신병자가 없다고 하였다. 그러나 방언옹호론자들이 방언의 유익에 대해 하는 말을 들어 보면 멀쩡한 정신으로는 이해하기가 쉽지 않다.

성령이 주신 방언은 복음을 증거하는 것이지 기도하는 것이 아니다. 성령은 예루살렘과 온 유대와 사마리아와 땅끝까지 예수님을 증거하기 위해 방언을 표적으로 주신 것이다. 그래서 성령이 주신 방언은 사람이 사람에게 복음을 전하는 사람의 말이다. 반면 바울에게 책망받았던 고린도교회의 방언은 사람에게 해야 할 방언을 하나님께 한다고 하였고 복음을 전해야 할 방언을 영으로 비밀을 말한다고 하였다.

그리고 방언옹호론자들은 방언이 어떤 때는 나의 영이 비밀을 말하는 것이라고 했다가 어떤 때는 성령이 말할 수 없는 탄식으로 성도의 입술을 통해 기도하는 것이라고 한다. 그런데 이제는 방언기도를 하면 하나님의 뜻을 자동적으로 알게 된다는 말을 하고 있다. 하나님의 뜻은 하나님의 목적에 따라 인간에게 계시하시는 것이지 인간이 기도한다고 해서 알게 되는 것이 아니다. 만약 방언기도로 하나님의 뜻을 자동적으로 알게 된다면 하나님은 성도의 방언기도에 하나님의 뜻을 진술하는 처지로 전락하게 된다. 그리고 방언기도가 정말 하나님의 뜻을 자동적으로 알게 되는 수단이라면 방언기도는 신의 뜻을 알아내는 대표적인 점치는 수단이 될 것이며 방언기도를 통해 하나님의 뜻을 알게 되는 목사들은 세상에서 가장 신령한 예언가 혹은 점쟁이가 될 것이다.

하나님의 뜻은 늘 감추어져 있다. 그리고 하나님의 목적에 따라 구원사의 경륜을 펼치실 때 계시하시는 것이지 인간의 기도와 노력으로 알 수 있는 것이 아니다.

방언을 몇 년, 몇십 년을 기도해도 무엇을 기도하는지 모르면서 하나님의 뜻은 자동적으로 안다고 하는 것은 부끄러움이 무엇인지조차 모르는 것이다. 그런데도 이런 사람들의 말이 먹히고 있는 것이 기독교의 실상이다.

방언기도를 하여 하나님의 뜻을 자동적으로 알려고 하지 말고 자신이 무슨 기도를 하고 있는지부터 깊이 생각해 봐야 할 것이다.

Q   방언은 성령세례와 성령 충만의 표징인가?

A   방언옹호론자들은 사도행전 1장 5절 "요한은 물로 세례를 베풀었으나 너희는 몇 날이 못 되어 성령으로 세례를 받으리라 하셨느니라"와 사도행전 2장 4절 "저희가 다 성령의 충만함을 받고 성령이 말하게 하심을 따라 다른 방언으로 말하기를 시작하니라"라는 말씀을 근거로 내세우며 방언을 받는 것이 성령세례를 받는 것이며 성령 충만의 표징이라고 주장한다. 이러한 주장은 근거가 하나도 없는 무익한 소리이다. 사도행전 1장 5절과 2장 4절에 성령이 임하여 성령의 충만함을 받고 성령의 말하게 하심에 따라 제자들이 했던 방언은 15개국 디아스포라 유대인들의 각 나라 말이었다. 즉, 사람의 말이었고 사람의 언어였지 오늘날 기독교인들이 하는 누구도 알아듣지 못하는 영의 방언이 아니었다.

기독교인들이 하는 영의 방언은 고린도교회의 성도들이 했던 방언이다. 바울은 고린도교회 성도들이 했던 방언에 대해 단 한 번도 성령이 주신 방언이나 은사로 인정한 적이 없었다. 오히려 고린도전서 14장에서는 예언과 비교하여 방언의 무익함을 지적하며 교회에서 해서는 안 될 것으로 비판하였다.

방언이란 고대로부터 현대에 이르기까지 열광주의적 신비주의를 추구하는 모든 종교의 광신자와 광신자집단에서 신과 접신하였을 때 나타났고 고린도교회의 성도들에게도 나타났으며, 계속해서 기독교 종말론자와 이단, 사이비 집단 그리고 광신적 열광주의 집단에서 나타났고, 오늘날에는 한국 기독교 정통 교단까지 세력을 확장하였다. 그러나 방언이 아무리 정통 기독교의 옷을 입고 있어도 성령이 주신 은사가 아니며 성령세례의 증거도, 성령 충만의 표징도 아니다. 성령세례와 성령의 은사로서 방언은 사람에게 말을 하여 복음을 전하는 언어방언이지 오늘날 기독교인들이 하는 영의 방언이 아니다. 방언은 방언을 사모하는 기독교신자에게 영이 들어가거나 잠복한 영이 깨어나 말을 하는 것이고 이는 항상 접신을 전제로 한다. 따라서 기독교인들의 방언은 성령세례와 성령 충만의 증거가 아니라 악령에게 접신되어 악령이 성도 안에서 말을 하는 악령세례를 받은 것이며, 악령 충만의 표징일 뿐이다.

Q   방언은 이 세상 언어가 아니라 우주 너머의 언어인가?

A   이 세상에 살면서 어떤 소리를 들으면 그것을 알아듣던, 못 알아듣던 모두 이 세상의 소리이다. 이 세상에서 들리는 소리가 이 세상의 소리이지 우주의 저편의 소리가 될 수 없는 것이다. 그러나 방언옹호론자들은 방언이 이 세상의 언어가 아니라고 한다. 그들은 방언은 우주 저편의 언어라고 한다. 그러나 방언옹호론자들이 말하는 방언은 일단 언어가 아니다. 언어란 인간 상호간에 소통이 되는 사람의 말이어야 한다. 그런데 오늘날의 영의 방언은 인간 상호간에 전혀 소통이 되지 않는 소리이며 심지어는 말하는 자가 자기가 하는 말도 알아듣지 못하는 소리일 뿐이다.

만약 방언이 우주 너머의 언어라고 한다면 그렇게 주장하는 자가 우주 언어를 들어 본 적이 있어야 한다. 우주는 광활하여 측량할 수 없는 곳이다. 도대체 우주 어디에서 그 괴상한 소리가 들려온다는 것인지 알 수 없다. 방언의 괴상한 소리는 목사들과 성도의 입에서 들려올 뿐이다. 인간은 대기권 밖을 벗어나면 살지 못한다. 그런데 방언옹호론자들은 언제 대기권 밖을 벗어나 우주를 다녀와서 우주 언어를 습득했는지 궁금한 일이다. 이방종교에서는 우주 언어란 말을 쓰지 않고 우주의 거대한 소리를 "옴"이라 하며 신인합일을 위해 접신할 때 옴이라는 만트라를 사용하며 영들을 불러들이거나 영력을 고양시킨다. 이들은 영적 분석과 관조하는 지식이라도 있지만 한국 기독교 방언옹호론자들은 마치 술 취한 자들이 아무 소리나 지껄이듯이 방언에 관한 것이라면 막무가내로 헛된 교리를 창조하고 있는 실정이다.

방언은 이 세상의 언어가 아닌 것은 틀림없다. 왜냐하면 사람의 말이 아니기 때문이다. 방언은 이 세상 사람의 말이 아니라 이 세상에 존재하는 악령들의 말이다. 그리고 방언은 우주 너머의 언어가 아니라 신접한 사람들의 입에서 들려오는 소리이다. 특히 기독교 목사들과 성도들에게서는 날마다 들을 수 있는 소리이다. 기독교신자들이 악령의 말인 방언을 대언하면서 그것을 성령이 주신 방언 혹은 우주 너머의 언어, 하늘 언어라고 생각하며 열심히 기도할 때 방언 귀신이 얼마나 기뻐하겠는가!

하나님도, 천사도, 마귀도, 귀신도 자신을 계시할 때 사람의 말로 계시한다. 어떤 영적 존재도 방언을 하며 인간에게 자신을 계시한 적이 없다. 그런데 기독교 목사와 신자들만이 영의 괴이한 말을 하면서 그것을 기도라고 말하고 성령의 은사, 하늘언어, 우주언어, 천상의 언어라고 한다. 방언을 하는 기독교신자들의 태도도 방언 못지않게 기이한 일이다.

불교를 믿는 보살이 방언을 하였다. 보살은 자신이 하는 방언을 우주의 언어라고 하였다. 무속인이 방언을 하였다. 무속인은 방언을 천상의 언어, 우주의 언어, 천존의 언어라고 하였다. 방언옹호

목사들이 방언을 하였다. 방언옹호 목사들은 방언을 하늘의 언어, 우주의 언어라고 하였다. 종교가 다른 세 존재가 방언에 대해 하는 말이 똑같다. 모두 방언의 영적 실체가 무엇인지 모르고 방언의 영에게 사로잡힌 결과이다.

Q   방언은 성도들이 함께 기도할 때 임했는가?

A   기독교신자들은 오순절에 성령이 임하셨고 표적으로 방언이 나타난 것이 예루살렘에 모였던 120명의 제자들이 열심히 기도할 때 일어난 표적이라고 생각한다. 그러므로 오늘날 기독교신자들도 방언을 열심히 사모하고 함께 모여 기도하면 성령으로부터 방언을 받을 수 있다고 생각한다.

그러나 최초의 방언이 나타난 오순절에 예루살렘에 있던 제자들은 성령이 오시기를 기도한 것이 아니었고 방언 받기를 사모한 것도 아니었다. 성경에는 그들이 오순절에 이르러 한곳에 모여 있었다고 하였다. 사도행전 2장 1절 "오순절날이 이미 이르매 그들이 다 같이 한곳에 모였더니"에서 보듯이 제자들은 예루살렘을 떠나지 말고 성령을 기다리라는 예수님의 약속을 믿고 예루살렘에 거하였고 오순절에 그들은 다 같이 한곳에 모여 있었다. 그들이 다 같이 한곳에 모여 있을 때 예수님이 약속하신 성령이 임하셨다. 오순절에 성령이 임하신 것은 제자들이 기도하고 성령이 오시기를 간구하여 임하신 것이 아니라 전적으로 하나님의 섭리와 예수님의 약속 그리고 성령의 주권으로 인해 임하신 것이다. 오순절에 나타난 방언 역시 제자들이 기도하여서 성령이 주신 것이 아니라 성령이 복음을 전하기 위해 첫 사역으로 방언을 표적으로 주신 것이다. 모든 것이 예수님의 약속을 전제로 하였고 하나님의 섭리와 성령의 주권이 선행되었던 것이고 그것은 약속대로 성취되었다. 그러

방언은 성령의 은사가 아니다

나 오늘날 기독교 신자들은 예수님의 약속도 없고 성령의 주권적 섭리와 역사도 없는데도 그저 방언을 달라고 혼자 또는 합심하여 기도를 한다. 그리고 그러한 영적 행위를 통해 방언을 받는 경우도 상당히 많다. 그러나 이렇게 받은 방언은 오순절 성령방언인 언어 방언(사람의 말)이 아니라 고린도교회식의 영의 방언(영의 말)이다. 기독교신자들이 받은 방언은 기독교신자들이 방언을 사모하면서 방언의 영을 불렀기 때문에 기독교신자들에게 영들이 초혼되어 신자의 몸 안에 들어가거나 몸 안에 잠복된 영들이 깨어나 말을 하는 영적 현상일 뿐이다.

오순절에 성령이 임하시고 방언을 주신 것은 제자들이 합심하여 기도했기 때문에 주신 것이 아니라 사도행전 1장 8절 "오직 성령이 너희에게 임하시면 너희가 권능을 받고 예루살렘과 온 유대와 사마리아와 땅끝까지 이르러 내 증인이 되리라 하시니라"는 예수님의 약속을 이루시기 위해 성령이 주권적으로 행하신 일이다. 오늘날 기독교인들은 방언을 받기 위해 합심해서 기도하고 방언을 받기도 한다. 그런데 복음을 전하는 성령방언이 아니라 너도 모르고, 나도 모르는 영의 방언을 받는다. 성령이 주신 방언을 받은 것이 아니라 정체불명의 영이 준 방언을 받은 것이다.

Q   방언은 성령의 임재로 나타난 현상인가? 악령과 접신되어 나타난 것인가?

A   한국 기독교 목사님들과 성도들은 방언을 성령의 은사로 알고 있다. 방언은 성령이 주신 은사이므로 감사하는 마음으로 더 열심히 하려고 애쓰며 기도를 실천하는 사람들이 많다.

그러나 바울이 고린도전서 12장에 성령의 은사로 언급했던 방언은 오늘날 기독교신자들이 하는 방언이 아니라 사람의 말인 언어방언이었다. 성령이 행하신 특별한 표적인 방언을 받아 복음을 전하는 것이다. 성령이 주신 온전한 방언은 사도행전 2장, 10장, 19장에 기록되어 있고 고린도전서 12장에서는 성령의 은사로 말하고 있다.

따라서 바울이 성령의 은사로 말한 방언은 사람의 말인 언어방언이지 기독교인이 하는 영의 방언이 아니다.

기독교인이 하는 방언은 성경적 방언 혹은 성령이 주신 방언에 부합하는 것은 하나도 없으며 오히려 이방종교 사제들이 신과 접신했을 때 했던 방언과 같은 것으로 성도의 몸에서 접신된 영이 하는 영의 말일 뿐이다. 따라서 기독교인들의 방언은 성령의 임재로 나타난 방언이 아니라 귀신에 접신되어 하는 말인 것이다. 기독

방언은 성령의 은사가 아니다

교신자들은 교회에서 이방종교의 사제와 신도들이 신접할 때 했던 이상한 영의 말과 유사한 방언으로 하나님께 기도하고 있는 것이다. 기독교 신자가 귀신의 말을 대언하며 하나님께 기도를 하고 있는 일이 벌어지고 있는 것이다.

Q   "너는 방언전도사가 되어라"라는 하나님의 음성의 정체?

A   방언옹호론자들은 방언기도를 열심히 하다 보면 하나님의 음성을 듣는 경우가 있다고 한다. 그리고 자신들은 하나님이 주신 음성대로 순종하였더니 하나님이 큰 축복을 주셨다고 하는 것을 볼 수 있다. A 목사님은 방언기도의 중요성과 유익에 감격하며 날마다 방언의 유익을 전하는데 하루는 하나님께서 A 목사님에게 "너는 방언을 홍보하는 전도자가 되어라"는 음성이 들려왔다고 한다.

이들이 들었다는 음성이 과연 이들의 기대처럼 하나님의 음성일까?

한국말로 기도하거나 방언으로 기도하거나 하나님은 인간이 기도할 때 자주 하나님의 음성을 말씀하지 않는다. 하나님은 하나님의 목적과 경륜에 따라 인간에게 주권적으로 계시하시고 인도하시지 인간이 기도한다고 해서 인간에게 음성이나 감동을 발하며 말씀하지 않으신다. 방언옹호론자들이 들은 하나님의 음성의 대부분은 자신의 내면의 소리이거나 아니면 자신들로 하여금 방언을 하게 한 영이 주는 음성일 수 있다. 나아가 방언기도를 통해 초혼하여 불러들인 영이나 몸 안에서 활동하게 된 영들이 펼치는 거대한 미혹이 성공할 수 있도록 방언의 영이 음성이나 감동을 줄 수 있

방언은 성령의 은사가 아니다

다. 그러면 기도자는 대부분 그 음성이나 감동을 하나님의 음성이나 감동으로 알게 된다. 그러나 이것의 영적 실상은 방언의 영에 사로잡힌 방언옹호론자들에게 방언의 영이 그들을 계속 사용하기 위해 마치 하나님의 음성이나 감동인양 속이는 행위이다. 그리고 들려온 음성에 순종했을 때 그 음성대로 일이 잘 해결되는 것은 하나님의 음성이나 감동에 순종한 결과가 아니라 방언의 영이 원하는 것을 순종했기 때문에 얻어진 결과일 뿐이다.

영적 존재는 자신을 계시한다. 영적 존재가 계시하는 내용을 잘 들어보면 그것이 하나님으로 포장되어 있어도 실상은 계시의 내용이 곧 그 영적 존재의 실체라는 것을 알 수 있다. 즉, 영적으로 기독교인에게 들려주고 보여 준 존재가 하나님이 아니라 바로 들려주고 보여 준 그 영적 존재의 행위였다는 것이다. 그러나 기독교신자들은 자신이 기도나 영적 행위를 할 때 무언가가 들려오고 보게 되면 모두 하나님이라고 믿는 것이 문제다.

예전에 일부 기도원이나 일부 교회에서 성도에게 헌금을 강요한 적이 있다. 그러나 과거처럼 헌금을 강요하면 큰 문제가 야기된다. 그래서 오늘날은 재정강의 혹은 성경적 재정관이라며 교묘하게 성도에게 헌금 이야기를 하면서 재정 강사 혹은 재정강의 목사의 부를 늘리는 경우를 볼 수 있다. 이들은 하나님께 항상 돈에 대해 계시와 음성을 받는다. 이들에게 들려지는 대표적인 하나님의 음성은 "네가 가진 돈을 누구 누구에게 주어라"이다. 이들은 어려운 가운데 돈이 생기면 하나님이 꼭 누구누구를 주라고 해서 거절하다가 어쩔 수 없이 순종했더니 나중에 삼십 배, 육십 배, 백 배로 축복해 주셨다고 하며 성도들도 하나님께 물질을 심으면 하나님께서 돌려주시니 반드시 심으라고 강조한다. 교회에서 재정과 돈에 대해 말하는 사람들은 성경을 그럴듯하게 포장하지만 허구한 날 돈이야기만 한다. 이들의 행태를 영적으로 요약하면 교회 안에 역사하는 돈 귀신 세력들의 발현이라고 볼 수 있다. 날마다 재정과 물질 이야기를 하는 이들의 말속에 돈 귀신이 자기 정체를 드러내는 것이며, 이들에게 허구한 날 돈 이야기를 한 존재는 하나님이 아니라 재정강사 안에 있는 돈 귀신의 음성이다. 그런데 A 목사님은 하나님이 자신에게 너는 방언의 전도사가 되어야 한다고 명령하셨다고 한다. 이것은 A 목사님이 이 음성을 하나님의 음성으로 착각한 것이지 실상은 A 목사를 사로잡고 있는 방언귀신이 방언귀신의 목적을 위해 A 목사로 하여금 방언의 전도사가 되라고 속이는 속임수일 뿐이다. 영적 존재의 이러한 미혹은 재정강사란 사람도, 그리고 방언의 유익을 말하는 방언옹호 목사들도 전혀 모른다. 그들은 자신에게 들려온 온갖 귀신의 소리를 그저 하나님의 음성으로 듣는 것이다. 방언을 옹호하는 목사에게는 방언에 대한 음성만 들려온다. 헌금 타령을 하는 강사나 목사들에게는 매일 돈에 대한 음성만 들려온다. 늘 들려오는 그 소리가 바로 그 영적 존재의 목소리인 것이다. 따라서 매일 돈 이야기하는 재정강사들이 들은 헌금에 대한 감동과 음성은 하나님이 주신 것이 아니라 그들 안에 역사하는 돈 귀신이 준 음성과 감동이고 방언을 옹호하는 목사들에게 들려온 방언에 대한 감동과 음성은 그 목사 안에 있는 방언귀신이 준 음성과 감동일 뿐이다.

하나님은 하나님의 필요에 의해 말씀하신다. 방언옹호 목사가 방언으로 기도하고 묻는다고 해서 답하지 않으시며 재정강사들이 하나님께 물을 때마다 대답하지 않으신다. 하나님의 교회에서 날마다 돈타령하는 게 정상인가! 하나님의 교회에서 매일 방언 타령 하는 게 정상인가! 이들에게 말한 영적 존재는 방언옹호 목사들에게는 방언의 귀신이 말한 것이고 재정강사에게는 돈 귀신이 말한 것이다. 성도들은 이러한 영적 이치를 바로 알아야 돈 귀신과 방언귀신의 앞잡이가 된 목사나 사역자들에게 속지 않는다. 하나님이 방언을 옹호하는 A 목사에게 "너는 온 힘을 다하여 방언을 세상에 전파하라"라고 말씀하셨다고 한다. 그러자 A 목사는 "하나님! 죽도록 충성하겠다"고 대답하였다고 한다. 정말 하나님이시라면 A 목사에게 온 힘을 다해 복음을 전하라고 하시지 온 힘을 다해 방언을 세상에 전파하라고 하지 않을 것이다. A 목사는 방언귀신의 속임수에 완전히 속은 것이다. 세계 종교집단 가운데 성전에서 날마다 돈 이야기만 하는 종교집단은 기독교 재정강사와 목사들밖에 없다. 세계 종교집단 가운데 성전에서 방언, 기름부음, 돌파, 기적, 형통, 물질, 축복, 응답, 문제 해결 등을 외치며 방언으로 기도하는 종교집단도 오직 기독교밖에 없다. 이들의 행태는 세계 종교 역사에도, 2000년 기독교 교회 역사에서도 없는 일이다.

기독교인의 방언은 성령이 말하게 하심에 따라 하게 된 방언인가?

A 방언옹호론자들은 자신들이 체험하거나 학습한 방언에 대해 온갖 유익을 만들어 성도들을 설득하고 가르치고 있다. 그들이 말하는 대부분의 방언의 유익은 아무 근거도, 논리도 없는 궤변이기 때문에 일일이 반박하는 것은 쉬운 일이 아니다. 왜냐하면 반박을 하려면 반박을 할 만한 논리적 근거와 정당성을 가진 원리들이 있을 때 가능한 것이기 때문이다.

이들은 자신들이 하고 있는 방언은 "성령이 말하게 하심에 따라 하는 방언"이라고 강변한다. 그러나 성경 어디에도 (영의) 방언이 성령이 말하게 하심에 따라 하는 방언이라고 언급된 곳이 없다. 성령이 말하게 하심에 따라 하게 된 방언은 오순절에 예수님의 약속대로 성령이 강림하셨을 때 성령이 주신 언어방언(사람의 말)이다. 오순절 절기는 15개국에서 온 디아스포라 유대인들에게 복음을 전할 수 있는 가장 좋은 때였다. 그러나 이들에게 복음을 전하는 데 최대의 난관은 언어의 장벽이었다. 이때 언어의 장벽을 순식간에 허물고 복음을 전할 수 있게 하신 성령의 역사가 바로 방언이었다. 이는 성령의 말하게 하심에 따라 제자들이 해 본 적이 없고, 배워 본 적이 없는 다른 나라의 말로 다른 나라 사람에게 복음을 전한 것이며 다른 나라 사람들은 자기의 난 곳 말로 복음을 듣게 된 것이다. 이때 성령이 말하게 하심에 따라 예수님을 따른 120문도가 했던 방언은 말로써 언어방언, 즉 사람의 말이었지 아무도 알아듣지 못하는 영의 방언이 아니었으며 방언기도는 더더욱 아니었다. 사도행전 2장 4-6절 "그들이 다 성령의 충만함을 받고 성령이 말하게 하심을 따라 다른 언어들로 말하기를 시작하니라 5그때에 경건한 유대인들이 천하 각국으로부터 와서 예루살렘에 머물러 있더니 6이 소리가 나매 큰 무리가 모여 각각 자기의 방언으로 제자들이 말하는 것을 듣고 소동하여"는 그때의 사건을 정확하게 말해주고 있다.

그런데 오늘날 방언옹호론자들은 누구도 알아듣지 못하는 영의 방언을 하면서 성령이 말하게 하심에 따라 방언을 하고 있다고 주장한다. 다시 강조하지만 성령이 말하게 하심에 따라 주신 것은 언어방언으로써 사람의 말이었지 정체불명의 영들이 하는 영의 기도가 아니었다. 영의 방언은 어떤 영적 존재가 그 방언을 주었는지도 모르며 하늘과 땅에 사는 모든 존재가 한결같이 못 알아듣는 이상한 소리일 뿐이다. 더욱이 복음은 한마디도 전하지 못하고 자기가 한 말도 못 알아듣는 기이한 소리일 뿐이다.

도대체 방언옹호론자들은 무슨 근거로 자신들이 하고 있는 영의 방언을 성령이 말하게 하심에 따라 하는 방언이라고 하는지 알 수 없는 노릇이다.

방언은 성령의 은사가 아니다

Q 방언기도를 많이 하면 영이 활성화된다고?

A 방언옹호론자들은 방언기도를 많이 하면 영이 활성화된다고 한다, 영이 활성화되어 예민해지고 확장되면 계시가 들어오고 하나님의 음성을 들을 수 있으며 심지어는 은사도 받을 수 있다고 한다. 또한 성령으로 말미암아 방언을 통해 성도의 속 사람이 능력으로 강건하게 된다고 한다. 이들의 말에는 여러 가지 속임수가 섞여 있어서 직관 있는 영 분별을 하지 못한다면 그대로 속을 수밖에 없을 것이다. 그들은 방언을 하면 성령으로 말미암아 속사람이 능력으로 강건하게 된다고 하는데 이는 에베소서 3장 14-19절 "이러므로 내가 하늘과 땅에 있는 각 족속에게 15이름을 주신 아버지 앞에 무릎을 꿇고 비노니 16그의 영광의 풍성함을 따라 그의 성령으로 말미암아 너희 속사람을 능력으로 강건하게 하시오며 17믿음으로 말미암아 그리스도께서 너희 마음에 계시게 하시옵고 너희가 사랑 가운데서 뿌리가 박히고 터가 굳어져서 18능히 모든 성도와 함께 지식에 넘치는 그리스도의 사랑을 알고 19그 너비와 길이와 높이와 깊이가 어떠함을 깨달아 하나님의 모든 충만하신 것으로 너희에게 충만하게 하시기를 구하노라"라는 말씀을 방언에 적용해 견강부회한 것이다.

에베소서 3장 16절에 "그의 영광의 풍성함을 따라 그의 성령으로 말미암아 너희 속사람을 능력으로 강건하게 하시오며" 여기서 속사람은 성령으로 거듭난 새로운 인격으로, 그리스도안에 사는 사람을 말한다. 그리고 성령으로 변화된 속사람이 겉 사람을 새롭게 할 수 있는 것이다. 사도바울은 우리의 속사람을 능력으로 강건하게 하는 존재는 성령으로 말미암아 된 것이며 성령이 그를 주장하고 변화시킬 때 하나님에 의해서 의로움과 거룩함을 입는 새로운 존재로 변화된다는 것을 말하고 있는 것이지 방언기도를 통해 속사람이 강건해진다는 말이 아니다. 자신이 하는 기도내용도 모르면서 어떻게 속사람이 강건해진다고 하는지 이해할 수 없는 주장이다.

또한 그들은 방언기도를 하면 영이 활성화되고 예민해지며 영이 확장되어 계시도 받고 음성도 듣고 은사도 받을 수 있다고 한다. 방언은 기도이다. 기도란 인간이 신에게 하는 신앙 행위이다. 그런데 신에게 하였던 기도가 왜 나의 영을 활성화시키고 예민하게 하고 계시를 받게 하고 하나님의 음성을 듣게 하고 은사도 받게 할 수 있는 것인가!

하나님께 기도를 하면 기도를 한 것이지 하나님께 드린 기도가 나의 영을 활성화시키고 예민하게 할 수 없으며 영을 확장시켜서 계시도 받고 음성도 듣고 예언도 하고 은사도 열 수 없는 것이다. 그러나 만약 방언으로 기도하였는데 영이 활성화되는 것 같고 예민해지고 확장되고 그를 통해 계시도 받고 음성도 듣고 예언도 하고 은사를 받는 듯한 현상이 나타난다면 그것은 역설적으로 방언기도가 성령이 주신 방언이 아니라는 것이 된다. 성령이 주신 방언은 복음을 전하는 사람의 말이기 때문이다.

방언은 성령의 은사가 아니다

그러나 가끔 방언기도를 할 때 위와 같은 현상이 나타나는 이유는 무엇일까? 방언기도는 신자의 몸 안에서 영들이 하는 기도이므로 비슷한 영들을 불러들이고 또 몸 안에 숨어 있는 다른 영들을 깨우므로 신자는 영의 방언을 하면서부터 많은 영들이 거하는 만신전이 된다. 그러므로 방언기도를 많이 할수록 기독교신자의 몸과 마음은 그때부터 영적으로 매우 예민해진다. 그러한 상태를 성도들은 영이 활성화된 것처럼 느끼게 되는 것이다. 그리고 신자의 몸에서 역사하는 많은 영들의 활동으로 인해 영적 현상이 일어나므로 어떤 때는 신적 존재의 음성을 듣기도 하고 계시 같은 것을 받기도 하고 예언을 하기도 하고 은사를 받는 것 같이 느끼게 된다. 그러면 기독교신자는 자신이 들은 음성과 계시, 예언과 은사를 모두 성령이 주신 것으로 알게 된다. 그러나 실상은 신자의 몸에서 방언 기도를 하였던 정체불명의 영이 불러들이고 깨운 영들의 활동과 작용으로 인해 그 영들이 기독교신자를 미혹하기 위해 들려준 음성이고 계시이며 예언이고 은사인 것이다.

이러한 깊은 영적 이면을 알지 못하는 방언옹호론자들은 성경을 왜곡하면서까지 방언을 하면 영이 활성화되고 예민해지고 강건해져서 하나님의 계시도 듣고, 음성도 듣고, 예언도 받아 전하고, 은사도 열린다고 성도들을 가르치고 있는 것이다.

이는 방언의 영이 일으키는 영적 현상에 완전히 속은 것이다. 그러므로 방언을 옹호하는 목사들은 한결같이 방언의 영에 속하는 것이고 그들에게 배운 성도는 말할 것도 없으며, 이들을 반박하는 뜻있는 목사님이나 신학교 교수님들도 영적인 것을 알지 못하여 이들을 영적으로 반박하지 못한 것이다. 방언을 하면 영이 활성된 것처럼 느끼는 것은 방언기도가 영들의 활동을 활발케 하는 주술적 수단이기 때문에 일어난 현상일 뿐이다. 이러한 분별을 통해서도 방언이 성령의 은사가 아니라는 확신을 갖게 된다.

Q 대물방언, 대인방언, 대신방언? 신접할 때 내는 영의 방언?

A 방언옹호론자들은 성경에는 대물방언과 대신방언 그리고 대인방언 등 세 가지 종류의 방언이 있다고 한다. 방언옹호론자들이 말하는 대물방언은 민수기 22장 28절 "여호와께서 나귀 입을 여시니 발람에게 이르되 내가 당신에게 무엇을 하였기에 나를 이같이 세 번을 때리느냐"를 근거로 한다. 민수기 22장에는 모압왕 발락의 뇌물을 받고 이스라엘을 저주하려고 한 발람을 하나님이 나귀를 통해 책망한 사건이 나온다. 나귀가 사람의 말로 발람을 책망한 매우 특이한 사건이다. 방언옹호론자들은 나귀가 발람에게 했던 말을 대물방언이라고 한다. 여기서 중요한 것은 나귀가 사람의 말을 했더라도 이것은 하나님에 의해 일어난 사건이며 나귀가 했던 방언조차 사람의 말이었지 알아듣지 못하는 영의 방언이 아니었고 기도는 더더욱 아니었다. 방언옹호론자들은 민수기 22장 28절의 나귀가 발람을 사람의 말로 책망한 사건을 대물방언으로 묘사하며 영의 방언을 옹호하는 데 인용하고 있다.

또한 방언옹호론자들은 방언에는 대인방언이 있다고 한다. 이는 오순절에 임하신 성령이 120명의 제자들에게 주신 방언으로 다른 나라 사람에게 그들의 나라말로 복음을 전하는 언어방언으로 사람과 사람 간에 의사소통이 되는 방언이라고 한다. 그들은 성령이 주신 방언이 사람의 말인 대인방언이라는 것을 알면서도 자신들이 하고 있는 영의 방언에 대해서는 전혀 반성해 보려 하지 않는다.

오히려 성령의 언어방언과 자신들의 영의 방언을 교묘히 혼합하여 자신들이 하고 있는 영의 방언의 정당성을 담보하려고만 한다.

방언옹호론자들은 대신방언이 있다고 한다. 그들은 고린도전서 14장 2절 "방언을 말하는 자는 사람에게 하지 아니하고 하나님께 하나니 이는 알아듣는 자가 없고 영으로 비밀을 말함이라"를 근거로 하여 자신들이 하고 있는 영의 방언이 바로 대신방언이라고 주장한다. 그러나 고린도전서 14장 2절은 당시 고린도 교회의 성도 가운데 영의 방언을 하던 자들의 주장을 사도바울이 인용한 것이다. 성령이 주시는 참된 방언은 사람에게 말을 하여 복음을 전하는 것인데 복음은 전하지 않고 하나님께 영으로 비밀을 말한다는 당시 고린도교회 성도들의 주장을 바울이 인용하여 고린도교회 방언을 완곡하게 비판한 말씀인 것이다. 방언옹호론자들이 대신방언이라고 주장하는 영의 방언은 고대와 현대의 이방종교에서 신과 접신하였을 때 하는 영의 소리와 비슷한 것이며 고린도교회의 방언과 유사하며 기독교 교회사에 이단과 사이비, 종말론과 신비주의집단에서 나타났던 기이한 방언이며 타종교인들에게서도 나타나는 방언이다. 나귀의 대물방언도 하나님이 나귀를 통해 사람의 말로 책망하신 것이다. 또한 대인방언도 성령이 말하게 하심에 따라 120명 제자들이 다른 나라 사람의 말로 복음을 전한 것이다. 그러나 방언옹호자들이 말하는 대신방언이란 인간이 신에게 알 수 없는 영의 말로 영의 비밀을 말한다는 것이다. 대물방언도 대인

방언도 모두 하나님에 의해 사람의 말로 하나님의 뜻을 전하는 것인데. 대신방언만은 인간이 자신도 알아듣지 못하는 말로 하나님께 기도를 하고 있다는 것이다. 뭔가 정상적 범주에서 벗어난 것이다. 방언옹호자들이 말하는 대신방언의 정체는 인간이 영과 접신되었을 때 접신된 영이 하는 소리일 뿐이다. 그러므로 모든 이방종교에서도 대신방언이 나타나는 것이다. 방언옹호자들이 말하는 대신방언은 성령이 은사로 주신 방언이 아니라 성도에게 접신된 영이 하는 말일 뿐이다.

Q 방언통역의 은사를 받지 말고 방언통변의 은사를 받으라고?

A A 목사는 방언 통역을 하지 말고 방언을 통변하라고 한다. 그러면서 그는 하나님은 누구든지 은사를 주시므로 방언 받기를 사모하되 사모하는 마음이 극에 달할 정도로 사모해야 한다고 강변한다. 그러면 하나님이 사모하는 중심을 보시고 방언의 은사를 주신다는 것이다. 그리고 방언을 받은 후에는 방언을 통변해야 한다고 하면서 방언 통역이란 없으며 방언은 통변하는 것이며 성경에도 방언 통변의 은사가 나와 있다고 가르치고 있다. 방언 통변의 은사가 성경 어디에 나와 있는지 말해 주었으면 좋겠다.

그리고 A 목사는 누군가를 위해 방언으로 중보기도를 하면 상대방의 고통과 문제, 환경이 알아지는 것을 방언 통변의 은사라고 한다. 그러니까 방언기도를 하고 방언을 통해 상대방의 상태가 깨달아지고 느껴지는 느낌을 방언 통변이라고 하는 것이다. A 목사는 방언기도를 많이 하다 보면 영이 열리게 되고 영적 감각이 깨어나 영의 문이 열리면서 그 열린 공간을 통해 은사가 주어지게 되고 그렇게 반복해서 방언기도를 하다 보면 기도의 분량이 채워졌을 때 방언 통변의 은사가 임해서 상대방의 환경과 문제를 알게 되어 도와줄 수 있다는 것이다. 그리고 방언 통변을 통해 상대방의 문제와 고통을 함께 공유하고 기도할 때 상대방이 마음의 문을 열고 하나님을 사모하는 마음을 갖게 되고 생각과 마음이 달라지게

방언은 성령의 은사가 아니다

된다는 것이다. 그러면서 방언통변의 은사를 사모하면 하나님이 반드시 주시니 방언통변의 은사 받기를 사모하라고 가르치고 있다. 정말 현란한 논리의 전개이다.

일단 A 목사는 통역과 통변의 국어사전적 의미를 모르고 있다. 국어사전에 정의된 통역은 "말이 통하지 아니하는 사람 사이에서 뜻이 통하도록 말을 옮겨 줌"이라고 되어 있다. 통변에 대해서도 "말이 통하지 아니하는 사람 사이에서 뜻이 통하도록 말을 옮겨 줌"이라고 되어 있다. 즉 통역과 통변은 같은 말이다. 그런데 A 목사는 통역과 통변을 전혀 다른 것으로 해석하여 통역하기를 사모하지 말고 통변을 받으라고 한 것이다.

고린도전서 12장 10절 "어떤 사람에게는 능력 행함을, 어떤 사람에게는 예언함을, 어떤 사람에게는 영들 분별함을, 다른 사람에게는 각종 방언 말함을, 어떤 사람에게는 방언들 통역함을 주시나니"와 30절 "다 병 고치는 은사를 가진 자이겠느냐 다 방언을 말하는 자이겠느냐 다 통역하는 자이겠느냐"에 방언 말함과 방언 통역에 대해 나와 있다. 고린도전서 12장에 성령의 은사로서 방언과 방언 통역이 언급되었기 때문에 방언옹호론자들과 기독교신자들은 자신들이 하고 있는 방언이 성령의 은사이며 방언을 통역하는 것도 성령으로부터 은사를 받는 것이라고 생각한다. 그러나 고린도전서 12장에 나오는 은사로서 방언과 방언 통역은 본문 말씀에서 보듯 "각종 방언들 말함"과 "방언들 통역함"으로 이는 사람의 언어를 말하는 것과 통역하는 것을 뜻한다. 즉, 각종 방언들 말함은 다양한 사람의 언어를 말하는 것이며 방언들 통역함은 의사소통이 되지 않는 사람의 언어를 의사소통이 되도록 하는 은사를 말하는 것이지 기독교인들이 하고 있는 영의 방언과 영의 방언 통역을 말하는 것이 아니다. 영의 방언은 언어가 아니다. 영의 방언은 언어가 아니기 때문에 통역이 될 수 없다. 그러므로 둘 다 성령의 은사가 아니다.

A 목사는 고린도전서 12장에 언급된 방언의 은사와 방언통역의 은사에 대한 성경적 이해도 부족하였고 국어 사전적으로도 같은 의미인 통역과 통변을 다른 것처럼 해석하는 우를 범하고 있는 것이다. 더욱이 A 목사는 자신이 주장하는 방언 통변이란 방언 기도를 많이 하면 영이 열려서 중보 대상자의 환경과 문제 그리고 고통의 문제를 하나님이 알게 해 주시는 것이라고 정의하였다. 통변이란 언어가 소통되도록 하는 것인데 A 목사는 방언 통변을 중보대상자의 고통과 문제, 환경이 영적으로 알아지는 것이라고 정의하였다. 중보대상자의 고통과 문제, 환경이 영적으로 알아지는 것은 영적 전이 현상의 하나이거나 아니면 중보대상자의 문제를 점치는 것과 같은 것이지 방언이 통변되는 것이 아니다.

영의 방언이란 영이 인간에게 들어오거나 잠복된 영이 깨어나

방언은 성령의 은사가 아니다

말을 하는 것이다. 영의 방언을 통해 많은 영들이 들어오고 깨어나는 영적 활동이 활발하게 일어나게 되면 많은 영적 현상도 동반되어 나타나게 된다. 그러므로 방언기도를 하다 보면 기계적으로 영적 전이 현상이 일어나서 상대방의 상태를 알게 되거나 점치는 영들도 활동을 하게 되어 중보상대방의 문제들을 알게 되는 경우가 있다. 이는 하나님이 방언을 통해 상대방의 문제나 고통을 알게 해 주시는 것이 아니라 방언을 하는 자에게 역사하는 영들 가운데 점치는 영이 가르쳐 주거나 영적 에너지 충돌로 인해 기계적인 영적 전이로 알게 되는 것이다.

또한 A 목사는 성령이 은사를 주시는 목적에 대해서도 제대로 알지 못하였다. 은사는 성령의 뜻대로 각 사람에게 교회공동체의 유익을 위해 나누어 주신다고 하였는데 A 목사는 방언을 사모하고 방언 통변을 사모하면 하나님이 누구나 주신다고 하고 있다. 은사는 성령의 뜻대로 성령이 주시는 것이라는 성경 말씀도 오해한 것이다.

A 목사는 통역과 통변의 국어 사전적 정의도 몰랐고 고린도전서 12장의 은사로서 방언과 방언 통역에 대해서도 아는 게 없었으며 성령이 은사를 주시는 목적에 대해서도 알지 못했고 영이 열려서 상대방의 문제를 알게 되는 것은 영적 전이 현상 또는 점치는 영으로 인해 알게 된 것을 방언 통변이라고 하므로 방언에 대해 현

란한 말 잔치를 하였지만 실상은 제대로 아는 게 하나도 없었다. 그러나 분별과 지식이 없으면 그대로 속아 넘어갈 수밖에 없는 것이 성도들이 처해 있는 현실이기도 하다.

방언은 성령의 은사가 아니다

귀신 들린 자를 기도할 때 갑자기 방언이 터져 나오는 이유?

A   B 목사님은 방언을 옹호하는 대표적 목사님 중 하나이다. B 목사님은 방언의 유익을 성도들에게 가르치고 방언을 실천하도록 이끌어 주는 분으로 어느 날 B 목사님이 담임하는 교회에 귀신 들린 성도가 방문하였다고 한다. 목사님은 악한 영에게 고통을 받고 있는 성도에 대해 이야기를 나눈 후 손을 잡고 기도를 해 주려고 하는데 손을 잡자마자 성도 안에 역사하는 악한 영의 에너지가 목사님의 손으로 흘러 들어오면서 목사님은 영적 공격을 받게 되었다고 한다. 그때 갑자기 방언이 터져 나오면서 악령의 공격이 멈추게 되었다고 하며 방언의 유익이 이렇게 크니 반드시 방언을 받아야 하고 방언으로 기도해야 한다고 주장하였다.

B 목사님이 귀신 들린 성도에게 안수기도를 하였을 때 악한 영의 공격과 전이가 있었고 그때 방언이 터져 나온 이유는 무엇이며 악한 영의 공격과 전이를 막을 수 있었던 것이 방언기도의 능력 때문이었는지 아니면 다른 영적 이면이 있었는지 살펴보아야 한다.

영적 원리 중에 영 터치라는 것이 있다. 영터치란 인간의 영적 행위나 영적 활동을 통해 인간의 몸 안에 숨어 있던 영을 활동하게 만드는 것이 영 터치이다. 영 터치를 알게 되면 B 목사님이 귀신 들린 성도를 안수기도 시 그 성도 안에 있는 악령이 공격할 때 갑자기 방언이 터지고 악령의 공격이 멈추게 된 영적 이면을 알게 된다.

이해를 돕기 위해 다른 예를 들어본다. C가 있었다. C는 이미 방언을 받은 사람이었다. C는 방언을 받은 후 4개월이 지나 기도원에 가게 되었다. 그는 기도원에서 방언기도를 하지 않고 한국말로 기도하고 있었다. 그때 기도원 원장님이 C의 등에 안수기도를 하였는데 기도원 원장이 안수기도를 하자마자 한국말 기도를 하고 있던 C에게 갑자기 방언이 터져 나왔다. 한국말로 기도하고 있었는데 기도원 원장이 안수를 하자 갑자기 방언이 터져 나오는 현상을 체험한 C는 자기에게 일어난 일을 이해할 수 없었고, 다만 기도원 원장님이 몹시 신령한 분이라는 생각을 하게 되었다.

그리고 다음 날 집회에서도 C는 한국말로 기도하고 있었는데 기도원 원장이 C의 등에 안수를 하자 또다시 방언이 터져 나왔다. 도대체 C는 한국말로 기도를 하고 있는데 기도원 원장이 안수를 하자마자 방언이 터져 나온 이유가 무엇일까! 이것의 영적 이치를 알게 되면 B 목사님이 귀신 들린 성도를 안수할 때 악한 영의 공격을 받고 방언이 터져 나온 것이 해석될 수 있다.

C는 이미 방언을 받은 사람이다. 그러나 C는 기도원에서는 방언으로 기도하지 않고 한국말로 기도하고 있었다. 그런데 기도원 원

방언은 성령의 은사가 아니다

장이 C의 등에 안수기도를 해 주자 갑자기 한국말 기도가 사라지고 방언이 터져 나왔다. 이 사건의 영적 이면은 다음과 같다. 방언이란 사람에게 영이 임하거나 사람 안에 잠복된 영이 숨어 있다가 어떤 영적 행위를 통해 깨어나 사람 안에서 말을 하는 것이라고 정의한 바 있다. C는 이미 방언을 받은 사람이다. 그 의미는 C에게는 이미 말을 하는 방언의 영이 있다는 것을 의미한다. 그런데 C가 기도원에서는 한국말로 기도를 하였다는 것은 방언의 영이 방언으로 기도하지 않고 있는 상태였음을 의미한다. 그런데 기도원 원장이 C의 등에 안수를 하자 C가 갑자기 방언이 터져 나온 것은 기도원 원장의 안수기도라는 영적 행위가 C 안에 숨어 있던 방언의 영을 터치하여 깨워서 방언을 하게 만든 것이다. 이는 전형적인 영터치 행위이다. 그러나 이러한 깊은 영적 이치를 알지 못하는 기독교신자들은 기도원 원장의 안수기도를 통해 성령의 은사가 전이되어 방언이 터진 것이라고 생각한다. 그러나 C는 이미 방언을 받은 사람이었다. 만약 방언을 전혀 하지 못하는 F라는 사람이 있었다고 가정해 보자. 만약 F가 기도원 원장에게 안수기도를 받았고 방언이 터진다면 대부분의 기독교신자들은 하나님이 기도원 원장님에게 능력을 주시어 방언을 전혀 하지 못했던 F가 방언이 터졌다고 생각할 것이다. 그러나 이러한 현상은 하나님이 기도원 원장님을 통해 F에게 방언의 은사를 주신 것이 아니라 기도원 원장이라는 영력이 강한 자의 안수를 통해 F안에 숨어 있던 영이 터치되어 방언이 터지는 것으로 나타난 것이다. 겉으로 볼 때 방언이 터진 것 같이 보이는 이 사건은 전형적인 영 터치 현상으로 일어난 일이다. 이는 오늘날 기독교신자들이 하는 방언이 성령이 주신 은사가 아니라는 결정적인 반증이 되는 것이며, 오히려 방언은 영이 성도에게 들어오거나 성도 안에 숨어 있는 영이 터치되어 깨어나 성도 안에서 말을 하는 것이라는 방언의 영적 정의가 옳다는 것이 입증이 된다.

위의 기도원에서 방언이 터진 사례를 이해하면 앞에서 언급한 B 목사님이 귀신 들린 성도에게 안수기도를 할 때 성도 안에 있던 악한 영이 목사님을 공격하였고 그때 목사님에게서 갑자기 방언이 터져 나오고 방언을 하자 악한 영의 공격이 멈추었다는 목사님의 간증을 영적으로 해석할 수 있다. B 목사님이 귀신 들린 성도에게 안수기도를 하였다는 것은 영적 접촉을 한 것이다. 그때 귀신 들린 성도 안에 역사하던 악한 영이 목사님을 공격하였다. 그러자 목사님에게 갑자기 방언이 터져 나왔다. 이것은 성령님이 목사님을 악령으로부터 보호하시고 방언기도에 능력을 주셔서 벌어진 일이 아니라 귀신 들린 자에게 역사한 악령이 목사님과 접촉되는 순간 목사님 안에 잠복되어 있던 방언의 영이 터치되어서 벌어진 일이다. 즉, 목사님이 귀신 들린 성도를 안수를 하자 안수를 통해 접촉된 성도의 악령이 목사님을 공격하였고 악령의 영적 에너지가 목사님 안에 있던 방언의 영을 터치하므로 갑자기 방언이 터져 나온 것이다. 이는 성령님이 목사님을 악령으로부터 보호하시기 위해

방언은 성령의 은사가 아니다

행하신 일이 아니라 전형적인 영 터치 현상으로 일어난 것이다. 방언의 영도 영적 존재이기 때문에 힘이 있고 영적 에너지가 있다. 목사님이 성도에게 안수할 때 악한 영이 목사님을 공격하자 목사님에게서 방언이 터져 나올 때 방언의 영의 에너지도 함께 분출되므로 성도의 악령과 방언의 영의 에너지가 영적 충돌을 하게 되어 악령의 공격을 막은 것이다. 그러나 위에 언급한 기도원 사례와 B 목사님의 사례를 접하는 기독교신자들은 영 터치 현상에 대해 전혀 모르기 때문에 그저 하나님이 방언의 은사를 주시고 방언기도에 능력을 주셔서 성도와 목사님을 보호하였다고 생각할 뿐이다. 그러나 두 사례 모두 안수라는 영적 접촉을 통해 상대방 안에 숨어 있던 방언의 영을 터치하여 숨어 있던 방언의 영이 말하게 한 것이고 방언기도를 하는 방언의 영의 영적 에너지가 악령의 에너지와 대결하여 귀신 들린 성도에게 역사하는 악령의 힘을 눌렀기 때문에 일어난 현상이다.

위의 두 사례를 보더라도 방언은 성령의 은사가 아니라 영이 인간에게 들어오거나 인간 안에 숨어 있던 영이 어떤 이유로 깨어나 말을 하는 것이며 영이 말을 하는 것은 곧 에너지를 가진 영의 힘이 발산되어 수많은 영적 현상과 조작을 해낼 수 있다는 것을 반증한다.

B 목사님은 자신의 체험을 근거로 방언기도는 성령이 주신 은사

이며 능력이라고 방언의 유익을 간증하였다. 그러나 B 목사님의 간증은 역설적으로 방언기도가 성령의 은사가 아니라 방언의 영이 하는 기도임을 증명해 주었다. 이러한 깊은 영적 이면을 밝힐 수 있는 곳은 유일하게 이 책뿐이다. 방언은 성령의 은사도 아니고 하나님이 주신 능력의 기도도 아니다. 방언은 영이 인간에게 들어오거나 인간안에 숨어 있던 영이 말을 하는 것이며 방언을 하는 것은 곧 에너지를 가진 영의 힘이 발산되어 많은 영적 현상과 영적 조작을 해낼 수 있는 기도일 뿐이다. 기독교신자들은 자신의 몸과 입술을 하나님이 아닌 악한 영들의 기도에 내어 주고 또 악한 영들의 에너지를 발산하는 도구로 내어 주고 있다. 그러면서도 자신들이 하고 있는 방언기도가 성령의 은사 혹은 성령이 주신 능력 있는 기도라고 착각하고 있는 것이다.

Q 성령방언, 마귀방언 분별법?

A 　D 목사님은 성도들이 방언기도를 할 때 그 방언이 성령방언인지 마귀방언인지 분별하지 못하고 혹시 마귀방언을 하는 것은 아닌가 걱정하는 것을 듣고 성도들이 방언으로 기도할 때 마귀방언인지 성령방언인지 분별하는 법을 가르쳐 주었다. D 목사님이 성령방언인지 마귀방언인지 분별하는 기준으로 제시한 것은 방언을 할 때 "예수님의 이름으로 성령방언이 아니면 잠잠하라"고 명령했을 때 성령방언이면 계속 나오고 마귀방언이면 더 이상 방언이 나오지 않는다고 한다. 이를 통해 성도의 방언이 성령방언인지 마귀방언인지 바로 분별할 수 있다는 것이다. 그런데 이 방법으로도 분별이 쉽지 않으면 성령방언의 특징은 내 안에 계신 성령님이 방언을 주시는 것이므로 내 안에 진정 성령님이 내주하시는지 분별하면 된다고 한다. 성령이 내주하시는 사람들의 특징은 예수님을 구세주로 믿고 입으로 시인하는 자들이며 믿음으로 하나님을 아버지라 부르는 자들로 이와 같이 성령이 내주하시는 특징을 갖고 있는 사람이 방언을 한다면 그 방언은 성령방언이라고 가르쳤다. 또한 방언이 매우 거칠고 거슬리게 들려도 그것은 마귀 방언이 아니라 죄나 상처가 해결되지 않았을 때 방언을 하는 경우 숨어 있던 악한 영이 목이나 입을 막기 때문에 방언이 거칠게 나올 수 있다고 하였다. 따라서 거친 방언은 마귀방언이 아니라 성령이 주신 방언을 마귀가 못하게 하는 것이므로 예수님의 이름으로 대적하고 방언하기를 금하지 말고 열심히 하면 방언의 상태가 좋아진다는 것이다.

또한 거친 방언이 나올 때 마귀방언이라고 생각하여 제지하게 되면 악한 영에게 더 눌리게 되므로 제지하지 말고 그럴수록 더 열심히 방언기도를 해야 한다고 한다.

　D 목사님은 성도들이 하는 방언이 성령방언인지 마귀방언인지 모를 때 예수님의 이름으로 대적하면 마귀방언은 잠잠하게 된다고 하였다. 그러나 성령이 주신 방언은 사람이 사람에게 복음을 전하는 사람의 말이었지 기도가 아니었다. 더욱이 기독교신자들의 방언은 예수님을 증거하고 복음을 전하는 성령이 주신 방언에 부합한 것이 하나도 없다. 왜냐하면 예수님을 증거하지 못하고 복음을 전하지 못하며, 서로 알아듣지 못하는 기괴한 (영의) 방언을 하고 있기 때문이다. 기독교인들의 방언은 이방종교 집단과 기독교 이단, 사이비 종파와 종말론 집단 그리고 오순절 계통의 광신적 신비주의 집단에서 나타났던 거짓방언이 오늘날 기독교교회에 창궐하여 나타난 것이 본질이다. 만약에 이들 집단에서 나타난 방언을 예수님의 이름으로 대적한다고 가정하면 그들의 방언 가운데 상당수의 방언이 잠잠할 수 있고 일부는 계속될 것이다. 이방종교집단과 기독교 이단 사이비 집단의 방언을 예수 이름으로 대적했을 때 방언이 계속되어진다고 해도 그 방언을 성령방언이라고 부르는 자는 없을 것이다. 이것은 방언을 하는 영과 방언기도를 하는 사람의 영력 차이로 일어나는 현상으로 방언을 하는 사람의 영력이 방언의 영보다 강하면 방언이 잠잠해질 수 있고 방언을 하는 사람의 영력이 방언의 영보다 약하면 방언이 계속될 것이다. 방언이 잠잠

　　　　　　　　　방언은 성령의 은사가 아니다

해지거나 계속되는 것은 예수님의 이름으로 명령했기 때문에 잠잠해지면 마귀방언이고 계속되면 성령방언인 것이 아니다. 방언 자체가 영적 존재가 하는 행위이기 때문에 예수 이름으로 대적하는 영적 행위를 통해 기도자와 방언의 영 사이에 영력 차이로 잠잠해질 수도 있고 계속되어질 수 있는 것이다. 예수 이름으로 대적할 때 잠잠해지면 마귀방언이고 계속되면 성령방언이 아니라는 것이다. 그리고 방언옹호론자들 주장처럼 방언을 예수님의 이름으로 대적하여 잠잠하면 마귀방언이고 성령방언이면 계속된다는 전제 자체가 이미 방언이 영들의 말이라는 것을 내포하는 것이다. 성도가 하나님께 한국말로 기도한다면 예수님의 이름으로 대적한다고 해서 한국말 기도가 멈추는 일은 없을 것이다. 그런데 방언이 예수님의 이름으로 대적하면 계속되기도 하고 잠잠하기도 한다는 것 자체가 영의 방언이 정상적 기도가 아니라 영들이 말하는 것이라는 반증되는 것이다.

그리고 D 목사님은 만약 예수님의 이름으로 대적하여 방언을 분별하는 것이 어딘지 어색하면 성령방언의 특징은 내 안에 계신 성령님이 방언을 주시는 것이므로 내 안에 진정 성령님이 내주하시는지 분별하면 된다고 하면서 성령이 내주하시는 특징은 예수님을 구세주로 믿고 입으로 시인하는 자들이며 믿음이 견고하고 하나님을 아버지라 부르는 자들로 이러한 특징을 갖고 있는 성도가 방언을 한다면 그 방언은 성령방언이라고 가르쳤다. 그러나 초대교회에서 가장 문제가 많았던 고린도교회의 성도들도 예수님을 구세주로 시인하였고 하나님을 아버지라 부르던 자들이었다. 그러나 그들이 했던 방언은 성령으로부터 받은 방언이 아니며 우상 숭배가 만연했던 고린도지역의 이교집단에서 신접할 때 하던 방언을 고린도교회에서 답습했을 개연성이 높은 방언이었다. 바울은 그들의 이교적 방언을 경계하였다. 그리고 기독교 역사의 이단과 사이비 집단 그리고 종말론과 신비주의 종파도 그들 나름대로 예수님을 구세주로 믿었고 입으로 시인하였고 하나님을 아버지라 부르며 방언을 하였다. 그러나 그들은 기독교를 파괴하는 미혹의 집단이었다. 그러므로 단순히 기독교를 믿고 예수님을 시인하고 하나님을 아버지라 부른다고 해서 그들의 방언을 성령의 방언이라 하는 사람은 없을 것이다. 이처럼 오늘날 기독교신자들이 예수님을 믿으며 구세주라 시인하고 하나님을 아버지라 부른다고 해서 기독교신자들이 하는 방언을 성령의 방언이라고 단정할 수 없다는 것이다.

성령방언의 기준은 오직 하나이다. 사람이 사람에게 말을 하여 복음을 전하는 것이다. 이것만이 성령의 방언이며 이 기준에서 벗어난 모든 방언은 성령의 방언이 아니다. 복음을 전하지 못하는 방언은 어떤 경우도 성령의 방언이 될 수 없다. 그러므로 오늘날 기독교신자들이 하는 방언은 사람의 말로 복음을 전하지 못하는 방언이므로 성령의 방언이라고 할 수 없다.

방언의 정체는 정체불명의 영이 인간 몸에서 말을 하는 것이다. 그러므로 기독교인이 하는 방언은 성령이 주시는 방언도, 성령의 은사로서 방언도 아니다. 그러나 예수님을 믿고 구세주라 시인하며 하나님을 아버지라 부르는 기독교신자들은 자신들이 하고 있는 방언을 성령의 은사로 굳건하게 믿고 있다. 그러므로 방언의 영은 기독교 신자들을 얼마든지 속일 수 있다.

성령방언과 마귀방언을 분별하는 기준은 단 하나이다.

성령의 방언은 사람이 사람에게 말을 하여 복음을 전하는 것이다. 이 기준에서 벗어나는 방언은 어느 것도 성령의 방언이 아니다.

그러므로 D 목사의 성령방언과 마귀방언의 분별법은 완전히 틀린 것이며 오늘날 기독교 신자들이 하는 방언은 영의 방언으로 성령방언이라고 할 근거가 하나도 없는 방언일 뿐이다.

성령이 내주하심과 방언?

E 목사는 방언이 어떻게 임하는지 설명하면서 그것을 성령이 내주하시는 경우와 내주하지 않는 경우를 비교하여 설명하였다. 그는 자신이 하고 있는 방언에 대해 정의하길 방언은 성령이 말하게 하심에 따라 말하는 성령의 언어라고 하였다. 일단 E 목사는 방언의 정의에서부터 잘못되었음을 알 수 있다. 그는 방언을 영의 말이라고 규정하면서 동시에 성령이 말하게 하심에 따라 말하는 성령의 언어라고 한 것이다. 그러나 성령의 방언은 사람이 사람에게 말을 하여 복음을 전하는 사람의 말이지 영의 말이 아니다. 그런데 E 목사는 영의 방언을 성령방언으로 정의하므로 시작부터 잘못을 잉태한 것이다. 그리고 그는 영의 방언을 성령의 9가지 은사 중 하나인 방언의 은사라고 규정하였다. 성령의 은사로서 방언도 사람의 말이었지 E 목사가 하고 있는 영의 방언이 아니다. E 목사는 방언에 대해 성경적 분별을 제대로 못 하고 있는 것이다.

그러면서 방언을 받지 못한 성도들에게 방언 받는 법을 가르치기까지 한다. 방언은 성령이 주권적으로 성령의 필요에 의해 주시는 것임에도 불구하고 E 목사가 방언 받는 법을 가르치고 있는 것이다. 그의 말은 장황스럽고 다양하지만 모든 것이 틀린 전제에서 시작하므로 바른 것이 하나도 없다. 그는 또 영의 방언이 성령의 언어이며 하나님께 비밀을 말하는 영의 기도이므로 성도 안에 성령이 내주하시는지를 점검해야 한다고 주장하면서 성도 안에 성령이 내주하시면 성도의 입술을 열어 성령께서 말하게 하심에 따라 방언을 하는 것을 하나님이 허용하신다는 것이다. 그러나 만약 방언에 대해 부정적인 시각을 가지고 있다면 방언이 나타나지 않을 수 있으며, 혼의 기도라고 칭하는 한국말로 기도하면 방언이 나타나지 않을 수 있다고 주장한다. E 목사의 주장은 온통 무지를 기반으로 오해와 혼란과 거짓으로 가득하여 분별없이 들을 때는 그의 가르침에 문제를 발견하기도 힘들 지경이다. 성경의 모든 인물들은 자국어로 기도하였는데 E 목사의 주장대로라면 성경의 모든 인물들은 성령이 내주하지 않아 방언을 못 했거나 방언을 사모하지 않아서 방언을 못 한 것이 된다. E 목사의 주장대로 하면 방언을 하지 않으신 예수님도, 바울도, 베드로도, 12사도도 모두 성령이 내주하지 않았거나 방언을 사모하지 않았다는 결론에 이르게 된다. 또한 그는 방언에 대해 부정적인 시각을 가지고 있다면 방언이 나타나지 않을 수 있다고 주장하고 있다.

방언에 대해 부정적인 시각을 가지고 있다면 방언이 나타나지 않는다는 이 말을 영적으로 해석하면 방언의 영이 기독교 성도를 가장 잘 장악할 수 있는 영적 상태를 만들라는 것과 같다. 성도로 하여금 방언을 사모하게 만들어서 방언의 영이 성도 안에서 쉽게 살아갈 수 있는 환경을 만들어 주라는 말을 하고 있는 것이다. 따라서 방언에 대해 부정적인 시각을 가지고 있다면 방언이 나타나지 않을 수 있다는 E 목사의 주장은 방언의 영이 기독교신자를 가장 장악하기 쉬운 영적 상태로 만들어 버리는 아주 교묘한 교설인 것이다. 그리고 그는 거듭 한국말 기도를 영의 방언보다 선호해서는 안 된다는 것을 강조하므로 기독교인이 성경적으로 드려야 하는 바른 기도 자세를 은밀하게 파괴하고 있다. 예수님은 성도가 드려야 할 기도로 주기도문을 가르쳐 주셨다. 주기도문은 사람의 말로 구성된 기도였지 영의 방언기도가 아니었다. E 목사는 한국말 기도를 혼의 기도라는 근본도 없는 말을 하며 한국말 기도는 무언가 부족한 기도이고 영의 방언만이 온전한 기도라고 그럴듯하게 주장하므로 기독교인들의 바른 기도의 삶을 근본부터 무너뜨리는 짓을 하고 있는 것이다.

성경의 어떤 인물도 영의 방언으로 기도한 적이 없고 모두 자국어로 하나님께 기도하였다. 그리고 하나님이 사람에게 현현하실 때도, 천사가 사람에게 하나님의 계시를 전할 때도, 심지어 마귀가 나타나서 말을 할 때도 모두 사람이 알아들을 수 있는 말을 하였지 영의 방언으로 기도한 적이 없고 영의 방언으로 말한 적도 없다. 오직 영의 방언은 이교에서 신에게 접신되었을 때 하던 방언이었고 고린도교회의 신자들이 했던 무익한 방언이었다. 가치가 없는 영의 방언을 이렇게 신화화시키는 E 목사의 영의 방언에 대한 주장은 문제가 심각하게 내포된 것이다.

또한 E 목사는 방언의 기름부음이 강한 사역자의 안수기도를 통해 방언을 받을 수 있다고 한다. 방언의 기름부음이 강한 사역자

방언은 성령의 은사가 아니다

라는 뜻을 영적으로 해석하면 방언의 영이 강력하게 역사하는 사역자란 뜻이다. 즉, 방언의 영에게 강하게 사로잡힌 자라고 볼 수 있다. 이런 사역자가 성도에게 안수를 하면 사역자의 방언의 영이 전이되거나 사역자의 영적 힘이 성도 안에 있는 영을 깨워 방언을 하게 된다. 이는 영적 에너지의 교환으로 인해 파생된 것이지 성령이 사역자의 안수를 통해 방언을 터뜨려 주신 것이 아니다.

그는 끝으로 성령이 내주하지 않으신 경우라면 방언이 나타나지 않는다고 하였다. 그러면서 방언을 하지 못한다고 성령이 내주하지 않는 것은 아니라고 한다. 앞뒤가 맞지 않는 소리를 하고 있는 것이다.

그는 사도행전 10장, 이방인 고넬료와 그 집안 권속에게 임했던 방언이 비록 그들에게 성령이 내주하지 않으셨지만 성령이 임하시면서 방언으로 말하기 시작하였다고 하며 또 사도행전 2장, 오순절에 성령이 임하셔서 주신 방언도 성령이 임하신 후에 120문도에게 방언이 임했으므로 성령이 내주하실 때 영의 방언이 나타난다고 강변한다. E목사가 말한 사도행전 10장 고넬료와 그 집안에 임한 방언과 2장 오순절에 임한 방언은 모두 성령이 임하시면서 성령이 말하게 하심에 따라 다른 나라 사람이 알아들을 수 있도록 다른 나라의 말로 복음을 전하거나 하나님을 높인 것이다. 사람의 말이었고 복음을 전하는 것이었지 영의 방언이 아닌 것이다. E목사는 자신이 하고 있는 영의 방언을 오순절과 고넬료집안에 임한 언어 방언과 완전히 혼동하여 성도들에게 가르치고 있는 것이다. 자신이 무슨 말을 하는지도 모르면서 영의 방언에 대해 성도들에게 가르치고 있는 것이며 성도들은 이런 말도 안 되는 소리를 믿으며 영의 방언을 사모하고 기도하고 있는 것이다.

Q 방언옹호 목사들의 영적 정체는 무엇인가?

A   방언을 옹호하는 목사님들은 자신들이 방언을 통해 체험한 영적 체험을 진리화하여 방언에 대단한 유익이 있는 것처럼 말하고 나아가 방언을 성도들에게 전수한다. 목사님들이 성도들에게 방언을 가르치는 방법은 방언에 온갖 미화를 하고 방언을 간절히 사모해야 한다고 한다. 또한 자신을 따라 단순한 단어를 빠르고 강하게 반복하면 방언을 받을 수 있다고 하면서 할렐루야, 랄랄라, 따따라 등을 선창하며 성도들이 방언하기를 인도한다. 이방종교에서는 종교 지도자들이 신접하여 황홀경 상태에서 영의 말을 대언하는 경우는 간혹 있다. 그러나 기독교처럼 목사님들과 성도들이 날이면 날마다 알아듣지 못하는 방언으로 기도하는 종교 집단은 없을 것이다. 또한 자기도 알아듣지 못하는 방언기도에 온갖 유익을 만들어내며 방언을 권장하고 배우게 하는 종교 지도자들도 세계 종교 역사에 다시 없을 것이다.

　은사란 원래 신적 존재가 인간에게 주는 것이며 기독교의 은사란 성령께서 성령의 목적에 따라 각 사람에게 주시는 것인데 기독교 목사들은 다른 은사는 뒤로 하고 오직 방언만 목사들이 가르치고 수여하는 일이 벌어지고 있다. 그리고 자신들이 성도에게 방언을 가르치는 부끄러움을 면키 위해 하나님의 은사를 받는 길에도 지름길이 있다고 강변하면서 교회에서 할렐루야를 목놓아 외치고, 랄랄라 따따라를 선창하고 안수기도를 해 대며 성도들에게 방언을 전수하는 기현상이 벌어지고 있다. 그런데 여기에 더하여 방언

통역을 가르치는 일단의 목사 그룹이 등장하였다.

방언 통역을 가르치는 목사들은 방언 통역을 통역이라고 하지 않고 방언 통변이라고 한다. 통역이나 통변이나 같은 말인데 왜 굳이 통변이라는 말을 쓰는지 알 수 없는 노릇이지만 아마 자신들도 방언 통역이 안 된다는 것을 알고 있기 때문에 교묘히 방언 통변이라고 말을 바꾼 것 같다.

방언 통역을 가르치는 목사들은 성도가 방언 통변을 받으려면, 첫째, 마음과 영이 정결해야 한다고 한다. 우리에게 죄가 있으면 사단의 올무에 걸릴 수 있으니 죄에 대해 회개하고 정결한 영적 상태가 되어야 한다고 한다. 그리고 그러한 영적 상태가 되기 위해 방언으로 30분 이상 기도하는 선행 작업이 필요하다고 한다. 방언 기도를 통해 영적 환경이 좋아지는 느낌이 오고 평안이 임하면서 혼적인 의식에 사고 작용이 일어나지 않는 지점이 오고 몰입이 될 때 어떤 단어가 생각나고 이미지가 떠오르고 무언가 알아지는 게 생기게 된다고 한다. 몰입하는 처음에는 아무것도 들려오지 않지만 시간이 흐르면 하나님이 주시는 영적 지각을 통해 어떤 단어, 느낌, 그림, 지식, 찬양, 환상 등이 열리고 마치 누가 말하듯이 온몸으로 이해하게 되는 상태가 되는 것을 통변이라고 한다. 이것은 누구나 받을 수 있고 누구에게나 주시는 것이라고 한다. 그러나 너무 방언 통변에 얽매이지 말고 방언기도를 깊이 하다 보면 자연

방언은 성령의 은사가 아니다

스럽게 하나님으로부터 주어지는 것이니 반복하고 훈련이 되면 나중에는 자연스럽게 단어가 나타나고 이미지와 그림이 보여지고 환상이 보여지고 말씀이 들려오기도 한다고 한다. 또한 그렇게 보여진 단어나 그림, 환상, 말씀, 음성이 무슨 뜻인지 물어보면 하나님이 알게 해 주신다고 한다. 이것이 하나님이 주시는 방언 통변의 은사라는 것이다.

여기서 중요한 것은 방언기도로 혼적인 의식의 사고 작용을 멈추고 몰입이 되도록 하라는 가르침이다. 이것은 방언옹호 목사들의 주장처럼 방언 통변을 받는 지점이 아니라 정신 줄을 놓아 사단의 침입에 무방비가 되라는 말과 같은 것이다. 방언 통변 옹호 목사들의 말처럼 방언으로 기도하면서 혼적인 의식의 사고 작용이 멈추어지고 몰입이 되는 상태가 되어 단어, 그림, 환상, 말씀, 음성 등이 나타나는 것은 하나님이 방언 통변을 주신 것이 아니라 성도들의 이성과 정신을 마비시키고 방언을 통해 악한 영이 영적 조작을 하기 쉬운 영적 환경으로 만들라는 사단의 속삭임과 다를 바가 없다. 그리고 혼적인 의식의 사고 작용을 멈추고 몰입이 되었을 때 단어, 그림, 환상, 말씀, 음성 등이 나타난다면 그것은 하나님이 주신 것이 아니라 방언의 영이 성도 안에서 온갖 영적 조작행위를 하여 나타난 영적 현상이거나 자기 암시일 뿐이다. 또한 방언옹호 목사들이 말하는 것처럼 방언 통변을 받기 위해 반복해서 훈련하듯 계속하라는 말은 계속해서 귀신에게 장악되어 귀신이 원하는 영적 조작 행위에 무방비가 되라는 말과 같은 것이다. 이는 방언 귀신의 영적 조작 행위를 하나님이 주신 통변으로 속게 하는 어리석은 짓이다. 방언옹호 목사들과 통변까지 실습하라는 목사들은 성경에 나온 성령방언에 대한 성경적 지식도 없고 영적 깊이도 없고 오직 자신이 방언귀신에게 미혹당한 체험을 진리로 알고 성도들에게 가르치고 있는 것이다.

이것 외에도 방언을 옹호하는 목사들은 말도 안 되는 방언에 유익을 수없이 만들어 내고 있다.

방언에는 하나님의 나라와 의가 있다 / 방언은 우울하고 힘이 들 때 새 힘을 준다 / 방언기도를 하면 영적 비밀을 알게 된다 / 방언기도는 남들이 모르는 것을 알게 된다 / 방언을 하면 능력을 받아 사탄의 권세를 깬다 / 하늘의 불을 끌어오고 기적을 가져온다 / 기도할 힘이 없을 때 기도할 수 있게 해 준다 / 방언으로 기도하면 마음에 평안이 임한다 / 방언으로 기도하면 성령이 내적 치유를 해 준다 / 방언기도를 하면 영적으로 강건해진다 / 방언기도를 통해 믿음이 세워진다 / 방언기도를 통해 신앙에 힘과 활력을 찾는다 / 방언기도를 통해 하나님의 존재를 확실히 알게 된다 / 방언기도는 영을 강건하게 한다 / 방언기도를 통해 성령의 신호를 받을 수 있다 / 방언기도를 통해 하나님과 주파수를 맞출 수 있다 / 영적 주체에 따라 방언의 음색이 달라진다 / 방언기도는 믿음을 세운다 / 방언은 나의 영과 성령이 하는 기도이다 / 방언기도는 영적으로 깊은 곳으로 인도한다 / 방언기도를 통해 영적 상태를 점검할 수 있다 / 방언기도는 돌파를 일으킨다 / 방언을 할수록 영적 감각이 깨어난다 / 방언기도는 하나님은 알아듣고 응답해 주신다 / 방언기도는 우주의 부정적인 파동을 파괴한다 / 방언기도를 하면 영계가 맑아진다 / 방언기도는 예수님의 말씀에 동의하는 것이다 / 방언기도로 성령과 코드를 맞출 수 있다 / 방언기도는 하나님의 비전과 권능을 부어 준다 / 방언기도는 사랑의 기도이다 / 방언기도를 통해 하늘의 신령한 것이 풀어진다 / 방언기도는 섬김과 은혜의 기도이다 / 방언기도는 사명을 알게 해 준다 / 방언기도는 아기방언으로 시작하였다가 어른방언으로 장성한다 / 방언은 나의 영이 비밀을 말하는 것이다 / 방언은 자기의 덕을 세운다 / 한국말 기도는 혼의 기도로 불완전하지만 방언기도는 영의 기도로 완전한 기도이다 / 방언은 4차원의 기도이다 / 방언은 마귀는 절대 못 알아듣고 하나님과 나만 아는 기도이다 / 방언은 귀신의 진지를 때려 부수고 귀신을 쫓아낸다 / 방언기도는 은사를 받는 기본 은사이다 / 방언기도로 병을 고치고 귀신을 쫓아낼 수 있다 / 방언기도는 100% 응답을 받는 기도이다 / 방언기도는 하늘의 문을 열고 불이 떨어지는 기도이다 / 방언기도로 부와 형통을 가져올 수 있다 / 방언은 구절구절마다 놀라운 하나님의 비밀이 숨어져 있다 등등…….

이 모든 것이 방언옹호 목사들이 만들어 낸 방언에 대한 목사의 계명이다. 성경에는 단 한마디도 나와 있지 않은데 알아듣지 못하는 방언을 가지고 이렇게 많은 유익이 있다는 논리가 만들어지는 것이 놀라울 뿐이다. 알아듣지 못하는 것은 모르는 것이다. 모르는 것이 유익한 것은 이 세상에 하나도 없다. 이들이 제시한 다양한 방언의 유익은 실체 없는 말 잔치이며 온갖 영들이 접신되어 일으키는 영적 현상인 것이 대부분이다. 그러나 방언을 옹호하는 목사들은 성경에도 없는 방언의 유익을 교리로 만들어 성도들을 가스라이팅 하고 있다. 이들은 말이 기독교 목사이지 방언교의 목사라고 해야 한다. 이들은 방언의 유익을 전하며 방언의 영에게 충성된 종 노릇을 하고 있다. 그러나 이들이 전한 방언의 유익이 기독교와 기독교신자들에게 준 영적 손실과 폐해는 이루 말할 수 없다는 점에서 기독교 이단보다 더 위험한 존재들이다. 이들은 방언을 성령세례의 증거이며 성령의 은사로 속이고 온갖 방언의 거짓 유익을 퍼뜨리어 기독교를 파괴하는 방언의 영의 앞잡이들이며 기독교 신흥 이단 방언교를 창설한 방언의 영의 충성된 종들일 뿐이다. 이들의 영적 실체는 기독교 안에 은밀하게 신흥 이단 방언교를 창설한 방언교 목사들이며 영적으로는 사단의 회이다. 반드시 퇴출시켜야 할 미혹의 집단들이다.

14장

결론:
방언은 성령의 은사가 아니다

오순절은 구약의 3대 절기인 유월절, 칠칠절, 수장절 중 칠칠절에 대한 헬라식 표현이다. 오순절은 5가 10번이라는 뜻으로 오순절이라 불리기도 하고 무교절 안에 있는 초실절부터 7주간이 지난 다음 날이므로 칠칠절이라고도 부른다. 또한 밀 수확 후 하나님께 첫 열매를 드리는 추수 감사절기로 맥추절로도 불리었다.

오순절은 신·구약의 역사에서 매우 중요한 위치를 차지하고 있다. 구약의 오순절은 이스라엘 백성이 시내산에 강림하신 하나님께 율법을 받고 시내산 언약을 체결한 날로 구약의 교회인 율법공동체가 만들어지고 이스라엘은 제사장 나라, 거룩한 백성의 사명을 받은 날이기도 하다.

신약의 오순절은 성령께서 이 땅에 강림하신 날로 120명의 제자들을 중심으로 공식적인 교회를 세우시고 교회 구성원들에게 예수의 증인이 되는 능력을 주셔서 복음을 세상에 전하는 일을 시작하셨다. 오순절 이전에도 예수님을 "그리스도시요 살아 계신 하나님의 아들"로 시인하는 공동체로서 교회가 있었지만 오순절 성령 강림을 통해 공식적인 신약 교회가 탄생한 것이다. 교회 탄생을 알리는 첫 시작은 성령이 강림하신 것과 성령이 행하신 방언의 표적이었다.

성령께서 오순절에 강림하신 목적은 사도행전 1장 8절 "오직 성

방언은 성령의 은사가 아니다

령이 너희에게 임하시면 너희가 권능을 받고 예루살렘과 온 유대와 사마리아와 땅끝까지 이르러 내 증인이 되리라 하시니라"는 예수님의 말씀을 이루기 위함이었다. 이러한 목적을 위해 오신 성령은 오순절 절기를 지키러 온 15개국의 디아스포라 유대인들에게 그들이 태어난 모국어로 복음이 전해지도록 방언을 표적으로 행하셨다.

성령이 주시는 성령방언의 특징은 다음과 같다.

- **성령방언을 주시는 주체는 성령이시다.**
- **성령방언은 사람이 사람에게 말을 하는 것이다.**
- **성령방언은 기도가 아니다.**
- **성령방언은 믿지 아니하는 자들의 말로 복음을 전하는 것이다.**
- **성령방언은 믿지 아니하는 자들에게 표적이 된다.**
- **성령방언은 교회공동체의 유익과 덕이 된다.**
- **성령방언은 언어 장벽이 없는 유대동족에게는 나타나지 않았다.**

그러나 오순절에 성령이 제자들에게 주신 방언과 다른 방언이 고린도교회에 나타난다. 그 방언을 고린도교회 방언이라 부른다.

바울이 고린도전서를 쓸 당시 고린도 교회는 사도들이 세웠던 많은 교회들 가운데 가장 문제가 많았던 교회로 어느 시대를 막론하고 닮아서는 안 되는 교회의 표상이었다. 고린도교회는 당파와 파벌주의, 교인 간에 법정 소송, 계모와의 간통 사건. 우상에 대한 문제, 교회 질서를 어지럽히는 여자들의 문제, 가난한 자를 소외시키는 성만찬의 문제, 은사의 문제, 부활을 의심하고 심지어 바울의 사도권마저 의심하던 교회였다. 바울은 고린도전서 3장 1-2절에 "형제들아 내가 신령한 자들을 대함과 같이 너희에게 말할 수 없어서 육신에 속한 자 곧 그리스도 안에서 어린아이들을 대함과 같이 하노라 내가 너희를 젖으로 먹이고 밥으로 아니하였노니 이는 너희가 감당하지 못하였음이거니와 지금도 못하리라"라며 당시 고린도교회 교인들의 신앙을 평가하였다. 이렇게 문제가 많았던 고린도교회 교인들이 했던 방언은 복음을 전하는 사람의 언어방언이 아니라 영으로 비밀을 말한다는 영의 방언이었다.

고린도교회는 방언을 많이 했음에도 불구하고 초대교회 가운데 가장 문제가 많았고 교회답지 못한 교회였다. 오늘날 방언옹호론자들이 말하는 방언의 유익이 그토록 많다면 초대교회 가운데 유일하게 방언을 했던 고린도교회는 성령으로 충만하고 열매 맺는 교회였을 것이다. 그러나 초대교회 가운데 고린도교회만큼 문제가 많았던 교회가 없었다. 바울이 고린도전서에서 방언을 많이 언급한 것은 방언을 교회에서 해서는 안 될 것으로 책망하기 위함이었다. 더욱이 바울은 고린도교회의 방언을 성령의 은사라고 말한 적이 없다. 성령의 열매가 없는 교회에서 성령이 주신 방언이 행해졌다는 것은 앞뒤가 맞지 않는 것이다. 고린도교회가 문제가 많았던 교회였다는 것은 고린도교회 교인들이 했던 방언이 성령이 주신 방언이 아니라는 반증이 된다.

문제가 많았고 은사를 오용했던 고린도교회의 방언의 특징은 다음과 같다.

① 고린도교회 방언은 영적 출처를 알 수 없는 방언이었으며 오순절에 성령이 주신 방언과 완전히 다른 방언이었다.
② 고린도교회 방언은 언어의 장벽을 허물고 복음을 전하는 방언의 본질에서 벗어나 복음을 전하지 못하였다.
③ 고린도교회 방언은 사람에게 해야 할 방언을 사람에게 하지 않고 하나님께 영으로 비밀을 말한다고 하였다.
④ 고린도교회 방언은 불신자를 위한 표적인 방언의 본질에서 벗어나 믿는 자들이 교회에서 방언을 하였으며 언어의 장벽을 허무는 방언의 본질에서 벗어나 언어의 장벽을 만들어 서로에게 야만인이 되었다.
⑤ 고린도교회 방언은 고린도교회가 문제가 많은 교회가 되는 데 일조하였다.
⑥ 바울은 고린도교회 방언을 성령의 은사라고 한 적이 없다.
⑦ 고린도교회 방언은 바울에게 책망을 받은 방언이다.

⑧ 고린도교회 방언은 이방종교의 방언과 기독교 이단, 사이비 집단의 방언 그리고 오늘날 한국 기독교인들의 방언과 유사한 방언이다.

고린도교회 방언은 성령이 주신 방언이 아니며, 정체불명의 영으로부터 주어진 영의 말이었을 뿐이다. 바울은 고린도전서 14장을 통해 고린도교회의 방언을 분명하게 책망하고 있다.

고린도교회의 방언은 초대교회와 함께 역사 속으로 사라졌지만 방언은 초대교회 이단인 몬타누스파에 의해 역사에 재등장하게 된다. 몬타누스는 종말론자로 자신의 고향 프리기야에 예수님이 재림하시고 그곳에서 천년왕국이 시작될 것이라고 예언하였다. 그들은 모두 방언을 하였다. 초대교회가 마무리되는 시점에 종말론을 주장하는 기독교 이단이 방언을 하고 예언을 하며 등장한 것이다. 방언을 했던 몬타누스파는 기독교교회 역사에 최초의 이단이 된다.

17세기에 이르러 세베놀의 예언자라는 사람들이 예언과 방언을 하였는데 이들의 예언은 성취되지 않고 역사에서 사라졌다. 거짓 예언을 하였던 이들의 방언이 과연 온전한 것일까? 이들 역시 방언을 하며 교회를 파괴하는 데 일조하였다.

방언은 성령의 은사가 아니다

18세기 카톨릭을 지지하며 이신칭의 교리를 반대한 기독교 이단 쟌센주의자들도 방언을 하였다고 한다. 또한 쉐이커교 창시자인 마더 앤 리는 자신 안에서 예수님의 재림이 이루어졌다고 주장하였으며 그녀는 자신이 여자 예수이며 72가지 언어로 말한다고 하였다. 마더 앤 리의 쉐이커교도들의 집회는 무아지경에서 춤추고 노래하며 방언을 하였다고 하는데, 특이한 점은 교회를 파괴하는 집단에서는 반드시 방언이 나타나고 있다는 것이다. 마더 앤 리의 쉐이커교의 집회에서 나타난 기이한 집회 현상은 20세기에 이르러 오순절 계통과 은사주의, 신사도운동의 집회에서 기본적으로 나타나는 집회 현상이 된다. 그 중심에 언제나 방언이 있음을 알 수 있다.

이와 같이 방언은 신비주의를 추구하며 신과의 만남을 원하며 황홀경에 빠지고 거짓 예언을 하는 기독교 이단 혹은 사이비 집단에서 발생하였다.

기독교 변방에 머물고 있던 방언은 1900년대 아주사 집회를 필두로 하여 전통적 오순절운동, 늦은비 운동, 은사주의와 신오순절운동, 빈야드운동, 신사도운동으로 이어지면서 정통 기독교에 침입하여 기독교 성령운동의 핵심 위치를 차지하며 그 세력을 확장하였다. 오늘날에 이르러서는 한국 기독교 교단과 교파에 상관없이 많은 기독교 교회와 목사님들 그리고 성도들이 방언을 하고 있다.

심지어 일부 목사님들은 성경을 오용하면서까지 방언의 유익을 전하고 있으며 성경에도 없는 방언에 대한 교리를 만들어 방언 전파에 앞장서고 있다. 이제는 기독교가 기독교인지 방언교인지 분별할 수 없을 정도로 방언이 난립하고 있는 것이다. 방언으로 기도하면 모든 것이 다 되는 시대가 된 것이다.

문제는 한국 교회의 목사님들과 성도들이 하는 방언이다.

예수님은 사도행전 1장 8절 "오직 성령이 너희에게 임하시면 너희가 권능을 받고 예루살렘과 온 유대와 사마리아와 땅끝까지 이르러 내 증인이 되리라"는 말씀을 통해 성령이 오실 것과 성령이 오시는 목적을 약속하였다.

성령이 이 땅에 오시는 목적은 제자들에게 권능을 주시어 예루살렘과 온 유대와 사마리아와 땅끝까지 복음을 전하고 교회를 세우는 것이었다.

이와 같이 복음 전파를 위해 성령의 사역이 가장 먼저 나타난 것이 오순절에 성령이 주신 방언(사람의 말)이었다. 유대인의 3대 절기 중 하나인 오순절을 지키기 위해 수많은 순례자들이 예루살렘에 모여들었다. 예수님을 증거하고 복음을 전할 수 있는 최고의 기회가 온 것이다. 오순절에 예루살렘에 온 사람들이 복음을 듣고 예수님을 영접하게 되면 복음은 순식간에 예루살렘과 온 유대와 사마리아와 땅끝까지 전해지게 될 것이다. 그러나 오순절에 복음이 전해지는 데 가장 큰 난관은 언어였다. 오순절 절기를 지키기 위해 예루살렘에 모여든 사람들의 언어의 장벽을 한순간에 허물고 복음이 전해질 수 있도록 성령이 택한 표적이 바로 방언이었다. 성령이 방언을 주신 목적은 단 하나이다. 언어의 장벽을 무너뜨리고 상대방의 모국어로 복음을 전하는 것이다. 이것이 성령이 주신 방언의 완전한 정의이며 기준이다.

그러나 오늘날의 기독교인의 방언은 오순절에 성령이 주신 방언(사람의 말)이 아니라 고대 이방 종교의 사제나 신자들이 그들의 신과 접신했을 때 했던 방언이며 바울에게 책망받았던 고린도교회 방언이며 기독교교회사에 등장한 이단, 사이비 집단과 종말론, 신비주의 집단에서 나타났던 방언 그리고 타 종교에서 나타나는 방언과 유사한 것이다. 이는 복음을 전하기는커녕 기도하는 자신도 알아듣지 못하는 영의 방언으로 성령이 주시는 방언이 아니며 성령의 은사로서 방언도 아니다. 그러나 방언의 영은 방언을 성령세례의 증표이며 성령의 은사로 가장하여 기독교 신자들을 완벽하게 속였다.

영은 자기를 원하고 구하며 찾는 자들에게 쉽게 임하여 그들을 장악한다. 기독교신자들은 목사님들로부터 방언이 성령세례의 증표이고 성령의 은사이며 온갖 방언의 유익에 대해 가르침을 받고 방언 받을 것을 장려받으며 신앙생활을 한다. 그러므로 많은 기독교인들은 방언 받기를 사모하게 된다. 그때 신자에게 방언, 즉 영이 들어가거나 신자 안에서 영이 깨어나 말을 하게 되는 것이 기독교신자들이 하고 있는 방언의 영적실체이다.

이는 방언을 통해 성도는 방언을 하는 귀신의 숙주가 된 것을 의미하며 방언으로 인해 영의 통로인 백회가 열리면서 많은 영들이 들어오고 활동하는 악한 영들의 만신전이 되는 것을 의미한다.

성도는 방언기도를 시작하고 기도를 하면 할수록 방언의 영이 일으키는 수많은 육체적 체험과 영적 현상을 겪게 되고 때론 은사가 열리기도 하고, 음성을 듣기도 하고, 기도 응답을 체험하게 된다. 그러나 성도는 방언 기도를 한 후 자신에게 일어난 육체적 체험과 영적 현상, 은사의 발현 그리고 음성을 듣는 것과 기도 응답에 대해 그것이 방언 귀신의 역사인 줄 꿈에도 모르고 모든 것을 성령이 주시는 것으로 착각하게 된다.

성도들은 방언으로 인해 기도의 기초부터 무너지고 방언의 영이 쳐 놓은 부와 번영, 능력과 돌파 그리고 기도응답이라는 거대한 미혹의 덫에 빠져 방언의 영이 펼치는 타락한 신앙을 기독교 진리로 믿는 거짓 신앙을 하게 된다. 그리고 다른 사람들까지도 방언의 영이 만든 타락한 신앙으로 인도하게 된다. 이것이 방언의 영이 기독교를 근본부터 무너뜨리는 거대한 궤계인 것이다.

① 기독교인들의 방언은 사람의 말 혹은 표준어를 제외한 지역의 언어라는 뜻의 국어사전적 정의에서 벗어난 방언이다.

② 신 구약 성경에 방언이란 단어는 46번 나온다. 구약에 12번과 신약에 마가복음에 1번, 사도행전에 5번, 고린도전서에 21번, 요한계시록에 7번 나온다. 신구약 성경에 나오는 방언은 대부분 사람의 말을 뜻하는 언어방언을 말하고 있으며 영의 방언에 대해서는 고린도전서 14장 2, 4, 14, 19, 27절에만 언급되어 있고 방언이 기도라는 말은 고린도전서 14장 14절에만 언급되어 있다. 그리고 요한계시록에 나타난 방언은 민족, 백성, 나라, 열국의 개념으로 쓰였다. 그러므로 사도행전 2장, 오순절에 임하신 성령방언과 고린도전서 12장의 성령의 은사인 방언은 모두 사람의 말을 의미하는 언어방언이었지 기독교인들이 하고 있는 영의 방언이 아니다.

③ 오순절에 성령이 강림하셔서 주신 오순절 성령방언은 15개국 디아스포라 유대인들의 모국어였고 사람의 말로 복음을 전하는 언어방언이었다. 그러므로 복음을 전하지 못하고 아무도 알아들을 수 없는 영의 말로 기도하는 기독교인들의 방언은 성령의 방언이 아니며 성령세례의 증표가 될 수 없다.

④ 바울이 고린도전서 12장에 언급한 성령의 은사로서의 방언

은 각종 방언 말함이었다. 이는 사람의 말인 언어방언을 말한 것이며, 은사를 주시는 목적은 복음을 전하고 교회공동체의 유익을 위한 것이었다. 그러나 기독교인들의 방언은 복음을 전하지 못하고 교회공동체에 아무 유익이 없으며 사람의 말을 하지 않고 영의 말로 기도하는 방언으로 성령의 은사가 될 수 없는 무익한 방언일 뿐이다.

⑤ 기독교인들의 방언은 하는 사람도, 듣는 사람도 알아듣지 못하는 방언으로 사람에게 해야 할 방언을 하나님께 영으로 비밀을 말한다고 하며 교회공동체의 유익을 위한 방언을 자기의 덕을 세운다고 하고 있으며 믿지 아니하는 자들을 위한 표적인 방언을 이미 기독교를 믿는 자들이 교회에서 언어의 장벽을 만들며 하고 있다. 또한 복음을 전하는 본질에서 벗어나 복음을 한 마디도 전하지 못하고 교회공동체의 유익을 위한 본질에서 벗어나 교회를 혼란스럽게 만드는 방언이다.

⑥ 기독교인들의 방언은 타 종교의 지도자들이 악령과 접신하였을 때 했던 방언과 같은 것이며 고린도교회의 방언과 맥을 같이하며 역사상 기독교 이단과 사이비, 신비주의 황홀경 집단의 방언과 같은 것이고 타 종교의 방언과도 유사한 것으로 어디에서도 성령방언의 흔적을 찾아볼 수 없다.

⑦ 기독교인들의 방언은 영적 출처가 성령으로부터 기인한 것이 아니라 정체불명의 영이 방언을 사모하는 기독교인에게

들어가거나 아니면 기독교인 안에 숨어 있던 영들이 기독교 신자 안에서 말을 하는 것이다. 이는 접신을 통한 귀신 들림 현상이 방언의 형태로 나타난 것이다. 따라서 기독교인들의 방언은 성령이 말하게 하심에 따라 하는 성령의 방언이 아니라 목사와 성도에게 접신된 귀신의 말이며 기도라는 것이 영적 본질이다.

⑧ 기독교인들의 방언은 정체불명의 영이 성도안에서 하는 기도로 방언기도를 통해 많은 영들이 들어오기도 하고 깨어나 기도 하면서 기독교신자의 육체를 온갖 귀신이 거하는 만신전으로 만들며 동시에 수 많은 영적 현상을 일으킬 수 있다. 방언을 통해 기독교신자들은 성령에게 드려야 할 자신의 몸을 온갖 악령이 거하는 귀신의 만신전이 되게 한다.

⑨ 기독교인들의 방언은 영들이 말하는 영의 방언으로 많은 육체 현상과 영적 현상을 일으킬 수 있다. 이런 경우 기독교인들은 방언을 통해 자신이 경험한 육체적 체험과 영적 현상 그리고 은사의 발현, 음성 듣기, 기도의 응답 등을 성령의 역사로 믿게 되므로 방언귀신에게 완전히 속으며 방언의 영이 원하는 능력과 번영과 세속의 욕망만을 추구하는 타락한 거짓 신앙을 하게 된다.

⑩ 방언은 기독교인의 온전한 기도를 무너뜨리고 거짓은사를 주어 거짓 은사를 받은 자들을 성령사역자로 세우므로 기독교 성령사역과 기도의 본질을 근본부터 무너뜨린다.

⑪ 이교의 마법 주술을 기독교화 한 4차원 영성이 지난 60년간 기독교를 지배하였다. 이제는 정체불명의 영들의 말인 방언이 성령의 은사인 양 기독교를 지배하고 있다.

⑫ 성도들은 방언의 영에 사로잡힌 일부 목사들의 방언에 대한 왜곡된 가르침과 온갖 거짓 교설에 속아 겉모습은 기독교신자로서 신앙을 하지만 영적으로는 방언교의 신자로서 방언의 영에게 충성하는 일탈적 삶을 살게 된다.

⑬ 방언을 옹호하는 목사들은 표면적으로는 기독교 목사들이지만 영적으로는 방언의 영에게 사로잡힌 방언교 목사로 그들의 방언에 대한 왜곡된 가르침과 그들이 만들어 낸 망상에 가까운 방언의 유익에 대한 가르침으로 기독교는 극도로 타락하고 거짓 신앙에 빠져들게 되었다. 이들은 기독교 안에 신흥 이단 방언교를 창설한 방언교 목사들로 영적으로는 사단의 회이다.

성령이 이 땅에 오시는 목적은 제자들에게 권능을 주시어 예수님을 증거하고 복음을 전하며, 교회를 세우고, 하나님의 백성을 세상 끝날 때까지 보존하시는 것이다. 그러므로 성령은 성령이 오시는 목적을 이루기 위해 여러 가지 사역을 펼치시는데, 그것을 성령 사역이라고 부른다. 방언 역시 성령이 오시는 목적을 이루기 위해 성령이 행하신 사역이었다. 그러므로 성령이 오시는 목적에 부합한 방언만이 성령의 방언이 될 수 있다. 오순절에 성령이 강림하셔

방언은 성령의 은사가 아니다

서 주신 오순절 성령방언은 15개국에서 온 순례객들의 모국어로 예수님을 증거하고 복음을 전하는 사람의 말이었으며, 성령방언을 통해 복음은 온 세상에 전파되었고, 예루살렘에 교회가 세워지게 된다. 오순절에 성령이 주신 방언은 성령이 오시는 목적에 전적으로 부합한 방언이었다. 성령의 은사 역시 성령께서 예수님을 증거하고 복음을 전하며, 교회 공동체의 유익과 성도를 보존하시기 위해 주시는 것이다. 즉, 성령이 이 땅에 오신 목적에 부합하는 은사만이 성령이 주시는 은사인 것이다. 그러나 한국 기독교인들의 방언은 예수님을 증거하지 못하고, 복음을 전하지 못하며, 교회공동체에 유익이 되지 못하고, 성도를 보존하지 못한다. 서로 알아듣지 못하는 영의 말로 기도하며, 서로에게 야만이 되는 정체불명의 방언으로 성령이 오시는 목적에 부합한 것이 하나도 없는 거짓방언일 뿐이다. 성령이 오시는 목적에 역행하는 한국 기독교인들의 방언은 성령이 주시는 방언이 아니며, 성령세례의 증표도 아니며 성령의 은사도 될 수 없다.

기독교인들의 방언은 거짓되고 위험한 것이다.
거짓되고 위험한 방언을 언제까지 계속할 것인가!
방언은 성령의 은사가 아니다.

참고 도서

김승진, 『성령이 말하는 성령뱁티즘과 방언』, CLC

네이버 지식백과, 사도행전, 라이프성경사전, 2006. 8. 15.; 가스펠서브

<들꽃> 블로그 글

양해민, 「고린도전서 14장을 중심으로 한 방언 고찰」

정하영, 「고린도전서에 나타난 바울의 방언 이해 - 오순절적 관점에서」

어메이징 바이블 블로그

네이버 지식백과, 브리스길라와 아굴라(Priscilla and Aquila), 라이프성경사전, 2006. 8. 15., 가스펠서브

에스라 하우스(ezrahouse.net)

R.그로마키, 「현대방언 운동의 연구」

세계종교탐구 <19> 접신과 방언의 현상을 찾아서

<보배로운 믿음> 블로그 글

조일신, 「방언기도 유익성에 관한 소고」

종교학대사전, 1998. 8. 20.

<단순함 그대로> 블로그, 몬타누스

현대방언의 역사

김신호, 『오순절교회의 역사와 신학』, 서로사랑

윤선희, 『영적 현상학으로 해석하는 영분별 이야기』, 북랩

분신사바, 나무위키

윤선희, 『사단이 내민 두 개의 선악과』, 북랩

라이프 성경 오순절

학생을 위한 국어 용어 사전

방언은 성령의 은사가 아니다